U0067893

自由中國譜系

陳奎德 著

「中國是以集體主義和皇權專制主義為傳統且源遠流長的國度，自由主義在中國難免駁雜。本書不為尊者諱，如實記錄和評述中國自由主義人物曲折複雜的心路歷程，這種史識與功力，誠可嘉許。」- 馮崇義 博士

對話中國智庫學術委員會召集人　胡　平
紐約城市大學政治學教授　　　　夏　明
雪梨科技大學中國研究副教授　　馮崇義　·專文推薦·

目錄

推薦文

前言⋯⋯⋯⋯⋯⋯⋯⋯⋯⋯⋯⋯⋯⋯⋯⋯⋯⋯⋯⋯⋯⋯⋯⋯⋯015

第一部、洋務運動至戊戌變法──萌動期

第四部、1949 年至 1979 年——潛水期

第五部、1979 年至 2017 年──復興期

推薦文

　　自由主義的核心是個人權利至上，確認人類個體至高無上的內在價值，將人類個體視為人類社會一切組織、制度和集體活動的出發點和歸宿。作為人類現代文明最重要的成果，自由主義最初成型於十七世紀中葉的英國，然後逐步傳播與全球。自由主義落實於政治制度，便是人權、民主、法治三位一體的憲政民主；落實於經濟制度，便是資本主義市場經濟。自由主義在中國的歷史，也就是中國人追求上述自由主義價值理念以及相應的政治、經濟制度的過程。

　　陳奎德的《自由中國譜系》一書，選取一百多年各個時期的代表人物，以提綱挈領的方式，展現十九世紀中葉以來中國人為自由中國前仆後繼的歷史畫卷、勾勒自由中國的精神譜系，別具一格，對中國近現代思想史研究有獨特的貢獻。

　　此書所論述的二十八位人物，並不都是合格的自由主義者，更別說是純正的自由主義者。作者所做的這種選擇，符合了中國的實際歷史。按照古典自由主義的嚴格標準，近現代中國確實缺乏純正的自由主義者。其實，當十九世紀中葉中國人開始從西方引進自由主義，西方的自由主義也已經受到社會主義、社會民主主義等左翼思潮以及民族主義思潮的廣泛侵蝕，成色已大打折扣。中國在左翼思潮盛行的國際氛圍中接受和傳播自由主義，而且中國是以集體主義和皇權專制主義為傳統且源遠流長的國度，自由主義在中國難免駁雜。《自由中國譜系》一書不為尊者諱，如實記錄和評述中國自由主義人物曲折複雜

的心路歷程，這種史識與功力，誠可嘉許。

　　《自由中國譜系》的另一個特色，是採用「以人物為經、事件為緯」的方式，將思想表達和實踐活動緊密結合起來進行綜合分析，使其更為紮實和豐滿。此書所論述的中國自由主義人物，大多數是直接積極投身於中國憲政的轉型實踐，而不僅僅在書齋中坐而論道。誠如此書所述，從晚清的康有為、梁啟超，到民國的蔡元培、胡適、張君勱、羅隆基，再到在台灣抗擊中國國民黨威權黨國的殷海光、雷震和在大陸抗擊中國共產黨極權黨國的陳子明、劉曉波、李慎之，既在學理上不遺餘力地闡發中國自由主義，也在實踐中篳路藍縷，推動中國和台灣憲政轉型的事業。

雪梨科技大學中國研究副教授
馮崇義博士

　　四十年前，我踏進復旦大學校園，撲面而來的是自由民主的春風。從復旦發軔輻散到中原大地，這場自由精神運動的弄潮兒就是中華人民共和國授予的第一位西方哲學博士陳奎德。十年後，這位哲學博士乘道德而飄遊至美國。悠悠三十載，沐浴於歐風美雨，發心為華夏尋路，陳奎德博士潛心研讀中國自由思想史，把兩百年的自由主義運動濃縮於二十萬字的《自由中國譜系》。正如作者所言，觀念凌駕萬物之上。自由的觀念不僅包含有每一個個人、群體成長的文化基因，也蘊含著一個個人、一個民族、一個國家、一個文明前行進步的思想藍圖。今天的中國，「往者不可復兮，冀來今之可望。」自由思想家和

自由踐行者有望在二十一世紀完成自由中國譜系濃重的最後一筆。關乎人類 1 ／ 5 的自由命運，關乎二十一世紀的最終定位，陳奎德博士融貫中西的自由主義論著，是一部必讀經典。

紐約城市大學研究生中心（CUNY-Graduate Center）政治學教授
夏明

陳奎德博士的《自由中國譜系》，是一部近代中國自由主義思想史。時間：從晚清到當代；地區：包括大陸、臺灣和香港；人物：從王韜、嚴復，到陳子明、劉曉波。

陳奎德博士本人就是上世紀八十年代中國自由主義思潮的一位領軍人物。早在 1988 年，陳奎德就出版了《新自由論》，該書是 1949 年後中國大陸正式發表的最早的一部概括論述現代自由主義的論著。可惜的是，這本書剛問世，緊接著就發生了八九民運，接下來就是六四屠殺，作者漂流海外，這本書也成了禁書，沒有產生它本來應該產生的重大影響。作為流亡學者，陳奎德博士於 1997 年出版了《煮酒論思潮》。該書對上世紀八十年代、九十年代中國出現的各種思潮，入內出外，縱橫論列，給讀者描繪出一幅那個時代的思想地圖。其中對自由主義也給出了精彩的描述。

陳奎德博士對極權制度的壓迫具有切身的感受，對正宗自由主義具有透闢的理解，有曾為弄潮兒的體悟與臨場感，有觀潮者的冷靜與沉思。他這本《自由中國譜系》對近代中國自由主義思想史的論述，

不但寫到了理念以及理念的傳承，而且還結合了這些自由主義思想者的人生軌跡，並且放置於政治、經濟、文化和社會變遷的歷史背景，因此既有深度，又有厚度，還有溫度。尤其是寫到當代中國自由主義復興的幾位代表人物：李慎之、楊小凱、王曉波、陳子明和劉曉波，作者的論述格外出彩。陳奎德博士這本書，不但有助於我們瞭解自由主義，瞭解近代中國自由主義的思想脈絡及其流變，瞭解一百四十多年來中國自由主義者的思考與奮鬥，而且也有助於我們今後為自由中國的抗爭。

對話中國智庫 學術委員會召集人
胡平

前言

本書所講的自由主義，取其廣義，即經歐洲古典自由主義繁衍發皇而逐漸瀰漫全球的政治思想主流。

本書所謂自由中國譜系，指近代中國自由主義思想脈絡。

自由主義之進入中國，僅有一百四十多年歷史。1949 年國運不變，該思潮在中國大陸銷聲匿跡，幾近湮滅。直至 1976 年毛澤東駕崩，方重新冒芽出土，蜿蜒潛行。

人們注意到，中國大陸自上世紀八十年代對國際社會有限開放後，內外貿易如潮。有一東西，其消費速度凌駕萬物之上。若問何物？答曰：「觀念。」八十年代以降，在古老廣袤的土地上，飢渴已久的國民精神世界，如大旱之望雲霓，嗷嗷待哺。諸種理論和思潮，蜂擁進口，粉墨登場。新角亮相之日，「弦管齊鳴，票房熱賣」。然其壽命，卻相當有限。大紅大紫的角兒們，登臺幾個回合，被速食式倏忽消費之後，就都免不了一一鞠躬，黯然下臺。

四十年來，「時髦」成了「創造性」的同義詞。

歷史悠久的自由主義，居然也成為上述諸觀念之一。據說，它在 1998 的中國大陸「浮出水面」，風行草偃，笙歌一片。隨之，發生了自由派與新左派的激烈論戰。但不過幾年，就風聞「自由主義已死」

的消息，並且說：「自由主義已成爲某些時髦人物口中的笑料。」傳言紛紛，據說都在替它準備葬禮了。於是，即使有人偶爾提及自由，也識時務地不再「主義」了。它已變成髒詞。

特別是 2008 年之後，關於「中國模式」、「北京共識」的議論高調出場。隨後，恰如筆者在美國金融海嘯甫一發生時所預言的，這一輪對「中國模式」的頌詞和論爭被賦予了意識形態的涵義。事實上，若干論證「中國特色的社會主義」戰勝「自由主義」的論著已日漸喧嘩。據報載，一名中國外交官在 2009 年中國駐紐約總領事館一個活動上，問伊恩‧布藍默（Ian Bremmer）：「現在自由市場已經失敗，你認爲政府應該在經濟中起什麼作用？」（見《紐約時報》）其居高臨下之勢，果然氣貫長虹。

目前精神世界的局面，不由不令人自然聯想起上世紀二、三十年代，全球法西斯主義和共產主義的一時之盛，同時也勾起對中國當年開明知識界內部關於「國難當頭，民主還是新式獨裁」大爭論的回憶，那是九十年前迴盪在中國海歸前輩們之間的一場大辯論。

世事循環如斯，夫復何言？

但時髦的獵奇者們或許忘了一點小小的專屬於自由主義的特徵。訴諸歷史，這只文雅纖弱其貌中庸的自由鴿，卻是一隻「不死鳥」——屢仆屢起，長生不老，且「桃李無言，下自成蹊」，悄悄帶起了一個瀰漫全球的「擴展的、延續的秩序」，持久不散。而當年很多別

出心裁、深刻犀利、武功超凡、風頭旺健的思潮，卻倏忽而起，轟然而落，而今業已灰飛煙滅，不知所終。

十幾年前，筆者曾在網絡上發表了一個講座系列連載——《自由主義在近代中國》，追溯自由主義進入近代中國的脈絡及其相關代表人物，曾引起中國內外讀者的關注，同時收到一些頗有見地的建議和討論。唯因當年囿於講座的形式，所以略嫌簡略。如今，時移世變，這條線索已經日益彰顯，一些新的材料已經破土而出，一幅更全面具體的中國自由主義族譜的輪廓也愈益澄明。因此，筆者對原系列做了大幅更動，增添了人物，深化了內容，引入了近年的一些學術進展，遂有了這本《自由中國譜系》。

如所周知，自由主義是近代歐洲的產物。它的有些基本要素甚至可以追溯到古代世界的希臘羅馬，追溯到歐洲中古時期，其來有自，源遠流長。而遠古與中古時期的中國，作為一個相對獨立的文明體系，與源自西方的自由主義有相當不同的政治生存模式和政治思維方式。換言之，它們是兩種類型的政治文化，截然有別。

然而，自從近代各文明體系有了大規模的空間接觸之後，中國也同其他文明一樣，進入了深刻互動的全球流變的政治經濟文化脈絡中。作為西方主流的政治思潮與制度構架，自由主義自然也就進入並影響了中國社會，特別是其中的知識階層。在這一過程中，中國自由主義順理成章地也繼承了其屢仆屢起的「不死鳥」特性。

有論者或不以爲然，稱：中國之自由主義極其幼稚，豈能謂之已成傳統？頂多不過是一些零星人物與思想，難見貫通浩蕩前仆後繼之勢；同時，很多著名自由派人物其實並非純正的自由主義之輩。此外，吳國光教授也敏銳地指出中國上世紀的自由主義賦有某種「反政治」的特徵（吳國光：「*反政治的自由主義：從胡適的憲政思想反省憲政主義的失敗。*」《當代中國研究》2003 年第四期），從而在現實的政治過程中自廢武功，難望推動中國的憲政轉型。

　　誠然，如殷海光先生所指出的，中國自由主義「先天不足，後天失調」，一些相關人物的思想菁蕪並存，並不純粹。然而，這並不足以得出邏輯結論：中國自由主義沒有傳統。事實上，我們確乎可以看到在近代中國它的一條活生生的內在傳承脈絡。

　　此外，誠如吳國光所言，胡適等自由主義先賢賦有某種「反政治」傾向，這固然是事實；不過，它也正是中國「政治缺席」的殘酷社會現實與儒家士大夫傳統互動的產物。這一特徵，使中國自由主義難有立竿見影抵達憲政之政治效用。但是，在某種意義上，這其實是某種捷克作家哈維爾（Václav Havel）式的「反政治」的政治。從長程歷史眼光看，作爲思潮，總是「不安於室」的，它不可能永遠拘泥遊蕩在學院象牙塔中，並非總是自外於中國的政治萌動過程。

　　回顧歷史，中國推動憲政的自由力量，有兩條基本的成長線索：一是「辦刊議政」，一是「參選組黨」。一條側重理念，另一條側重實踐。一條走菁英化路線，以自由主義知識分子爲主；另一條則是走

草根路線，以有志實際從政者爲主。二者都對志同道合者起了精神和組織凝聚的作用，一爲理念的凝聚，一爲人員的凝聚。前者立言，後者立功。並且，這兩者並不是完全隔離的，事實上，它們常常相互滲透，相互促進。這點在台灣的《自由中國》事件和《美麗島》事件中呈現得非常清楚。胡適先生，無論在中國大陸時期還是在美國以及台灣時期，自然屬於辦刊立言者，確如國光兄所說，是走的菁英路線。然而，不可否認，雖然是滯後的，但他的思想與言論仍然產生了某種政治功能和效應，在精神上引領了中國特別是台灣的政治轉型。

挨諸歷史，自五四新文化運動起，歷經《新月》、《努力周報》和《獨立評論》諸公，挾帶「人權論戰」、「民主或獨裁論戰」煙雲，再至《申報‧自由談》、《大公報》、《客觀》、《觀察》撰稿人群體，之後穿峽過海，《自由中國》運動湧起，與台海西岸 1957 年北大的五一九 運動、右派群體之鳴放雖斷絕交通，卻「心有靈犀」，遙相呼應，其後台灣的《文星》撰稿人群、「美麗島運動」與大陸的 1976 年「四五運動」、1979 年「民主牆運動」、1989 年「天安門民主運動」、1998 年中國自由主義復興、2003 年「人權年」訴求、2008 年《零八憲章》運動……，一以貫之。一條清晰的脈絡已經呈現在中國近代史中，其價值指向昭昭在目，同氣相求。把這一條綿延貫通的精神脈絡命名爲「自由中國譜系」，是有其實實在在的歷史依據的。

從外緣影響的角度觀察，中國近代自由主義大體上有三條基本支系，一是上世紀二、三十年代受拉斯基（Harold Joseph Laski）、杜威（John Dewey）和羅素（Bertrand Arthur William Russell）等觀念影響的，

賦左翼色彩的自由主義，另一條則是上世紀後期受海耶克（Friedrich August von Hayek）等影響的，賦右翼色彩的自由主義，第三條則是受羅爾斯（John Bordley Rawls）影響的中間偏左的自由主義。何以因時代差異而在政治思想光譜上有如此不同的分配？顯然，第一條線索與上世紀前半葉的全球左翼的精神氛圍以致共產主義的崛起並至中國掌權有密切關係，第二條線索則與共產主義大失敗息息相關。第三條線中國的追隨者尚少，目前未成氣候。

本書目的之一，正在於呵護自由這隻「不死鳥」，期待其繁衍滋生，代代不絕。猶記 1950 年《自由中國》創刊時，胡適專門撰寫的創刊號文章的最後一句話是：「如果個人不能自由發展，便談不到文明。」此言與他的前輩嚴復先生所言「自由爲體，民主爲用」遙相呼應，勾勒出了自由中國譜系的精神線索。

關於自由主義在近代中國的影響，有一典型例證。抗日戰爭勝利之後的西元 1946 年，中國各黨各派政治力量，齊聚一堂，探求國家走向，正處於一個重要的歷史關頭。留英歸國的儲安平先生，趁此國運轉圜之際，於 9 月 1 日在上海創辦了一份政論週刊——《觀察》。當年，有七十名中國知識界人士，均爲鴻學碩儒引領風潮之一時之選，以特約撰稿人身份，把自己的名字臚列於《觀察》封面。承載著七十份誠摯而嚴肅的承諾，未幾，《觀察》銷量竟高達十萬。一份以思想和時論爲主的週刊，竟致洛陽紙貴，遂成一時佳話，這一賦有自由主義色彩的中國言論重鎮，點燃了中國進入現代憲政的希望。不幸的是，內戰的烽煙，不久後即以燎原之勢瀰漫開來，《觀察》在風雨飄搖中

勉力掙扎，存在了兩年多的時間，後來就被逼仄的歷史格局所腰斬，而中國也遁入更深的暗夜之中。但《觀察》所標舉的自由主義旗幟，以其理性之清明，立場之客觀，精神之寬容，卻從此化成了現代中國精神天空中的一顆恆星。

《自由中國譜系》，是要重新點燃七十多年前被窒息的自由之薪火，並把它傳遞到更為深邃廣袤的時空中去，以完成其未竟之志業，發皇其自由的道統。這一近代中國的自由脈絡，從嚴復、康有為、梁啓超以降，至蔡元培、胡適、陳寅恪、儲安平、周樹人、梁漱溟、熊十力、錢穆、張君勱、徐復觀、張東蓀、史量才、邵飄萍、張季鸞、羅隆基、馬寅初、傅雷、殷海光、雷震、林昭、顧準、遇羅克、李慎之、楊小凱、王曉波、陳子明、劉曉波……從五四的突破，到西南聯大的集結、《申報》、《大公報》與《觀察》的慘淡經營，直至 1957 年春季、1976 年「四五」、1979 年西單牆、1980 年代、1989 年民主運動、2008 年《零八憲章》運動等各次民間力量的湧動……。

這一歷史脈搏，時斷時續，時隱時現，時強時弱，雖屢經橫逆，仍不絕於縷。本書勉力追溯和探究的，就是上面所說的那一脈細微而柔韌的自由香火。

我們尤其不能忘卻的是，台灣中華民國自由民主轉型成功的輝煌典範，從根本上說，正是中國自由主義所結出影響深遠的政治果實，她已經塑造成為台海兩岸政治正當性法統的標竿，她已經獲得國際社會的高度讚賞和強力支持。今天，在世界自由主義秩序與殘存的共產

極權秩序之歷史性對決中，在民主與專制的全球激烈競爭中，自由民主的台灣中華民國，已經成為文明世界矚目的民主模範、自由榜樣和科技先驅，成為對抗共產中國的中流砥柱，一身而繫天下安危。

最後，作者想特別說明的是，本書所含括的，是廣義的自由主義，即歐洲古典自由主義在近當代的繁衍發皇。在這個意義上，北美和歐洲的左右兩翼自由主義，都共存於這一傳統之中；譬如美國的民主共和兩黨，都在這一古典自由主義籠罩之下，而非單指狹義的美國加拿大的自由派（liberal）。

本書追溯的中國近代自由主義，以人物為經，事件為緯，講述自由主義在中國所經歷的曲折歷程，探討它的影響和侷限，它所取得的成就、所遭遇的挫折、所陷溺的困境。誠然，以當代自由主義學理來衡量，我們所闡述的人物，大多數基本上都籠罩在當年全球左翼的精神氛圍之下，很多都留有費邊主義（Fabianism）或拉斯基民主社會主義（Democratic Socialism）的深深烙印，有些人甚至可能還不能稱為自由主義者；但是，以他們在中國自由主義發展史上的貢獻及地位，從他們的基本傾向，要洞悉考察中國自由主義事業，是不可能繞過他們的。正如法國先賢祠（Panthéon）中的人物的作用一樣，他們仍是引領中國的星辰。透過對他們的梳理和叩問，當可更清晰地界定我們當下的歷史位置，更清楚地確定我們的精神座標，從而導入和擴展自由秩序。

在自由中國群體出現之前的 1820 年，對精神的流變有驚人敏感與直覺的先驅龔定庵曾以《又懺心一首》為題賦詩曰：

佛言劫火遇皆銷，何物千年怒若潮？
經濟文章磨白晝，幽光狂慧復中宵。
來何洶湧須揮劍，去尚纏綿可付簫。
心藥心靈總心病，寓言決欲就燈燒。

　　詩成三十四年之後，1854 年，中國自由主義的盜火者嚴復出生，
一卷卷璀璨的自由中國譜系於焉鋪開。展讀這一幅幅身姿各異心胸豁
然的人物畫卷，本書祈願讀者諸君能藉以想像自由先驅們的音容笑貌，
貼近他們的「經濟文章」和「幽光狂慧」，親炙他們那一顆顆「洶湧」
而「纏綿」之「心靈」。從而展開一場跨越兩個世紀的精神對話，再
續慧流。

　　倘能如此，予願足矣。

陳奎德

第一部

洋務運動至戊戌變法——萌動期

1.0 導引

近代中國在空間上與西方大規模接觸後，如李鴻章所言，面臨了「三千年未有之變局」。而中國近代自由主義的發展，正是這史無前例的大變局所衍生的歷史後果。

洋務（自強）運動背景

中國是一個擁有悠久歷史和燦爛文明的國家，一直到十七世紀，都居於世界的領先行列。但這次中西文明的相遇與衝撞，卻使中國的有識之士產生了一種全新的感受。歷史上，萬方來朝，各國來貢，絕大多數時期，中國都是輸出文明的一方，然而此次，中國卻是被輸入文明的一方；十九世紀中國面對的外來文明，明顯高於中國自身，這是史無前例的。（歷史上佛教輸入中國，雖然豐富與精化了中國精神，但中國精英階層並不認為印度文明全方位優於中國）。

尤其，使東西方差距更加鮮明的是，正當西方國家在政治經濟工業科學各方面高速崛起的近三百年，不幸地，卻正是中國處於衰微的階段。

首先是英國，叩開了中國的大門。清朝政府為了制止鴉片貿易，為了防阻外來影響，導致與英國於 1839 － 1842 年的鴉片戰爭。戰爭使中國軍隊遭到慘敗，其結果是租讓香港以及開放五個通商口岸，外國人在這些口岸並享有「治外法權」。1842 － 1843 年與英國，1844 年與美國與法國，1858 年與英、法、美、俄都簽訂了不平等條約，從此，中國開始了所謂「條約的世紀」。

在此之後，中國又經歷了太平天國造反的危機。這一危機從 1851 年 1 月 11 日洪秀全在廣西桂平縣金田村舉兵開始，導致了歷史上空前規模的太平天國農民戰爭，前後持續達十四年，縱橫十八省，席捲了半個中國。

在清廷不得已起用漢族官員曾國藩等人平定太平天國後，自 1860 年起，中國開始了對西方衝擊的第一步反應。這就是所謂「自強運動」，又稱「洋務運動」。

1861 年，恭親王奉命組建「總理各國事務衙門」，標誌著中國一場旨在學習西方先進技術以「自強」的洋務運動發端。

洋務運動早期的口號是「師夷長技以制夷」。當年清政府剿滅了太平天國以後，中國的社會大環境相對處在一種較為平和的環境下，再經歷十幾年的「師夷長技」以製造「堅船利炮」，呈現了一片「鶯歌燕舞」的景象，史稱「同治中興」。

值得注意的是，這也正好是鄰居日本開始明治維新的時候。中、日兩國幾乎同時開始向西方學習，但結果卻完全不同，原因是什麼呢？

首先是中國統治階層的文化優越感。當時學習西化的中心口號是由著名的封疆大吏張之洞提出的「中學為體，西學為用」，意即單純學習西方的技術，如造船造槍炮的技術，把它用於保衛中國原有的制度和價值觀。相對於日本，由於其原先文化主要習自中國，所以現在

扭轉方向改為學習西方，也就沒有像中國那樣強大的心理障礙。於是，中日兩國西化的結果呈現出鮮明的對比。

　　其次是，政治結構與政治人物的中日差異。在這一關鍵時期（長達四十多年），就日本與中國大清朝的政治統治結構而言，日本首先有了政治體制變革，成為一個君主立憲國家，而中國政治結構一仍其舊；就統治者本身而言，日本有的是全面向西方學習的年輕明治天皇，而中國的權柄卻仍握在年邁的慈禧太后手中。

　　洋務（自強）運動由平定太平天國的曾國藩以及較年輕的助手李鴻章領導，這兩位都是才幹出眾的漢人官吏，恭親王奕訢、左宗棠、張之洞等也發揮了重要作用。他們創辦的軍事工業單位主要是安慶軍械所、江南製造總局、福州船政局等，發展的民用工業機構包括輪船招商局、漢陽鐵廠、湖北織布局等。李鴻章懂得中國面臨的是「三千年未有之變局」，因此必須學習歐美機械以自強。除了造船炮以外，當時還要求更大範圍的改革。於是，洋務運動超越了軍事範疇，廣泛的興建鐵路、礦山，政府甚至鼓勵私人興建工廠，社會上也出現了張謇這樣一批實務救國論者。同時政府開始培訓人才，大量翻譯，甚至開始選派留學生出國。

　　但是，在「洋務」的背後，有一整套文明背景。所以，雖然僅僅是限於學習西方技術，然而，以官辦興辦實業為經濟為核心的洋務運動，仍然在其進程中遇到了強大的阻力。例如，中國第一位到美國的留學生容閎，1854 年自耶魯大學畢業，八年之後回國，卻等了十年

才被曾國藩於採買機器時任用為翻譯。他所建議的留學政策，直到他返國的十五年後才實施。1872年，他帶領一百二十名身穿長袍的兒童到美國，同行的還有老式中國教師，好教兒童們學習「之乎也者」以不忘本；同時還派一位保守派與容閎同行，以便監視他並防止兒童被西方思想精神「污染」。後來，由於「精神污染」很難防止，於是到1882年，這一留學計畫就中途夭折了。

有鑑於此，既然文明影響難於從華夏中心突破，因此，與洋務運動實踐相平行之中西精神互動——西方對中國的思想影響，就從中國的邊緣開始！特別是從香港以及開放的五個通商口岸開始。其實，與過去人們描述的中西接觸順序（器物→制度→文化）有所不同，實際上是先從精神信仰切入，從宗教進入，然後觸及世俗思想，觸及堅船利炮，再及制度，再及文化。

基督教進入中國，是在鴉片戰爭之前。事實上，1807年英國馬禮遜（Robert Morrison）就來華傳教了，那是另一個很長的故事，我們這裡先按下不表。

王韜（1828年11月10日－1897年5月24日）

1.1 西學東漸先驅 ——王韜

翻譯中西經典

　　這裡首先提到西學東漸的先驅，其實也與基督教有關係。他就是王韜（1828年11月10日－1897年5月24日），作為中國近代最早的改良派思想家、政論家和新聞記者，王韜早年的新約譯本被稱為《聖經》的「代表譯本」，他本人於1854年8月26日受洗成為基督徒。1862年10月為避禍而在英國領事館人員的護送下亡命香港，協助香港英華書院院長——漢學家理雅各（James Legge）翻譯《十三經》等中國經典。理雅各在空暇時常邀請王韜到薄扶林寓所小住。王韜雖然並非自由主義者，但作為基督徒，他透過與漢學家理雅各的關係有機會仔細觀察到英國及其他歐洲國家與中國的基本差異。

　　王韜在墨海書館工作十三年，還先後和偉烈亞力（Alexander Wylie）、艾約瑟（Joseph Edkins）等傳教士，翻譯出版《華英通商事略》、《重學淺說》、《光學圖說》、《西國天學源流》等書，為西學東漸作出了貢獻。

　　在此期間，王韜還兼任香港《華字日報》主筆，這是他從事華文新聞事業的開端。

　　王韜旅居香港，工餘之暇，勤涉書史。當時罕有關於香港的史料，王韜尋訪故老，收集關於香港的資料，著有〈香港略論〉、〈香海羈蹤〉、〈物外清遊〉等三篇文章，記述香港的地理環境，英人未來前的狀況，英人割據香港後設立的官府、制度和兵防，以及十九世紀中葉香港的學校、教會、民俗等歷史資料。王韜所著之香港文章，是有

關香港早期歷史的重要文獻。

當遊歷歐洲時，王韜在牛津大學演講。牛津大學校長特邀王韜到大學以華語演講。這是有史以來第一位中國學者在牛津大學講話。王韜還談到孔子之道與西方天道，孔子之道為人道，西方之道雖是天道，但傳西道者還是繫於人。「此心同此理也，請一言以決之，曰其道大同。」

，

1870年春理雅各和王韜完成了《詩經》、《易經》、《禮記》等中國經典的翻譯。王韜旅居蘇格蘭期間，應用西方天文學方法研究中國古代日蝕紀錄，著有《春秋日蝕辨正》、《春秋朔閏至日考》等天文學著作。

中國第一報人

1870年冬理雅各返回香港，重新主持英華書院，王韜仍舊出任《華字日報》主筆。在此期間，王韜編譯了《法國志略》、《普法戰紀》，先後在《華字日報》連載，上海《申報》轉載。後來王韜《普法戰紀》編輯成二十一萬字的單行本。《普法戰紀》很受李鴻章重視。《普法戰紀》傳入日本，也引起很大的迴響。

1873年理雅各返回蘇格蘭，王韜買下英華書院的印刷設備，在1874年創辦世界上第一家成功的華資中文日報——《迴圈日報》，因此王韜被尊為中國第一報人。

王韜自任主筆十年之久，在《迴圈日報》上發表八百餘篇政論，

鼓吹中國必須變法，興辦鐵路、造船、紡織等工業以自強。王韜發表在《迴圈日報》的政論，短小精悍，每篇千字左右，切中時弊，被認為是中國新聞界政論體的創造人。

1875年王韜發表了著名的〈變法自強（上）〉、〈變法自強（中）〉、〈變法自強（下）〉三篇政論，在中國歷史上首次提出「變法」的口號，比鄭觀應《盛世危言》早十八年，比康有為、梁啟超變法維新早二十三年。康有為在 1879 年曾遊歷香港，正值王韜擔任《迴圈日報》主筆，發表大量變法政論之時，因此，康有為的變法思想，很有可能受到王韜影響。王韜無疑是中國變法維新運動的先行者。

王韜在英國、日本的名望和他的變法維新政論，使清廷重臣李鴻章刮目相看，認為王韜是「不世英才，胸羅萬有」希望召羅為用。

王韜回國後，創辦弢園書局，以木活字出版書籍；任格致書院山長，主持推行西式活版印刷；著有《淞濱瑣話》；王韜被聘為《萬國公報》特約寫稿人。1894 年）孫中山拜見王韜，王韜為孫中山修改〈上李傅相書〉，安排在《萬國公報》發表。1897 年 5 月 24 日，王韜病逝於上海城西草堂。

王韜的基本主張是中國應從政治、經濟、軍事思想上變法圖強，他曾相當自信地說：「吾知中國不及百年，必且盡用泰西之法而駕乎其上。」王韜主張以歐洲強國為榜樣。具體辦法有五：

1　改革科舉取士法

2 改革練兵法
3 改革教育
4 廢除繁文
5 君民共主論

　　就這五點分析，王韜無疑是在中國歷史上最早提倡廢除皇權專制，建立他所謂的「與眾民共政事，並治天下」的君主立憲制度，是戊戌變法的思想先驅。

王韜眼中的各國政治制度

　　王韜把世界各國的政治制度，分為三種：

1 君主之國：

如俄羅斯、奧地利、普魯士、土耳其，國家元首為帝。王韜認為，君為主，必須有堯、舜帝在上，才能長治久安。

2 民主之國：

如法國、瑞士、美國，國家元首為「統領」。王韜認為民主之國，「法制多紛更，心志難專一，究其極，不無流弊」。

3 君民共主之國：

如英國、義大利、葡萄牙、西班牙、丹麥。「朝廷有兵刑禮樂賞罰諸大政，必集眾於上下議院，君可而民否，不能行，民可

而君否，亦不得行也，必君民意見相同，而後可頒之遠近，此君民共主也。」「唯君民共治，上下相通，民隱得以上達，君惠得以下遞……如中國三代以上之遺意。」

他的這種分法——稱君主專制為君主之國，稱共和制為民主之國，稱君主立憲為君民共主之國——雖然簡單粗疏，但仍然觸及了政治制度的若干要點，同時也清楚表達了自己的價值取向——君主立憲。

他的說法，是最早為中國人瞭解西方政治制度所畫的一道簡要輪廓。

王韜主張進行軍事改革。革新兵器，廢除弓箭、大刀、長矛，換成新式火器；將帆船換為輪船，「師其所能，奪其所持」。王韜認為單按西法製造槍炮、輪船、建築鐵路，只不過是抄襲皮毛，更重要的是要變革軍隊的制度和訓練方法。

實業強國。王韜認為富強為強國之本，必須大力興利。他認為：「諸利既興，而中國不富強者，未之有也。」

此外，守舊派怕開礦、鐵路、電報線會破壞風水，也極力阻撓。而僅有的企業都是官辦官營，辦事的商人被掌權的官員壓榨，毫無效率。官辦企業、官僚資本，貪污腐敗，慈禧太后又派守舊派掣肘，因此，獨立自主的民間企業改革始終無法達成。

甲午戰爭

1894 年，中國與日本開戰。這是一場不同於以往的戰爭，雙方都使用了西方的技術來武裝自己的軍隊；因此甲午戰爭正是檢驗中國洋務運動成果的關鍵。

戰前，很多人看好中國，因為中國畢竟疆域廣闊，艦艇的數量也多於日本。但李鴻章明白內情真相，極力阻止開戰。試想，1880 年末，海軍軍費竟被慈禧太后挪去修築頤和園，如何能戰？真相是中國軍艦有的沒有炮彈，有的沒有火藥；且北洋艦隊的司令竟然是位騎兵老將，他將軍艦按騎兵衝鋒式一字排開，卻反遭日本海軍以兩個縱隊包圍，一舉擊潰。

這次的失敗不同於以往。日本長久以來一直視中國為師，但自從明治維新學習西化後，日本已非昔日倭寇。此次戰爭讓中國人陷入了深深的苦惱——為什麼經歷了三十年的維新改革，卻依然敗北？甚至還是敗給一個過往地位低於自身的小國？甲午戰爭的失敗，標誌著中國洋務（自強）運動的失敗。這是一次關鍵性的震撼教育。自此之後，中國知識分子醒悟到，必須從政治制度上下手。

戊戌變法就是在這種普遍輿情之下興起的。

戊戌變法

前面已說過，1895 年的甲午戰爭，過去一直被中國看不上眼的東洋小國日本竟然打敗了堂堂大中華，其原因僅只是因三十年前日本仿

效了西方改革其政體——這一點大大地刺激了中國。全國的士大夫悲憤莫名，意識到制度非改革不可了。1895 年 4 月，日本逼簽《馬關條約》的消息傳到北京，國人群情激憤，於是知名學者康有為在北京發動各個省分一千三百多名舉人上書光緒皇帝，反對與日本簽訂《馬關條約》，提倡「變法圖強」，並組織強學會，掀起了變法維新運動。這就是近代史上著名的「公車上書」。它開啟了現代中國讀書人集會上書，參與政治，呼喚變革的先河。同時也使主事者康有為、梁啟超等士大夫捲進了中國政治的核心。

為了將維新變法推向高潮。1895 年 8 月，康有為、梁啟超等人在北京出版《中外紀聞》，鼓吹變法；組織強學會。1896 年 8 月，《時務報》在上海創刊，成為維新派宣傳變法的輿論中心。1897 年冬，嚴復在天津主編《國聞報》，成為與《時務報》齊名在北方宣傳維新變法的重要陣地。1898 年 2 月，譚嗣同、唐才常等人在湖南成立了南學會，創辦了《湘報》。在康、梁等維新志士的宣傳、組織和影響下，全國議論時政的風氣逐漸形成。到 1897 年底，各地已建立以變法自強為宗旨的學會 33 個，新式學堂 17 所，出版報刊 19 種。到 1898 年，學會、學堂和報館達 300 多個。1897 年 11 月，德國強佔膠州灣，全國人心激憤。12 月，康有為第五次上書，陳述列強瓜分中國，形勢迫在眉睫。1898 年 1 月 29 日，康有為上《應詔統籌全域折》，4 月，康有為、梁啟超在北京發起成立保國會，為變法維新作了直接準備。

康有為的這些主張，得到了皇帝的老師、軍機大臣翁同龢以及湖南巡撫陳寶箴的支持。實際上，湖南也一直在實踐自強運動，是地方

求新變革的先鋒省份。

　　1898 年，康有為的機會來了。這一年，列強都要求在中國擁有自己的勢力範圍，中國似乎已走到被瓜分的邊緣。康有為又趕到北京上書，請求變法。1898 年 4 月他以保種、保國、保教為號召，成立保國會。然後，帝師翁同龢把他推薦給了光緒皇帝，在中國的這一關鍵時刻，康有為成了皇帝最信任的人。當時，慈禧太后已經把政權「歸還」給了光緒皇帝，名義上皇帝已經可以獨自主持國家大事了。在維新人士和帝黨官員的積極推動下，1898 年 6 月 11 日，光緒皇帝頒佈「明定國是」詔書，宣布變法。新政從此日開始，到 9 月 21 日慈禧太后發動政變為止，歷時 103 天，史稱「百日維新」。在那些日子裡，天天發布有關新政的「詔定國是」的文書，帶給了中國人以嶄新的政治框架，使中國士大夫對國家的未來充滿了期待之情。那是中國歷史上罕見的朝氣蓬勃，新事物蒸蒸日上的時期，似乎一個嶄新的憲政中國就要就降臨到地球上了。

百日維新及其失敗

　　在百日維新期間，即從 1898 年 6 月 11 日至 9 月 21 日的那 103 天中，光緒皇帝採納康有為與梁啟超的主張，發布了大約四十條新政詔諭，包括了行政、教育、法律、經濟、工藝、軍事、員警制度等各個面向，廢除八股，改試策論；把各省書院、祠廟改設為學堂；裁減各重疊機構；准許滿族人自謀生計；並籌辦京師大學堂（北京大學的前身）；設立中國銀行、礦務鐵路總局、農工商總局；倡辦各種實業；獎勵各種新著作、新發明；設立翻譯局，編譯各國書籍；准許自由開設報館、

學會，提倡言論出版結社自由；編制國家預算，公布每年的收入支出；廣開言路，提倡上書言事；舉辦農會、商會等。

這些詔書模擬了日本等國的一系列憲政制度，快速而激切，基本的目標是建成一個君主立憲體制的現代國家。它的某些政策，例如准許民間自由開設報館、學會，提倡言論出版結社自由，廣開言路等等，一百年後的當今中國，都還仍未能實現。

「百日維新」開始後，新政措施雖未觸及皇朝統治的基礎，但是，卻觸犯了頑固勢力的既得利益。清政府中的一些權貴顯宦、守舊官僚不能容忍維新運動的發展，對新政措施陽奉陰違，託詞抗命。然而當時的最高權力並不掌握在皇帝手中，而是在慈禧太后身上。有人上書慈禧，要求誅殺康有為、梁啟超；宦官李蓮英也跪請太后「垂簾聽政」；老謀深算的慈禧，則等到滿朝文武幾乎都感到變法將使自己的特權喪失、地位不保，才出面安排軍事政變。於是，御史楊崇伊多次到天津與榮祿密謀；宮廷內外傳言將廢除光緒，另立皇帝。九月中，光緒皇帝幾次密詔維新派商議對策，但維新派既無實權，又束手無策，只得向光緒皇帝建議重用袁世凱，以對付榮祿。16、17 日，光緒皇帝兩次召見袁世凱，授予侍郎一職；18 日夜，譚嗣同密訪袁世凱，勸袁殺榮祿，舉兵救駕。事後，反被袁世凱出賣。

1898 年 9 月 21 日凌晨，慈禧太后突然從頤和園趕回紫禁城，直入光緒皇帝寢宮，將光緒皇帝囚禁於中南海瀛台；然後發布訓政詔書，再次臨朝「訓政」，史稱「戊戌政變」。戊戌政變後，慈禧太后下令捕殺在逃的康有為、梁啟超；逮捕譚嗣同、楊深秀、林旭、楊銳、劉

光第、康廣仁、徐致靖、張蔭桓等人。9 月 28 日,在北京菜市口將譚嗣同等六人殺害;徐致靖處以永遠監禁;張蔭桓被遣戍新疆。所有新政措施,除 7 月開辦的京師大學堂外,悉數廢止。從 6 月 11 日至 9 月 21 日,進行了 103 天的變法維新,因戊戌政變而宣告失敗。

9 月 21 日,慈禧命令將光緒囚禁在中南海的瀛台,康有為、梁啟超被迫逃亡海外,而譚嗣同等協助變法的「戊戌六君子」,則在被逮捕後於北京菜市口被殺害。臨刑前,譚嗣同慷慨陳詞:「**有心殺賊,無力回天**」,隨後從容就義,為中國的近代憲政變革史寫下了可歌可泣的一頁。

至此,中國的一場轟轟烈烈的憲政改革運動遭血腥鎮壓,壯烈成仁。

戊戌變法,是以自強運動的邏輯向政治領域的延伸,是康梁和光緒推動的中國第一次憲政嘗試,而康梁的思想,受到了包括王韜在內的先覺者啟迪。然而,誰是第一位在理念深度上引入憲政自由主義的先知呢?

1.2 中國自由的盜火者 ——嚴復

在近代中國,從思想理念上引入自由主義,首功當推嚴復。自由主義的三部最重

嚴復(1854 年 1 月 8 日 - 1921 年 10 月 27 日)

要的經典著作：亞當‧史密斯（Adam Smith）的《Wealth of Nations 國富論》和約翰‧史都華‧彌爾（John Stuart Mill）的《On Liberty 論自由》（嚴復把書名譯為《群己權界論》）以及孟德斯鳩（Charles Louis de Secondat）的《De l'esprit des lois 論法的精神》（嚴復譯書名為《法意》）都是經由嚴復的翻譯而進入中國的。僅此一端，嚴復先生即可流芳百世了。

嚴復（1854 － 1921）是中國近代啟蒙思想家、翻譯家。原名宗光，字又陵，1871 年（同治十年）畢業於福州船政學堂。1877 年（光緒三年）派赴英國格林威治皇家海軍學院學習，其間廣泛接觸西方的自然科學和社會政治學說。1879 年回國，次年任天津北洋水師學堂總教習，後升任總辦。甲午戰敗後，嚴復破門而出，發表了《論世變之亟》、《原強》、《辟韓》、《救亡決論》等震動一時的專欄，導入自由觀念，批判君主專制理論。

此後，他的前述翻譯著作，產生了更大的影響乃至風潮，以致嚴復成為中國自由主義最早的系統盜火者（先知先覺者）。

從中國思想史的角度，嚴復的主要貢獻有二：

第一、他首次把「**自由**」的有無作為判別中西文明差異的核心價值；
第二、他在中國引入了「**社會達爾文主義**」的基本觀念，使所謂「優
　　　勝劣敗，適者生存」成為風行天下的近代中國思潮。

從中國制度設計的角度，嚴復是從理論上闡明「**君主立憲**」，並在中國宣導「**君主立憲**」的政治理論家。這一主張，貫徹了他生命的始終。

一、採來自由火種

　　嚴復早年的〈論世變之亟〉、〈原強〉、〈辟韓〉、〈救亡決論〉這些專欄的歷史貢獻，是近代中國中第一次突出地把「自由」當作中西文化差別的關鍵字。早在 1870 年代，王韜、郭嵩燾等人已經看出當時清帝國洋務運動的變法自強沒有抓到根本。現代西方的本、體或道是其政治和經濟制度。嚴復比他們深入的地方，是進一步指出，這些制度的建立，離不開人的自由；這些制度的核心，是保障人的自由。

　　身處人類憲政的發祥地英國，嚴復比其他同胞更早體認到「自由」是西方優於中國的命脈所在。此一領悟，無論對嚴復本人，還是對中國近代思想演變，其重要性幾乎是無與倫比的。他指出：「**於學術則黜偽而崇真、於刑政則屈私以為公，斯二者，與中國理道初無所異也。顧彼行之則通，吾行之常病者，則自由不自由異耳。**」換言之，在西方，自由是學術獲得真理、司法獲得公道的通道；而中國難於獲得真理與公道，病根就在於不自由。

　　由此，他首先確認一個前提：要救中國，非學西方不可。而「**以自由為體，以民主為用**」，則是嚴復的基本主張。「**夫士生今日，不睹西洋富強之效者，無目者也。謂不講富強，而中國自可以安；謂不用西洋之術，而富強自可致；謂用西洋之術，無俟於通達時務之真人才，**

皆非狂易失心之人不為此。」

　　既然「西洋之術」的真諦在「自由」。那麼，中國究竟應該怎麼辦？
「質而言之，不外利民云爾，然政欲利民，必自民各能自利始；民各
能自利，又必自皆得自由始；欲聽其皆得自由，尤必自其各能自治始，
反是則亂。顧彼民之能自治而自由者，皆其力、其智、其德誠優者也。
是以今日要政，統於三端：一曰鼓民力，二曰開民智，三曰新民德。」

　　在嚴復看來，自由是與自利和自治在邏輯上息息相關。他所謂的
自利，是個人行為的出發點，也是現代倫理的原點。而自治，則是民
主的基石之一。在嚴復的概念中，自由是一個內涵全面的概念，是在
倫理、經濟、政治、思想和學術等領域的現代國家公民之基本權利，
是西方國家制度的靈魂。

　　嚴復的西學學養，使之對西方自由理念的來龍去脈有相當把握，
在當年中國無人能出其右。他指出「彼西人之言曰：唯天生民，各具
賦畀，第務令毋相侵損而已。」這裡蘊含了西方人權概念的基督教起
源。自啟蒙運動以來，「自由」被視為個人的天賦人權或者自然權力，
儘管它誕生於反抗教權和神權的政治鬥爭當中，但它卻直接脫胎於基
督教正統思想當中的神聖權利觀念。這與唯物主義、功利主義以及歷
史主義的理解大異其趣。用嚴復的話來說，西方的自由主義出自「教」，
而非「學」，即，它源於宗教信仰而非科學知識。因此，自由在西方
從開始就帶有基督教的救贖色彩，這就是嚴復所謂「於及物之中，而
實寓所以存我者也」，也就是說，自由在西方那裡本身就包含在物質

世界裡爭取個人生存的意涵。

在當時程朱理學籠罩的晚清帝國，公開鼓吹把來自西方的自利、自由、自治作為救國的根本道路，並且指出實現人的自由是中國復興的中心，不但石破天驚，而且深刻地揭示了百年來包括五四新文化運動在內屢敗屢戰的啟蒙思潮之基本要點。

應當注意到的是，嚴復對於中國政治變遷的思考，主要參照系是英國，除此之外，尚有法國思想家孟德斯鳩的部分影響，他翻譯了孟氏的《論法的精神》（《法意》）。但如所周知，孟德斯鳩的憲政思路正是以英國政體為原型，繼承英國思想家洛克（John Locke）分權理論的基礎上的系統性發展。因此，從根本上看，英國政制是嚴復政治思考之源。

有鑒於英國的影響，嚴復的政治思想中幾乎沒有激進主義成分，他是中國最早主張君主立憲的思想家。雖然前後期思想有所變化，但君主立憲的思路對他則是一以貫之。實際上，嚴復終身信奉與實踐了他的此一政治理念。

當然，由於英國人托馬斯·霍布斯（Thomas Hobbes）的《利維坦》（Leviathan）理論影響，嚴復並不認為君主以及君權是一種固有的神聖事實，而是具體的社會歷史產物。君權源於臣民出讓自身的自由權利，而君主則因獲得這種出讓就有義務來保障臣民的安寧。因此，對嚴復而言，君主是一種道德的人格，是保障個人之間的自由權力不相

互「侵損」的政治機制。基於這種道德人格，君主存在的目的在於增進民智、民德和民力，使其不「相欺、相奪而相患害也」。簡而言之，君主的治國之術在於賦予臣民以自由，因為他明白「民之自由，天之所界，吾又烏得而靳之！」

在清末民初，嚴復認定中國宜走君主立憲之道。「君必不可廢」是他自 1895 年在《辟韓》中就提出的政治主張。他的這一主張，歷經戊戌變法、辛亥革命、袁世凱稱帝、「五四」運動乃至逝世，終身未變。因此從根本上說，其實並不存在流傳已久的所謂嚴復思想倒退的問題。他所改變的只是論證方式，嚴復對政治自由與君主制之關係因時勢不同而論述有異。

在〈辟韓〉寫作時期，嚴復反對絕對君權，主張伸張民權。但是他贊成在法律制約下的君權，這是一種有限的君權，相對的君權，即君主立憲制度。

因此，嚴復主張的「君主立憲」是英國式的、賦有保障國民基本自由特徵的政治制度。自由始終是嚴復首要關懷的價值，也是他認為中國所缺乏的、必須首先引進的核心價值。

然而，既然共和制亦是以自由為目標，嚴復何以堅持君主立憲制呢？這就涉及他的社會達爾文主義的思想背景了。

二、適者生存，物競天擇

1895 年的中日甲午戰爭，是嚴復思想發展的一個拐點，也是中國

近代思潮的一個轉捩點。

我們知道，嚴復以《天演論》的翻譯登上了中國近代史的舞臺，但他對中國思想界的影響卻肇始於 1895 年即甲午戰爭之後所寫的數篇政論專欄：〈論世變之亟〉、〈原強〉、〈辟韓〉和〈救亡決論〉等。在這一系政論文章中，嚴復一再申明——民智、民力和民德是一個國家和民族的富強之本，而實現它的前提是有制度和治術作保障的民眾自由，所謂「以自由為體，以民主為用」。此時的嚴復，雖然已經擔任北洋水師學堂教席多年，但由於屢次落榜，一直也未從科舉中獲得功名，所以無法得到李鴻章的重用。加之對海戰暴露出來的中國官場之腐敗、將領資質之平庸以及「士大夫心術之壞」，遂使嚴復對日趨惡化的國勢萌生絕望之感，「以今之道，無變今之俗，雖管、葛復生，亦無能為力」，以至於對功名仕途日益看淡，與之相應，他沉浸在西方的學術中，認定「看西書」才是世上唯一「真實的事業」。

嚴復所謂的「文明演進的規律」，在 1895 － 1898 年他翻譯赫胥黎（Thomas Henry Huxley） 的《Evolution and Ethics and other Essays 天演論》（嚴復譯《進化論與倫理學》）時就確立了。「物競天擇，適者生存」在嚴復看來是所謂 cosmos process 宇宙過程，亦即「天演」。他以這種社會達爾文觀點喚起國人救亡圖存和「自強保種」的覺悟。鑒於中國當時正處於同日本甲午海戰失敗後的國勢，群情悲憤難抑，人心圖強思變，這一思潮之強勁，在當年幾乎俘獲了全國知識界，勢不可擋。

而在嚴復看來，在中國與西方文明大規模接觸之後，依「演化論」而自然生成的政治秩序就應當是君主立憲制度。顯然，這與君憲制度的英國當時在世界上的強勢地位有關。

　　嚴復的君憲主張，並非哲學思辨的產物。那種思辨正是他所反對的玄思飄渺徒託空言的宋學末流。他依據的是「天演之定律」（the law of evolution），即具有嚴格經驗支援的「演化論」（或「進化論」）。

　　辛亥革命不久，嚴復曾經致信英國《泰晤士報》駐京記者莫理循（G. E. Morrison）。信中認為，革命黨推翻滿清帝制，並選擇共和國國體是「草率的」，同時他還提出了自己的正面主張：「**根據文明演進的規律，最好的辦法是擁有一種較高形式的政府，即保留君主制（Monarchy），以適當的憲法條款（constitutions）加以約束。**」

　　那麼，什麼是嚴復的「天演」觀念？他為什麼把 "evolution" 譯為「天演」，而非後世所普遍接受的「進化」？

　　這裡的「天」，是對 "nature"（自然）的翻譯。所謂「任天而治」就是順其自然。在嚴復看來，總有自在之物（self-existence）在冥冥之中驅動和引領著自然與社會的演化過程。這裡可窺見亞當・史密斯「看不見的手」引領經濟活動的思想對嚴復的影響。

　　因此，國家需要不去禁錮臣民，必須使讓其智慧、力量和德性得到充分發展，這樣的治國之道即是合乎天道的。嚴復達成的這一結論，

就自然而然的進入了自由主義的基本思路。

嚴復翻譯彌爾的《On Liberty 論自由》，把書名譯為《群己權界論》，表明他更強調彌爾的如下思想：除了從正面賦予和肯定個人自由，同時也必須為個人自由設限。所謂「人得自由，而以他人之自由為界」是「群學太平之最大公例也」。

彌爾的自由主義的基本主張是，個人應當被賦予思想和表達的自由，便於他能夠發現我們大多數人因受制於特定的習慣而不能發現的、但客觀上或許是正確的道德、思想和生活方式，從而促進人類整體的福祉。在《論自由》中，彌爾指出國家對個人行為自由的干涉只能出於「自我保護」的需要，而其唯一目的在於保護他人不受傷害。另一個方面，彌爾的知識論暗含著這樣的意思：儘管我們暫時無法判斷個人的不同思想、道德和生活方式對人類整體的福祉來說孰對孰錯，因此，我們賦予個人以自由，但歷史的演進卻終究能夠驗證上述種種與習慣不同的思想和生活方式的正確與否。基於這一點，我們可以說，彌爾的自由主義仍然帶有強烈的功利主義目的論色彩：個人自由是通向國家或社會自由乃至全人類福祉的手段。

然而到嚴復那裡，彌爾自由主義的功利色彩被推到了極端。嚴復翻譯《群己權界論》是在 1899 年。此時，晚清政府因與西方列強簽訂一系列不平等條約而導致國權淪喪，而康梁發起的戊戌維新則從根本上動搖了清室皇權的根基。在《群己權界論》最後，嚴復斷言：「善制國者，積其民小己之自繇，以為其國全體之自繇，此其國權之尊，

所以無上也。」在這個時候倡言「國權之尊」，實質上，已經在向國家主義靠攏，這是彌爾並未主張過的。

嚴復向國家主義的靠攏，溯源於他對「天演論」（進化論）的服膺，而他所理解的進化論，是群體進化論，而非個體進化論。

嚴復所服膺的社會達爾文主義，作為將達爾文進化論中自然選擇的思想應用於人類社會演進的一種社會理論，其核心觀念即是：適者生存，物競天擇。嚴復指出，植物、動物中都不乏生存競爭、適者生存、不適者淘汰的例子，人類亦然。人類競爭其勝負不在人數之多寡，而在其種其力之強弱。面對當時中國的民族危機，他沉痛寫道，中國再也不能不看實際地妄自尊大，一味大彈「夷夏軒輊」的老調，必須振作自強，奮起競爭，由弱變強；否則，將亡國滅種。

其時，中國正值甲午海戰慘敗，民族危機深重、維新運動高漲之際，《天演論》一出，震動朝野；物競天擇之論，風行全國。從此思想界有口皆誦。以文名世的同治進士吳汝綸看到《天演論》譯稿後，讚不絕口，認為自中國翻譯西書以來，無此宏制。梁啟超讀到《天演論》譯稿，未待其出版，便已據其思想撰文發揮了。連目中無人的康有為，讀了《天演論》後，也承認此「為中國西學第一者也」。胡適則評價嚴復為「介紹近世思想的第一人」。《天演論》出版之後，一紙風行，不幾年，竟成中學生讀物；十多年中，就發行過三十多種不同版本，當時任何其他西書都不可望其項背。

正是鑒於當時中國的危機態勢，因此，嚴復反覆在書中強調物競

天擇是「文明演進的規律」。這就是說，進化的主體是「文明」，或曰「社會群體」。他在《法意》一書中讚揚民主說：「民主者，治制之極盛也。使五洲而有郅治之一日，其民主乎？雖然，其制有至難用者。」

然而民主又何以難用呢？他認為當時中國民力、民德、民智三方面都落後，因此他不同意急進，而主張漸進，希望透過發展經濟和文化教育事業，鼓民力、新民德、開民智，逐步使國家走上民主、法制之路。因此，嚴復主張的進化之路，是漸進的，並非突變式的、非革命式的。

群體競爭，自然選擇；漸進演化──嚴復這幾方面的思想，產生了巨大的衝擊波，不僅在當時，而是影響了幾代人，奠定了嚴復在中國近代思想界的地位。

嚴復的《天演論》翻譯自赫胥黎的 Evolution and Ethics and other Essays《進化論與倫理學》一書。《天演論》並非直接全譯自原書，而是有所選擇，有所評論，有所發揮。原著寫成於英國維多利亞時代，君主立憲的大不列顛帝國，正處於其歷史上的巔峰時期，經濟穩定，社會繁榮，自由主義憲政穩健前進，遠洋航海發達，中世紀宗教的控制減弱，不同思想、文化日漸繁榮，自然科學空前發展。

正是由於英國蒸蒸日上的國勢，在社會達爾文思想邏輯下，嚴復主張在中國實行英國式的君主立憲制，便是順理成章的了。在這一思路下，嚴復對辛亥革命後建立的共和制不以為然。他在給莫理循的信中說道：「中國斷不宜像美利堅那樣採取全然不同的政府形式。」他

認為，面臨民族革命之後分疆裂土的危局，需要一個強勢而穩健的君主來主張國權、力挽頹勢。因此，袁世凱當政並非關乎一姓一人的私利，乃是適應當時的局勢、歷史的習慣和「國性民質」的政治後果。但是，他也強調，君主不能再如過去一樣是循一己之私欲的專制君主，他應是抽象的「眾主」和國家權力的象徵。面對日益加劇的權力紛爭，嚴復主張與袁世凱訂立契約。「損其政權，以為立憲之基礎，使他日國勢奠定，國民進化，進則可終於共和，退則可為其復辟。」在上者，應於選舉上「一聽民意自由」；在下者，人人應當「減損自由，而以利國善群為職志」。在他看來，這才是穩妥的中國政治演進之道。

嚴復翻譯孟德斯鳩《論法的精神》為《法意》一書，按語中他對傳統專制政體嚴詞批判：「中國自秦以來，無所謂天下也，無所謂國家也，皆家而已。」在國難深重的年代，嚴復也和許多憂國之士一樣，認為國家權利要領先於個人權利，在《法意》按語中，他說自由的意義包含「國群自由」和「小己自由」，後者應該服從前者：「特觀吾國今處之形，則小己自由，尚非所急，而所以怯異族之侵橫，求有立於天地之間，斯真刻不容緩之事。故所急者，乃國群自由，非小己自由也。」

在這一思想脈絡下，嚴復特別在意於個體與群體權利界限的劃分，在他看來，這是在中國銜接歷史與現實（演化中的現實）的關鍵點。他把彌爾的《論自由》書名翻譯為《群己權界論》就突出地彰顯了他的此一觀點。連續性地漸變演化，不是突兀地切斷歷史，而是既尊重歷史，又順應變化，這是他的社會達爾文主義核心。

處當時之中國，嚴復認為最適合的國體是，既能樹立國家公權力的尊嚴（歷史延續下來的君主尊嚴的餘緒），又能使個人享有自由、獨立和安全（社會演變的新成果）。只有循此途徑，中國才可能轉變為一個政治自由的國家，它蘊含兩方面的意義，一是國民個人在國家之內能享有基本的自由與尊嚴，同時讓渡一部分權利給予公權力，使之對外能伸張國權，與他國平等競爭。這種適合於當時中國的國體，在他看來，就是君主立憲的國體。於是，嚴復的政治理念就如同孟德斯鳩所言，希望把政治自由的理念置入到君主制當中，使後者轉型成為走向政治自由的途徑。而在孟德斯鳩看來，共和初期的羅馬和當時英國的政體是值得讚揚和學習的「寬和政體」。

嚴復從孟德斯鳩那裡得到的啟示是：國體並無高下強弱之分，唯有適宜與不適宜的問題。孟德斯鳩說，法律的變革事關一個民族的根本精神：氣候、宗教、法律、治術、過往的範例、風俗和禮儀都是必須考慮的因素。在嚴復看來，國體的變革也一樣，必須考慮其適應性。這是中國近代所謂「國情論」之濫觴。

在論述法律如何保障現實的政治自由時，將這個問題分述為兩個層面的兩種關係，其一關乎憲法，即如何通過憲法來限制政府的權力；其二關乎公民的自由，即個人在國家之中如何獲得自由、獨立和安全。

嚴復在達爾文、赫胥黎、斯賓塞（Herbert Spencer）、孟德斯鳩、彌爾的基本文本的綜合比較中尋覓一個符合自己情結和理念且適合中國的國體。他先後譯出《原富》、《群學肄言》、《群己權界論》、《社

會通詮》、《法意》、《名學淺說》、《彌爾名學》等書，是近代中國有系統地介紹和傳播西方政治學說與思想文化制度的第一人，開啟了中國初期自由主義的基本思路。他因中國當年危局而陷入的某種國家主義情結，也影響了後世幾代中國知識者對中國走向的思考。

在學術上，他首倡「信、達、雅」的翻譯標準，至今仍被推崇。所有上述嚴復引入的思想以及他在學術、教育、新聞界和政界的活動，在中國知識界引起巨大而深遠的迴響。當時，吳汝綸、康有為、梁啟超，乃至以後的魯迅、胡適等人，無不交口稱譽，就他總體思想的後果而論，嚴復不愧為近代中國自由思想的盜火者。

1.3 清末民初康梁的憲政思想及其活動（1）

1.3.1 康有為開闢政治思想新局面

康有為與梁啟超二人是清末民初最重要的政治思想家和活動家，二人是師生關係。早期，作為學生的梁啟超受到康有為較大影響。但是戊戌變法之後，特別是中華民國建立後，在中國自由主義的譜系上，梁啟超對後世的影響超越了其師康有為。

康有為生於官僚家庭，1882年他

康有為（1858年3月19日－1927年3月31日）

到北京參加順天鄉試，南歸時途經上海，購買了大量西方書籍，吸取了西方傳來的進化論和政治觀點。在當時的中國，康有為的思想富有原創性，他改造早期儒家思想，揉和進當時西方的社會達爾文主義及社會發展分階段論思想，從而形成了自己的維新變法之思想體系。康有為寫了《大同書》。在書中，康有為依據公羊派的三世說，結合《禮運篇》的小康大同說，佛教慈悲平等以及基督教博愛自由平等的教義，盧梭（Jean-Jacques Rousseau）的天賦人權論，又加上道聽的歐洲空想社會主義學說，構想出了一個大同的世界。所以，康有為把此書命名為《大同書》。康有為把自己的歷史觀概括為「三世說」，即把歷史劃分為「據亂世」、「升平世」和「太平世」三世。他把自己身處的時代定位於從「據亂世」向「升平世」過渡的階段。

康有為改造儒學的一個基本構想，是把儒學改造為一種中國式的宗教——儒教（孔教），從而與基督教國家有某種可類比的平行式結構。這一孔教立國的構想雖然並未成功，但仍然對後世中國人產生了長遠的影響，毛澤東就是一個顯著的例子。

他打開了中國人，特別是儒生和官員的視野，開闢了一個嶄新的精神與政治天地，產生了廣泛而持久的影響力。1891 年後，他在廣州設立萬木草堂，收徒講學，弟子就有梁啟超等人。

戊戌變法之初，在康有為的幕後主持下，光緒皇帝推動了一系列的改革，後人稱為戊戌變法。後因慈禧太后的干預，維新運動失敗。

政變後康有為逃至天津，又得李提摩太（Timothy Richard）牧師

協助，搭乘重慶號到上海海面，再由英國領事館職員協助在上海海面轉船到香港，由香港逃往加拿大，自稱持有皇帝的衣帶詔，在光緒二十五年六月十三日（1899 年 7 月 20 日）組織保皇會，又名中國維新會，鼓吹君主立憲，反對革命。為獲得國際支持，他曾遊歷列國，會見歐洲各國君主。1900 年曾參與自立軍起義。

辛亥革命後，康有為於 1913 年回國，定居上海辛家花園，主編《不忍》雜誌，宣揚尊孔復辟。作為保皇黨領袖，他反對共和制，一直謀劃清廢帝溥儀復位。1917 年 6 月 28 日康有為從天津秘密進京，與效忠前清的北洋軍閥張勳發動復辟，擁立溥儀登基，不久即在當時北洋政府總理段祺瑞的討伐下宣告失敗。

就思想層面來看，康有為的政治理念自戊戌變法之後就再也沒有實質性的進展了。誠如梁啟超所感慨之概括二人的區別：「**有為太有成見，啟超太無成見。**」戊戌之後，憲政的旗幟由康有為的弟子梁啟超接手，在中國政治舞臺上獵獵翻舞，風生水起。

1.3.2 清末憲政主義的輿論驕子——梁啟超

梁啟超，字卓如、任甫，號任公，別號飲冰室主人，1873 年出生於廣東省新會縣茶坑鄉一個耕讀世家。梁啟超是清末民初的中國思想

梁啟超（1873 年 2 月 23 日－1929 年 1 月 19 日）

家、政治家、教育家、史學家、文學家，與其師康有為一起，是戊戌維新運動領袖。作為中國近代史上一位百科全書式的人物，他是中國近代自由思想和憲政運動的重要先驅，是中國知識界極富號召力的領軍人物，被公認是「言論界的驕子」。

梁啟超不僅鼓動輿論，而且直接投身政界，坐言起行，兼有思想家與活動家的雙重身份，敏於接受新知，言行與日俱進。辛亥革命之後他甚至一度進入袁世凱政府，任司法總長，之後對袁世凱稱帝、張勳復辟嚴詞抨擊，為「重建共和」而一度加入段祺瑞政府。

他援引西學入華，引領中國輿論，他宣導新文化，支持五四運動，開一代思想與文章之風氣。在相當長的一段歷史時期內，梁啟超是當時中國具有自由主義傾向的中國輿論界與思想界的重心和旗幟人物。在這一方面，在他之後只有胡適可以與之比肩。二十世紀前五十年的中國知識界，如果分別命名為梁啟超時代與胡適時代的話，雖不中亦不遠也。

鑒於上述緣由，以下以他為中心探討自由主義在梁啟超時代中國的理論與實踐軌跡。

梁啟超幼年時在家中接受傳統教育，熟讀《四書》、《五經》，聰穎過人，被譽為「神童」，九歲入讀新會城周醒吾塾館，師從秀才李兆鏡，很快達到童試的水準。以後一路順風，博覽群書，廣納眾家之所長，各類考試連連掄元，屢獲第一，成為秀才，衣錦還鄉。

中舉後，光緒十六年（1890年），梁從友人口中得知康有為向皇帝上書請求變法，遂要求朋友儘快引薦。見面後，康向梁痛陳朝廷腐敗及向西方救國救民之理。梁聽後深感自己知識淺薄，即拜康先生為師。光緒十七年（1891年），在梁啟超、陳千秋的邀請下，康有為創設萬木草堂，梁、陳二人充任學長，成為學生首領。與此同時，又與韓雲台在廣州衛邊街設立學館，闡發自己的學術見解。更與學海堂、菊坡精舍、紅棉草堂及鎮海樓的學生廣為聯繫，結交朋友數百人。萬木草堂培養的學生，日後成為維新變法的骨幹。

梁啟超將妻女安頓於家鄉後，隨即帶著胞弟梁啟勳到廣州入讀萬木草堂，並協助康有為著書立說，作改革之理論準備。此時，梁更專心研讀江南製造局所譯之西書，並學習英國人傅蘭雅（John Fryer）編輯的《格致彙編》期刊，努力思索救國良策，醞釀改革方法。光緒十八年除夕，梁致函張之洞幕僚汪康年，信中指出中國應以大興鐵路為主，建議張之洞修築南北幹線，允許私人修築支線接入，形成鐵路網，即可轉弱為強。這是梁啟超提出的首個改革方案。

光緒二十年（1894年）慈禧太后六十壽辰，特設會試恩科。梁啟超北上與康有為會合。梁在北京廣交朋友，與夏曾佑、曾廣鈞、盛伯熙、張謇等京官互相聯絡，大力向翁同龢、李鴻章等高官宣傳康有為著作的《新學偽經考》、《孔子改制考》，令北京思想界掀起一股颶風，對知識分子產生巨大的影響，引起頑固守舊派官員彈劾康有為。梁知此事後，四處奔走，為其說情。由於梁啟超與朋友多方活動，懲辦康有為的氣焰才稍稍收斂。

公車上書

甲午戰爭爆發後，於光緒二十一年二月十二（1895年3月8日），梁啟超與康有為乘船離開廣州北上。三月廿一抵京，得知北洋水師全軍覆沒，李鴻章赴日簽訂《馬關條約》。在北京應試的舉人群情激憤。梁奉康之命，相繼聯合各省舉人數百人分批發起上書，企圖阻止簽訂和約。上書後朝廷不答覆，舉人們更加義憤填膺，兵部尚書孫毓汶更派人到各省會館造謠恐嚇舉人，阻止上書。於是康有為連夜起草、由梁啟超修改的《上今上皇帝書》萬言書，於四月初八在松筠庵聚集近一千三百名舉人，包括徐世昌、袁世凱等官員，紛紛在萬言書簽名。四月初十，以康、梁率領數百名舉人，依漢代孝廉慣例，乘著公家車輛，首尾相連五里，開往都察院上書。朝廷恐防人心洶湧澎湃，局勢有變，提前於四月初八批准合約，都察院以皇帝蓋璽批准合約為由，拒絕接受上書。上書過後，康、梁即參加會試，結果，康因「帶頭鬧事」，從第八名降為二甲四十八名。梁啟超寫的文章文筆優美，議論酣暢，副主考李文田過目後大加讚賞，決定錄取。但主考徐桐以廣東舉人考卷中「有才氣者必為康祖詒」為由，故意棄而不取。

雖然朝廷拒絕上書，但此事已在社會上產生了巨大影響，康梁二人亦開始成為全國性知名的政治領袖人物。公車上書亦被認為是中國群眾性政治運動的開端。

維新救亡

光緒二十一年六月廿七（1895年），梁啟超在北京創辦《萬國公報》，製造輿論宣傳維新，報紙名稱與上海廣學會所編的《萬國公報》相同，以便推廣。當時廣學會總幹事英國人李提摩太亦參與其中，主

張用西方模式改革中國政治、經濟及教育。梁更兼任其中文秘書，受李之影響頗大。開報兩個月後，發行量增三倍，影響巨大。後根據李建議，為與《萬國公報》區別，改名為《中外紀聞》，十一月初一日正式出版，以梁啟超、汪大燮為主筆。該刊以編譯外電西報和刊載上諭奏章為主要內容。同時梁啟超和康有為參與起草《強學會序》，初步打開士大夫閉塞的思想。維新派的活動後來引起保守派的恐懼，保守派官員徐桐、褚成博、楊崇伊等以「私人堂會，將開處士橫議之風」上奏慈禧太后。慈禧太后以光緒皇帝名義於十二月初六嚴禁強學會議論時政，將之改為直隸官書局，專欲「譯刻各國書籍」。強學會等於被解散，《中外紀聞》被逼停刊。

強學會解散後，梁啟超得知汪康年在上海籌辦報館。不久，應汪與黃遵憲之邀攜胞弟到上海，籌辦《時務報》。光緒二十二年七月初一（1896 年 8 月 9 日）報紙創刊，梁啟超任總主編，以宣傳「變法圖存」。同時在上海結識了馬相伯、馬建忠兄弟。通過馬相伯，結識了嚴復、徐建寅、盛宣懷等人。同時與譚嗣同、吳嘉瑞等人聯繫密切。當年十月回新會探親，又到澳門與康廣仁籌辦《知新報》。當時，出使外國的大臣伍廷芳曾奏請皇帝派梁啟超為參贊，梁答應後又堅辭不就，專任報事。十二月十六，梁被張之洞邀請到武昌，張更破例為其大開中門迎接，欲招其入幕，給銀一千二百兩，梁婉辭不就，決心通過報紙喚醒民眾。撰寫〈變法通議〉、〈西政叢書〉等五十多篇文章在報上連續發表，石破天驚，社會震動，廣有影響。

1897 年，梁啟超發表〈論君政民政相嬗之理〉一文，以孔子的「三

世說」、嚴復的進化論及歐美諸國歷史進程說明，歷史發展的共同規律，必經「**君主專制**」、「**君主立憲**」，最終變為「**君民共立**」之世，為中國的君主立憲制，創立了理論架構。後來又發表了〈知恥學會敘〉，揭露官商士兵民等種種無恥的行為。張之洞讀後大為不滿，因此不久後，梁啟超遂受黃遵憲邀請赴湖南長沙擔任時務學堂中文總教習了。

時值 1897 年 11 月，當時在長沙梁啟超的學生有蔡鍔、李炳寰等人。同時，梁與譚嗣同又竊印《明夷待訪錄》、《揚州十日記》等禁書數萬冊，加上案語，秘密散布，傳播革命思想，令學生思想日趨激進，與湖南守舊派葉德輝等尖銳對立。

1898 年初，梁啟超經滬進京，協助康有為推動變法。三月廿二，**保國會**在北京成立，它實質上成為近代中國第一個政黨，以「保國」、「保種」、「保教」為宗旨：保國，即「保國家之政權、土地」；保種，即「保人民種類之自立」，保教，即「保聖教之不失」。保國會的活動主要集中在變法、外交、經濟等方面，希望能夠協助朝廷治理國家。接著，保滇會、保浙會、保川會等組織相繼在北京出現，入會者頗踴躍，變法的聲浪日益高漲。然而，在守舊派猛烈攻擊下，保國會不得不停止活動，名存實亡。

閏三月，梁啟超聯合舉人百餘人，連署上書《請變通科舉折》，請廢八股取士之制。都察院、總理衙門均不代奏。當時，在京舉人有一萬多人，八股及其科舉制度是他們最大的既得利益和安身立命之本。對梁啟超此舉「嫉如不共戴天之仇」。四月初，梁啟超得知皇帝不顧

守舊大臣的阻撓，將大力推行新政，覺得中國有了希望。於是遂代徐致靖、楊深秀各起草一奏，「言當定國是，辨論守舊開新的宗旨，不可騎牆模稜」，請求皇帝正式實施新政。

四月廿三，光緒頒佈《明定國是詔》，表明改革決心。由此，彪炳中國近代史的戊戌變法，正式啟動。

變法開始五天後，光緒召見康有為，即請梁啟超起草《請廢八股折》，廢八股改試策論，遭到守舊派官員剛毅及八股士子們反對，欲刺殺梁，梁「笑而不避」。五月十五，在翁同龢等人推薦下，光緒召見梁啟超，按朝廷慣例，四品以上的京官才能獲召見。梁以一介布衣覲見皇帝，為清朝開國以來前所未有之事。然召見時，因梁不會講北京話，皇帝亦聽不懂他的新會口音；滿腹經綸，如鯁在喉，情急之下將《變法通議》呈上，最終皇帝僅授六品頂戴，未得重用，敕其辦理京師大學堂譯書局事務。

在變法步驟策略上，康有為根據日本明治維新經驗，以主張循序漸進方式進行。可是譚嗣同與梁啟超等人極力反對溫和主義，認為中國「積弊疲玩」，主張以雷霆萬鈞之手段打破局面。因變法急於求成，缺乏統籌，遂致亂象叢生。

七月十三，康有為奏請開制度局於宮中，準備取代總理衙門及軍機大臣的權力，觸動上層官僚根本利益，他們拼死反對，強烈要求慈禧出山重新訓政。十六日，禮部主事王照疏請光緒遊歷日本諸國，

以考察各國情況。禮部尚書懷塔布、許應騤不肯代送。光緒大怒，於十九日將懷塔布、許應騤、堃岫、徐會灃、溥頲、曾廣漢等阻礙變法的六堂官革職，是清朝開國以來前所未有之事。慈禧認為處分過重，反對光緒的做法。

次日，光緒擢升楊銳、劉光第、林旭、譚嗣同為四品卿銜，在軍機章京行走。七月廿八，光緒擬開懋勤殿代替軍機處，準備召梁啟超、李端棻等人共議新政。當天，光緒赴頤和園請求慈禧批准，遭到扣押。翌日，密詔康有為速籌營救之策。八月初一，光緒召見統率新建陸軍的直隸按察使袁世凱，賞以郎候補，意圖拉攏。

翌日，光緒又下密詔命康有為速離京赴上海督辦官報局。次日清晨，康有為接到密詔後，召集梁啟超、譚嗣同等商討對策。譚嗣同提出以武裝奪權方法，請袁世凱清君側，誅殺榮祿，軟禁慈禧。對袁世凱，梁啟超、康廣仁都認為不可信任。但康有為、譚嗣同覺得別無他法，只有冒險一搏。當天，譚嗣同夜訪袁世凱於法華寺，希望袁世凱起兵勤王。但袁並未答允，且後來赴天津向榮祿告密。八月初四晨，康、梁等人得知消息後，梁啟超欲請在京的李提摩太、伊藤博文出面拯救皇帝，但李到了北戴河避暑，伊藤亦未得見。當晚，黃紹箕勸康有為儘快出走。八月初五凌晨，康有為急忙坐火車到天津。八月初六下午，梁啟超避入日本使館。

一場轟轟烈烈的百日維新，至此宣告失敗。

梁啟超進入日本使館後，向日本駐華代理公使林權助請求保護，伊藤博文考慮維新派親日的傾向，覺得梁啟超是「中國罕見的高潔志士，使人佩服，是中國最珍貴的靈魂」，決定讓梁逃亡日本。

　　梁啟超抵達日本與大隈重信內閣官員犬養毅、平山周等人會面，並要求日本政府設法營救光緒，歸政皇上。大隈見當時大局已定，沒有答允其要求。不久，康有為在宮崎寅藏的幫助下來到神戶。師生重逢，恍如隔世。

　　不久之後，孫中山、陳少白想與康、梁見面，但康有為拒絕與革命黨交往。梁啟超則在宮崎介紹下，到早稻田大學與孫、陳會談。這是孫、梁初次相識，也是革命派領袖與改良派領袖第一次會晤。雙方討論了合作事宜。此後，梁啟超在興中會馮鏡如及其弟資助下創辦《清議報》。該報陸續刊載〈戊戌政變記〉、〈論變法必自平滿漢之界始〉、〈戊戌六君子傳〉等文章，抨擊專制朝廷，宣傳反滿，號召愛國救亡，鼓吹民權自由。《清議報》行銷海內外，梁啟超聲名大噪，聲望與日俱增。

　　此後，梁啟超與孫中山等過從甚密，商談合作，梁並介紹章炳麟、唐才常等人與孫中山結識。梁啟超還創立大同高等學校以及橫濱同文學校，講授社會契約，論關於自由平等、天賦人權及英、法革命與日文等課，汲汲於啟蒙活動。

　　光緒二十五年十一月廿九（1899 年 12 月 31 日），梁啟超在康有

為安排下前往夏威夷檀香山籌款，建立檀香山維新會，令不少興中會會員和三合會會員加入維新會，成為該地最大的政治社團。

舉兵勤王——自立軍起義

康有為提出舉兵勤王計畫得到梁啟超、孫中山等合作支持，康試圖通過此舉令光緒執政，但孫卻想建立共和。孫中山堅持推翻滿清，試圖說服李鴻章據地兩廣宣布獨立，進行和平改革。梁啟超為了調和康、孫二人矛盾，提出推舉光緒為共和國首任總統，以求兩者兼全。光緒二十五年冬，梁啟超的學生唐才常、林錫圭等人從日本歸國。翌年春在上海成立自立會，接受康有為、梁啟超、孫中山的指導，聯絡哥老會與農民入會。梁啟超將會黨口號「扶清滅洋」改為「救國自立」。1900年（光緒二十五年七月初一），唐才常籌畫中國議會在上海愚園成立，推選容閎出任議長。

為執行合作勤王計畫，梁啟超自任總指揮，唐才常策劃自立軍定於七月十五起兵。七月廿六（8月20日），梁啟超由日本急往上海，得知仍未收到康有為的軍餉，推遲於七月廿九起兵。但秦力山、沈藎不知起兵日期推遲，仍於七月十五在安徽大通、湖北新堤起事，因此暴露秘密，張之洞於七月廿七（8月21日）破獲自立軍在漢口英租界的總部，逮捕唐才常等二十名重要首領，8月23日於武昌滋陽湖畔處決。起義完全失敗。

倡言革命

光緒二十七年四月十二，梁啟超回日本，隨即要求湯覺頓到橫濱

協助辦《清議報》，隨即發表《立憲法議》一文，主張君主立憲。並於夏天開辦廣智書局，約請中國留學生翻譯大量西方文獻出版。九月在清議報恢復刊載《飲冰室自由書》。又發表《中國積弱溯源論》，反對奴性，號召人們不做世俗的奴隸。又發表《十種德性相反相成義》，鼓吹革命破壞，意圖推翻滿清，建立共和。又針對康有為保教、尊孔、復辟的主張，雙方唇槍舌戰，針鋒相對。而清廷慈禧，則特別痛恨清議報對其侮辱，於十一月十一買凶放火燒毀報館，清議報遂遭停刊。

　　光緒二十八年正月初一（1902 年 2 月 8 日），梁啟超創辦《新民叢報》半月刊。《新民叢報》最具代表性的系列文章是〈新民說〉，期望喚起中國人民的自覺，要從帝國時代皇帝的臣民，轉化為現代國家的國民，並講述現代國民所應有的條件和準則，在二十世紀的中國起了啟蒙作用。《新民叢報》的讀者，無不關注梁啟超的宏文巨論，不僅促使當時中國人的覺醒，影響一代又一代中國人，而且對後來胡適等一大批知識分子頗有啟迪。光緒二十九年八月，**梁啓超在東京創辦《新小說》月刊，發表〈新中國未來記〉，設想新中國國號是「大中華民主國」，開國年份為 1912 年，與後來的中華民國不謀而合。**

　　光緒二十九年梁啟超應美洲保皇會之邀，訪問加拿大和美國共計九個月。返回日本後，梁啟超撰寫了〈新大陸遊記〉，對比中美兩國歷史和國情，他覺得中國不適合美式共和制度，放棄了與孫文接觸後他所傾向的共和方案，而期望中國能像英國那樣通過君主立憲，逐步過渡民主憲政，相信將來中國必將實現民主共和制度。

梁啟超的變化，從他對過去所主張君主立憲立場的回歸，遭到革命共和派的嚴厲指責，兩派的論爭由此開始。梁啟超連續發表〈論俄羅斯虛無黨〉、〈答飛生〉、〈答和事人〉等文章說明自己放棄革命共和的原因。不僅回到原立場，而且成為君主立憲派的旗手，積極參加保皇會的活動。

　　光緒三十一年七月二十（1905 年 8 月 20 日）**中國同盟會在東京成立，其機關報《民報》於十月三十創刊，由第一期起，連續發表文章，批駁梁啓超的君主立憲論，梁啓超亦在《新民叢報》上發表辯駁。這是中國由專制政體跨入近代民主政體的起步速度與道路之爭，關係著中國命運與前途。**此後雙方的論戰日益激烈。在論戰中，梁啟超比較充分地說明了美式共和在中國行不通以及為何要以開明專制為過渡的道理，頗有說服力，使一部分革命共和派如徐佛蘇、蔣觀雲等人轉而擁護梁啟超的主張，並成為其得力助手。留日學生總代表楊度也從「迷信革命」轉而支持梁啟超。當時，受梁啟超影響的人士眾多，特別是在精英階層中更是如此，以後這些人都成為各省立憲派的首領。

　　由於論戰中革命派的君主立憲派雙方都攻擊朝廷，使朝廷在民間與知識界都喪失了話語權，從而朝廷被迫向立憲派讓步，預備立憲的車輪，在滿清王朝內部，開始滾動了起來。

　　前面談到戊戌變法、百日維新在慈禧太后及守舊勢力阻撓下的悲慘夭折，但是，清廷當時的處境，已是風雨飄搖，不改革的確是難再繼續了。這一點，就算連慈禧太后自己也有認知。因此，在鎮壓了戊

戌變法之後，諷刺的是，她自己也不得不執行戊戌烈士的遺囑，小心謹慎地朝向憲政變法這一邊靠攏。

　　戊戌之後不到三年，1901 年 1 月 29 日，慈禧在西安發布預約變法「上諭」，歷史家稱之為「新政改革上諭」，她要求王公貴族，部臣疆吏各就現在情形，參酌中西政要，舉凡朝章國故、吏治民生、學校科舉、軍政財政，當因當革，當省當並，或取諸人，或求諸己……各舉所知，各抒己見，通限兩個月，詳悉條議以聞。其中心是在教育、軍事、員警、監獄、法律、司法等方面建立社會生活中的「新政治體制」。這裡的內容，大體上已包括了辛亥革命之前清政府的改革措施。於是，清王朝進入「預備立憲階段」。

　　慈禧太后並且在 1904 年，大赦了戊戌變法後被捕的維新黨人。1904 年，滿清狀元兼近代實業家張謇草擬了支持立憲的奏章，後來，駐法公使於七月正式奏請立憲。當年夏天，張謇還印製了日本明治憲法的譯本交給了慈禧，據說慈禧頗為讚賞。

　　在此期間，發生了日本與俄國的戰爭，日本大勝。對很多中國人來說，它意味著「立憲政治戰勝獨裁統治」，從而大大促進了中國國內的立憲運動。1905 年 6 月 4 日，在日本戰勝沙皇俄國的前夕，袁世凱、張之洞等人聯名上奏，要求立憲。僅僅六周之後，朝廷在 7 月 16 日上諭，派遣四名高級官員「分赴東西洋各國，考求一切政治。」這表示政府將於不久後同意立憲。

1905 年 6 月（光緒三十一年），清廷特派載澤、戴鴻慈、徐世昌、端方、尚其亨五位大臣分赴西洋各國考察，經考察後，仍然找不出中國實行君主立憲的具體方案，於是端方特派熊希齡，自歐洲考察途中折返日本，**秘密找到梁啓超、楊度二人，請他們代擬五大臣出洋考察政治報告，梁代其撰寫《東西各國憲政之比較》等奏摺，協助楊度寫了《中國憲政大綱應吸收東西各國之所長》和《實施憲政程式》兩文。並根據中國國情提出一個方案，實行兩院制；實行司法獨立；實行責任內閣制；實行地方自治；制定憲法。**不久，慈禧召開會議，認定專制已不可行，**於七月十三宣布預備立憲。**

　　1905 年 9 月 2 日，清政府發布了具有劃時代意義的決定，廢除傳統的科舉考試制度，從此，一大批讀書人遊離出了政權的體系，成了教師、記者等各行各業的自由職業者，為以後的新文化運動準備了人才資源。

　　1905 年 11 月成立了考查政治館，五名考察政治大臣出國考察，1906 年回國後多次受慈禧召見，各自都發表了立憲意見。

　　當時的立憲，為使得慈禧和保守官僚放心，主要仿效日本。立憲官員說，法國、美國以共和民主為政體，不能仿效；英國沒有成文憲法，也不能仿效；德國雖有成文憲法，但是須在議會通過後施行，是強加於皇帝的，仍然不能仿效。只有日本，既有成文憲法，又不侵犯皇室特權，事先也不必接受公眾查核評論，而日本與中國又同屬亞洲，政體、民情最為接近，所以一致決定採用日本形式的憲法。

1907 年 8 月 13 日成立了憲政編查館。該館編寫了於 1908 年採納的二十三條《憲法大綱》，這個中國有史以來的第一部憲法的第一、第二條差不多是日本《明治憲法》第一、三兩條的翻譯：「一、大清皇帝統治大清帝國，萬世一系，永永尊戴；二、君上神聖尊嚴，不可侵犯。」它甚至與皇帝是按「天命」統治的這一中國傳統都不同，完全是日本式的，其特權甚至超過了日本。

清廷宣布預備立憲後，其憲法大綱的日本色彩與梁啟超所想的有較大差距，但畢竟已表明立憲，梁表示支持。梁啟超籌組政聞社，以推進立憲運動的開展。光緒三十三年（1907 年 10 月 17 日），梁在東京建立政聞社，其機關刊物《政論》在上海創刊，並派社員歸國分赴各地，期望推動清廷實行君主立憲，速開國會，建設責任政府。

1908 年初，政聞社聯合一些省的立憲團體，共同成立了國會期成會。國會期成會成立後，各立憲團體分別派人到各省，發動請願簽名運動，很快形成全國性請願高潮。從二月起，先後有十多個省的請願代表到北京呈遞請願書，要求立即召開國會。到七月，請願速開國會之聲進一步高漲。為扼制請願運動，慈禧於七月十七發布上諭，查封政聞社，請願暫被遏制，但該運動也推動了預備立憲的進行。

1908 年，慈禧和光緒帝發布上諭，指出：「當此危急存亡之秋，內外臣工同受國恩，均當警覺沉迷，掃除積習。」又云：「至開設議院，應以逐年籌備各事辦理完竣為期，自本年起，務在第九年內將各項籌備事宜一律辦齊，屆時即行頒佈欽定憲法，並頒佈召集議員之詔。」

也就是說，他們按照日本模式，訂出所謂九年預備立憲的時間表，最後頒佈憲法。計畫於 1916 年進行全國選舉，1917 年召開國會。

於是，清廷在八月初一頒佈了梁啟超參與設計的《欽定憲法大綱》及九年的預備立憲方案。

不久，慈禧與光緒於 1908 年 11 月 14、15 日相繼去世。三歲宣統繼位，醇親王載灃攝政，權力軸心頓時虛弱。滿清王朝基於本能的退縮，把「維護王朝維持穩定」看做「壓倒一切的大事」。但另一方面，要求速開國會、速立憲法的呼聲更趨高漲。立憲派的鞭策和清廷的拖延，導致兩者的合作最終破裂了。

十二月十一，攝政王罷黜梁啟超的政敵袁世凱，梁即寫了萬言**《上攝政王書》，提出建議及有關施政方略，希望攝政王對其委以重任，回國報效。潘若海、麥孟華等促請朝廷官員多方開放黨禁。**但是，慶親王奕劻等人堅決反對赦用，載灃遂以梁啟超係得罪先朝之人、礙難赦用為由，拒不解除黨禁。從此，梁啟超對攝政王深表失望，進而痛恨奕劻，成為他日後反對皇族內閣的根源之一。

晚清新政

開初，戊戌變法失敗之後，在中國的兩大派——孫中山所領導的革命派和康有為與梁啟超的立憲派——他們之間在中國向何處去的問題上存在著激烈的論戰，革命派主張共和制，立憲派主張君主立憲制。但是，實際上他們要達成的基本社會體制並無根本性差異，均屬憲政民主體制。只是革命派的方法更激烈而已。事實上，當時中國的地方

精英很多是既對革命派提供經費，又積極參與立憲運動的。

　　1910 年，正處於清廷自 1906 年肇始的預備立憲階段，光緒慈禧 1908 年去世。1909 年（宣統元年）秋，各省諮議局相繼成立。立憲的熱望如火山一樣在國民中爆發了出來，人心沸沸，血脈賁張。當年的基本態勢是，向清廷要求立憲的，不僅有民眾，還有各省諮議局、地方督撫乃至中央資政院；而海外梁啟超和國內張謇，則是引領風潮的核心人物。

　　先是，十六省諮議局代表齊集上海開會並組成請願代表團，於 1910 年 1 月抵達北京上書，要求速開國會，建立責任內閣。清廷以「憲政必立，議院必開，所慎籌者，緩急先後之序也」為由搪塞。

　　1910 年 2 月，梁啟超創辦《國風報》於上海，發表〈憲政淺說〉、〈中國國會制度私議〉等百餘篇文章，遂成立憲派輿論重鎮。

　　1910 年 6 月，各省議員和代表二度進京請願上書，簽名者達三十多萬人，言辭激烈，意態堅決。面對此形勢，攝政王於 5 月 21 日發布上諭，指目前財政困難，地方遭災，匪徒滋擾，沒有條件提早召開國會，仍以九年為期，屆時召開國會，不准再請願。

　　緊接著，梁啟超發表〈論政府阻撓國會之非〉，駁斥攝政王的上諭，斷言「全國之兵變與全國之民變必起於此一、二年之間……今日政府專制制度不迅速改變，不及三年，國必大亂，以至於亡，而宣統八年

召開國會，為將來歷史必無之事」。

　　請願代表得知第二次請願再遭拒絕後，立即決定擴大請願規模，
北京請願同志會要求各省、廳、州、縣成立分會，準備號召官農工商
各界人士兩千五百萬人簽名上書。

　　1910 年農曆九月初一，資政院召開第一次開院禮，議員二百名，
欽選、民選各半。開幕之後，第三次請願運動蜂擁而起，直隸、山西、
河南、四川、福建、湖北、湖南、江西貴州等省先後出現數千人集會，
而東北三省，尤為熾烈。奉天各地集會均超越萬人，簽名達三十萬。
10 月 7 日，奉天在北京的學生牛廣生、趙振清趁請願代表不備，竟各
自從自己的腿上與胳臂上割肉一塊，塗抹於請願書上，高呼「中國萬
歲」而忍痛趨趕離去，眾代表皆動容流淚。此次動員之廣，規模之大，
來勢之猛，均前所未見。湖北集會倡議「不開國會，不承認新捐」。
在聲勢浩大的請願運動壓力下，十八個督撫、將軍、都統由東三省總
督錫良領銜聯名奏請立即組織內閣、翌年開設國會。

　　清廷在國民運動聲勢及實力派官員合力震懾之下，作出讓步，於
11 月 14 日（十月初三）宣布縮短預備立憲期限為五年，國會開設之前
先設責任內閣。

　　梁啟超得知，立即發表〈讀宣統二年十月初三上諭感言〉，堅持
立即召開國會。農曆十一月，以奉天、直隸青年學生為主體罷課遊行，
第四次立憲請願興起。群情激憤，發動剪辮子，推舉代表進京請願，
數百萬民眾蜂擁簽名。有人當場割指寫血書，要求朝廷還權於民，召

開國會，實施憲政；倘能如願，民眾願替朝廷還債。

十一月廿三，第四次請願運動被清廷彈壓下去。但是，經過這場狂飆突進式的精神日出，憲政主張，已經廣被士林；中國這艘古老巨船，一波三折，開始向世界文明的主航道緩緩地靠近了。

皇族內閣

1911 年 5 月 8 日，按照修訂後的立憲規劃，應當組建責任內閣。舉國上下，翹首以待。然而，攝政王載灃組建的內閣名單甫一公布，竟至全國輿論大嘩。

何以至此？請看如下內閣名單：

總理大臣慶親王奕劻（宗室）
協理大臣那桐（滿）
徐世昌（漢）
外務大臣梁敦彥（漢）
民政大臣肅親王善耆（宗室）
度支大臣載澤（宗室）
學務大臣唐景崇（漢）
陸軍大臣蔭昌（滿）
海軍大臣載洵（宗室）
司法大臣紹昌（覺羅）
農工商大臣溥倫（宗室）

郵傳大臣盛宣懷（漢）
理藩大臣壽耆（宗室）

　　內閣總共 13 人，滿族即佔到 9 人，其中皇族 7 人，漢族竟然只有 4 人。難怪這一慶親王內閣史稱「皇族內閣」。國人獲訊，瞠目結舌，抗議之聲，驟然蜂起。

　　立憲派的兩大要求——速開國會，責任內閣，所獲得的回應，誠如梁啟超所言：「當舉國請願國會運動最烈之時，而政府猶日思延宕，以宣統八年、宣統五年等相搪塞。鄙人感憤既極，則在報中大聲疾呼，謂政治現象若仍此不變，則將來世界字典上絕無復以宣統五年四字連屬成一名詞者。此語在《國風報》中凡屢見。」他在第三次請願之前說：「現今之政治組織不改，不及三年，國必大亂，以至於亡，而宣統八年（1916 年）召集國會為將來歷史上必無之事。」

　　連被目為保皇和改良重鎮的梁啟超都悲憤作此預言，則清朝之自蹈死路，時日無多，恐已無幾人懷疑了。

　　五個月後，武昌首義，各省通電獨立。皇族內閣隨之解散。清廷企圖以重用血緣親貴以確保江山萬年不墜的心態，來回應危機，回應社會變革的洶洶大勢，其後果如何呢？歷史的判決是：不及半歲，該內閣就早夭了。

　　國會請願運動以及反對皇族內閣是精神上催生中華民國的重要助

產士。

保路運動與武昌起義

辛亥革命的直接前奏曲,則是 1911 年春夏之交的四川保路運動。西元 1911 年 5 月,清廷在郵傳部大臣盛宣懷的策劃下,強行收回民間集資自辦的粵漢和川漢鐵路。此措施引致川、粵、鄂、湘四省的地方精英群起反對,商股補償問題又未得到解決,四川紳商乃成立了保路同志會,誓死力爭。這股保路風潮迅速發展為四川全省性的騷動,清廷急調湖北新軍入川鎮壓。鑑於湖北防務空虛,於是,革命黨人趁機起義。

1911 年 10 月 10 日夜,武昌新軍的工程營首先發難起義,在全國支持保路的風潮中,以「驅逐韃虜,恢復中華」的反滿口號為旗幟,進攻總督衙門,湖廣總督瑞澂聞風逃遁,革命黨人隨即在湖北成立軍政府。不久,全國各地紛紛回應,許多省份也宣布脫離清廷而獨立。因這次革命爆發於農曆辛亥年,故稱「辛亥革命」。

中國究竟應該在清朝被推翻後建立何種民主政體為宜?當時,革命共和派和社會一般輿論大多認為應該建立美式共和政體,梁啟超認為要想在中國建立美式共和政體是根本行不通的。中國雖無法建立美式總統制,但又需要加強中央集權的領導,因此主張中國採用英國「虛君制」(君主立憲)為宜。梁啟超提出方案後,即派羅惇曧到北京與袁世凱接洽,袁另有企圖,不作正面答覆。徐佛蘇南下上海後遭到監視,不能開展活動。麥孟華向南北議和代表進言,黃興堅決反對。又

派盛先覺赴上海，先後訪問章太炎、宋教仁、李爕和、張謇、趙竹君等人，他們都不同意「虛君制」，此議遂告流產。

不久，孫中山由美國歸國，他領導的同盟會於 1912 年元旦在南京建立了中華民國，孫中山就任臨時大總統。

當時，清朝已日暮西山，隆裕太后企圖起用袁世凱以挽頹勢，但袁本人有主宰中國政局的雄心。他當時的位置正是左右逢源，一方面憑藉軍力優勢脅逼孫中山讓位，威脅要解散國會鞏固自己的超級地位；另一方面，借用南方民軍的壓力脅逼宣統皇帝退位。1912 年 1 月 1 日中華民國成立後的 1912 年 2 月 12 日，在清朝內閣總理大臣袁世凱等大臣的勸說和逼迫下，隆裕太后被逼在獲得清室優待條件下，於養心殿簽發由張謇等人起草的《清帝遜位詔書》，宣布退位，並授權袁世凱組織臨時共和政府。

——朕欽奉隆裕皇太后懿旨：

前因民軍起事，各省回應，九夏沸騰，生靈塗炭。特命袁世凱遣員與民軍代表討論大局，議開國會、公決政體。兩月以來，尚無確當辦法。南北暌隔，彼此相持。商輟於塗，士露於野。徒以國體一日不決，故民生一日不安。今全國人民心理，多傾向共和。南中各省既倡義於前，北方諸將亦主張於後。人心所向，天命可知。予亦何忍因一姓之尊榮，拂兆民之好惡。是用外觀大勢，內審輿情，特率皇帝將統治權公諸全國，定為共和立憲國體。近慰海內厭亂望治之心，遠協古聖天下為公之義。袁世凱前經資政院選舉為總理大臣，當茲新舊代謝之際，宜有南北統一之方。即由袁世凱以全權組織臨時共和政府，與

民軍協商統一辦法。總期人民安堵,海宇乂安,仍合滿、漢、蒙、回、藏五族完全領土為一大中華民國。予與皇帝得以退處寬閒,優遊歲月,長受國民之優禮,親見郅治之告成,豈不懿歟!欽此。

這是一份帶有憲法文獻性質的文件,是在南方民軍起義、北方袁世凱挾兵自重的情勢下,清廷、立憲派大員(袁世凱為代表)和南方民軍三方達成的契約。從此,延續了 2100 年的帝制統治一朝崩潰,中國數千年來的皇權專制制度也宣告結束。

中國,成了亞洲的第一個共和國。

1.4 清末民初康梁的憲政思想及其活動(2)

1.4.1 民國初年梁啟超的思想與政治影響
再造共和
宣統退位後,孫中山提出辭呈,向臨時參議院推薦袁世凱接任。2月15日,袁世凱選為臨時大總統,袁即行拉攏梁啟超,請梁參照美、法等國制度,撰寫共和方案。梁啟超認為美式民主共和政體不適合中國國情,但是米已成炊,只好順應歷史潮流,力爭建立真正的立憲政體、政黨政治和責任內閣。

當孫、袁進行權力交接之時,梁啟超發表了〈中國立國大方針〉一文,對辛亥革命的意義作出充分肯定並提出一個共和政治的方案。

方案有利於文人執政，限制總統的獨裁，防止各省獨立與分裂。梁啟超對革命動亂的預言及理論分析，也是革命共和派所共同關心的問題。因此，他提出的政治方案得到革命派及原立憲派絕大多數人的贊成，成為共和政治的指導原則，從而贏得革命共和派上層的普遍好感。他主張建立一個強有力的中央政府的主張，使袁世凱暗自叫好，孫中山亦對方案由衷地歡迎，是年秋，袁世凱派使請梁歸國。

袁世凱雖然參與過晚清的憲政改革，但骨子裡是個舊式政客，也是「軍閥之父」。他熟悉中國皇權政治統治中國的權術，對現在這樣有 800 名國會議員的爭吵與黨派紛爭，自己不能為所欲為任意操縱的局面，感到十分厭煩。他的目的是，既要促進經濟發展，又要鞏固自己的獨裁權力。也就是說，他既要照搬晚清末年的新政，推進像日本明治維新式的變革，又不給變革的代表力量——商人、企業家和銀行家——絲毫參政的權利。

當時民國初建，中國翻開了帶有部分自由主義和憲政民主色彩的歷史篇章：新聞不受管制，各縣、市、省選舉出了自己的議會（諮議局）代表，國會由不同黨派的議員組成。當時，國民黨實力最強，而領導議會中之國民黨的，則是意氣風發的年輕政治家宋教仁。不久，1912年 8 月 27 日，由共和建設討論會、中華共和促進會、國民協會、共和統一黨、共和俱進會、國民新政社等政團在北京合併成立中國民主黨。湯化龍任幹事長，馬良、陳昭常、謝遠涵等為幹事，最後公推梁啟超為該黨領袖。

但是，袁世凱對議會制度、各省自治以及言論自由懷有強烈敵意。以同盟會和一些小的團體新組成的國民黨，在 1913 年大選中獲勝，從而在國會佔有多數席位，因此國民黨的宋教仁成了國會領袖，也就成為各種政治力量的靶子。1913 年 3 月，宋教仁在上海火車站遭人暗殺，全國輿論大嘩。當時中國，罕見的政務比較公開、司法相對獨立，江蘇都督程德全、民政長應德閎在收到租界會審公堂移交的證據後，把罪犯應桂馨和國務總理趙秉鈞、內務部秘書洪述祖之間來往的秘密電報和函件的要點以「通電（發電報）」的形式向海內外公布，迫使趙秉鈞不得不發出公開電報為自己辯解。與此同時，上海地方檢察廳也公開傳訊在位的國務總理趙秉鈞。雖然趙氏拒絕到上海應訊，但一個地方法院傳訊總理和地方官員，並公布政府最高官員與殺人罪犯密切來往的證據，確為二十世紀中國司法史上空前的大事。在社會輿論的強大壓力下，袁世凱被迫批准他辭去總理一職，由段祺瑞代理。

　　梁啟超對袁世凱之臨時政府不滿，又別無他法，只好等正式政府成立，「徐圖改造」。5 月 29 日，民主黨、共和黨與統一黨合併為進步黨，梁被選為理事。經過四十日與袁世凱的討價還價，進步黨熊希齡出任總理兼任財政總長，由於進步黨人擔任總理，並佔有財政，司法、教育、農工商四席，人稱「進步黨內閣」。進步黨內閣組成後，在梁啟超具體主持下，制定了內閣大政方針，對外求得和平、友好和尊重主權；在內治上以理財為主，整理幣制及金融，簡政減兵，實行軍民分治、考試授官等辦法，發展實業交通，實行「保護主義」及「開放主義」並舉，獎勵私人農工商發展，在政治上實行司法獨立、保護民權等。

1913 年 10 月 14 日，國會憲法起草委員會擬出《天壇憲法草案》，草案雖明顯擴大了總統許可權，但仍含三權分立，責任內閣等內宋教仁被容，袁斷然不能接受。袁提出增修憲法案，要求擴大總統職權，提出憲法公布權屬於總統。遭到抵制後，袁遂將總理熊希齡任熱河都統時擅拿承德行宮寶物一事公諸於世，挾迫熊辭職並簽署了解散國民黨的命令。1914 年 1 月，袁下令停止議員職務，非法解散了國會。在此種形勢下，梁啟超多次要求辭職，終於 2 月 20 日獲准。5 月，袁公布了《中華民國約法》，宣布廢除《臨時約法》，為其實行獨裁統治復辟帝制掃清道路。

護國戰爭──袁世凱稱帝及其失敗

　　1913 年 3 月，宋教仁被暗殺，孫中山悲憤難抑，斷然力排眾議意，拒絕依法解決，發起「二次革命」：先是，7 月 12 日李烈鈞宣布江西獨立，隨後，黃興在江蘇興師討袁，接著，安徽、上海、廣東、福建、湖南、四川等省市獨立，向袁世凱宣戰。但由於兵力及士氣不足，力量對比不利。加上以袁世凱又從列強處取得了「善後大借款」等因素，「二次革命」很快就失敗了。於是，袁世凱以此為由，用「叛黨」之名解散了國民黨，進而於 12 月解散了國會。1914 年 2 月 4 日，袁世凱又撤銷了各省的諮議局和地方自治機構，這些機構是在 1912 － 1913 年根據擴大選舉法（占成年男性人口 1 ／ 4）重新選舉的，並在辛亥之後控制了地方的權力。袁世凱解散它們後，由自己控制了地方官吏的任命權，從而掌握了國家行政管理的實權，由大總統變成了終身大總統，鞏固了自己的獨裁，民國初年的民主憲政嘗試遭遇重大危機。

至此，袁世凱的氣焰登峰造極。他一心想著儘快當上正式總統。雖然他對國會向來沒有好感，不過此時他要利用一下國會為他選舉正式大總統服務。在袁世凱的催促下，正式憲法中的一部分的《大總統選舉法》先期完成。袁世凱急欲在 10 月 10 日「國慶日」正式任職，用金錢收買一些社團大拉選票。10 月 6 日國會投票選舉，為保萬無一失，袁派一千多名打手裝扮成公民將國會團團圍住，經過三次投票，直到晚上九點才勉強選出總統。10 月 10 日，袁世凱在故宮太和殿宣誓就職。

　　袁世凱當正式總統如願以償後，國會對他來講沒有什麼用了。10 月 14 日，國會憲法起草委員會擬出《天壇憲法草案》，草案雖明顯擴大了總統許可權，但仍含三權分立，責任內閣等內容，袁斷然不能接受。袁提出增修憲法案，要求擴大總統職權，提出憲法公布權屬於總統。遭到抵制後，袁氣急敗壞，將總理熊希齡任熱河都統時擅拿承德行宮寶物一事公諸於世，挾迫熊辭職並簽署了解散國民黨的命令。1914 年 1 月，袁下令停止議員職務，非法解散了國會。5 月，袁公布了《中華民國約法》，宣布廢除《臨時約法》，為其實行獨裁統治復辟帝制掃清了道路。

　　在這種形勢下，袁世凱權令智昏，開始做起「皇帝夢」了。1915 年 5 月 1 日，袁下令撤銷國務院，撤銷總統府軍事處，成立「陸海空大元帥統率辦事處」。1915 年 8 月 10 日，袁世凱的法律顧問美國專家古德諾（Frank Johnson Goodnow）教授發表《共和與君主論》，表示中國適合君主立憲。8 月 14 日，楊度等人發起籌安會，鼓動恢復帝制。

翌日，蔡鍔奔赴天津見梁啟超，當即決定，梁啟超負責撰文，公開反對帝制。8月22日，梁啟超寫成〈異哉所謂國體問題者〉一文在《大中華》雜誌上發表，抨擊袁帝制自為，並號召四億國民行動起來，共同討伐袁世凱，保衛共和。京、津各報轉載，一時洛陽紙貴。

地方菁英以沉默對抗稱帝圖謀，袁世凱無法得到他急需的「全民擁戴」的表象。1915年1月18日，日本駐中國公使日置益從日本返回中國，繞過外交部長陸徵祥，以「回任所拜見大總統」為由，與袁世凱直接密談。袁世凱為獲得國際支援，於1915年5月先接受了日本對中國極為苛刻的《二十一條》。袁世凱在自以為取得了國際的支持後，復辟帝制事宜緊鑼密鼓地行動起來。10月下旬至11月中旬召開了所謂國民代表大會，一致投票贊成帝制。12月11日上午，參政院開會，通過了請袁稱帝的推戴書。袁假意推託。按預謀，下午5點再次開會，通過第二次推戴書。袁故意做出一副推託不過而稱帝的姿態，但實際已在著手準備元旦的登基大典。接著，在當年12月宣布把次年即1916年改為洪憲元年，準備披龍袍坐龍椅當皇帝了。

但是，他的夢做得太早了。就在他宣布改年號的12月，著名將領蔡鍔將軍，在梁啟超支持和籌畫下，經紅顏知己小鳳仙的協助，歷經艱難曲折、戲劇性地從北京潛逃回雲南，誓師起義，發動了著名的「護國戰爭」，討伐袁世凱帝制自為。立刻，貴州、廣西、廣東、浙江等省舉兵回應，堅決捍衛民國，反對恢復帝制。面對風起雲湧的反對，袁世凱於1916年3月22日被迫宣布取消帝制，仍改回大總統稱號。1916年6月6日，在全國的聲討聲中，袁世凱憂懼而死。

袁世凱去世後，黎元洪繼任總統。6月10日，梁啟超急電總統，請命段祺瑞出任內閣總理、又致電獨立各省支持段祺瑞出來收拾北方政局，主張恢復臨時約法，召開國會，懲辦帝制禍首及停止內戰，實現南北和解。不久，孫中山、黃興、蔡鍔等都提出同樣要求。梁啟超雖稱處於守孝退隱之中不問政治，但不能袖手旁觀。6月30日，段祺瑞內閣組成，梁啟超致電獨立各省都督、各總司令，說段祺瑞「宅心公正，持躬清直，維護危局，非彼莫屬」，望大力支持。認為在段祺瑞領導下，「我國之共和政治必日趨鞏固」。在梁的催促下，唐繼堯、岑春煊等於7月15日宣布撤銷護國軍軍務院。至此，護國戰爭宣布正式結束。梁啟超等人護國的勝利果實，為段祺瑞政府所收穫。中華民國的國運，開始轉入北洋政府以及南北各地實力派軍閥身上了。

研究系的緣起及其政治主張

此後，梁啟超、湯化龍、林長民、王家襄等人組織的憲法研究會於1916年9月13日成立，其宗旨是從理論上研究民主憲政，這一派人後來被稱作「研究系」。該派源於民元國會中僅次於國民黨的第二大黨——進步黨。以梁啟超、黎元洪、熊希齡為首領，堅持憲政治國，反對袁世凱稱帝。1916年袁世凱死後，國會重開，該黨分為三派：

（一）以梁啟超為首（王家襄、陳國祥實際執行）的憲法研究同
　　　志會，
（二）以湯化龍為首的憲法案研究會，
（三）以親國民黨的孫洪伊為首組成的韜園系（憲政商榷會）。

1916 年 9 月 13 日，梁、湯兩派合併為憲法研究會，即研究系。研究系主張加強國務院權力以體現責任內閣精神。其機關報是北京《晨報》。1927 年梁啟超、伍憲子、徐勤等組建的中國民主憲政黨是為研究系的延續。該黨於 1946 年與張君勱中國國家社會黨合併，成立中國民主社會黨，張君勱任主席。從這一脈絡看，以第三勢力為號召的政治譜系——研究系——是從梁啟超開始，經進步黨→憲法研究會→中國民主憲政黨→中國國家社會黨→中國民主社會黨（張君勱）一以貫之。比較起中國國民黨和中國共產黨，研究系的政治傾向是最接近自由主義的。

　　11 月 8 日，蔡鍔病逝，梁到上海辦理其喪事。為調解府院之爭，1917 年 1 月 6 日，梁從上海入京，向段建議對德宣戰和中國出兵歐洲的問題，12 日回到天津寓所。4 月 25 日，為了實行對德「宣戰」，段祺瑞聯絡各省督軍，在京召開「督軍團」會議，對國會施加壓力。為了說明參戰的必要和解除群眾對參戰的各種顧慮，梁啟超於 5 月 8 日發表〈外交方針芻言〉，促使各方面同意參戰，振奮中國之人心。5 月 23 日，黎元洪下令解除段祺瑞的職務。段憤然離京去天津，發表電報不承認黎的免職令，並策動各省獨立，武裝打倒黎元洪。此時，黎電請梁啟超出面幫助，梁以「與世暫絕」為由，拒絕調停。於是，黎電請督軍團團長張勳出面調停，段欲利用張勳對付黎元洪而支持入京。但張勳心懷鬼胎，於 6 月 14 日聯合康有為入京趕走黎元洪，並於 7 月 1 日擁宣統皇帝重新復位，史稱「張勳復辟」。當晚，梁啟超得知張勳復辟，立即請段起兵討賊，段見黎元洪被趕下臺，立即與梁啟超籌畫組織討逆軍，並任命梁啟超、湯化龍等人為討逆軍參贊。梁啟超立即

致電各省將軍及各報館,反對張勳復辟的電文 3 日刊載於天津《大公報》,指出此次復辟一定成不了大氣候。4 日,梁啟超跟隨段於天津馬廠誓師討張,段宣讀梁啟超起草的〈代段祺瑞討張勳復辟通電(電報)〉,號召將軍都督努力同心,保衛民國。11 日,討逆軍攻入北京,康有為逃入美國使館,康梁師生關係破裂。

再度入閣

　　1917 年 7 月 14 日段祺瑞內閣成立,梁啟超任財政總長。段廢止了 1913 年選出的國會,7 月 18 日,梁啟超、湯化龍等人根據段祺瑞的意圖組織臨時參議院,進步黨人試圖通過改造國會進而控制國會,但梁啟超拒絕召開舊國會的主張。8 月 24 日,梁啟超代為起草的段祺瑞國務院徵求召集臨時參議院的意見發表後,孫中山及部分南方軍閥不承認解散國會。8 月 25 日,部分國會議員在廣州召開「國會非常會議」,選舉孫中山為中華民國軍政府大元帥,發動護法運動。8、9 月間,梁與日本橫濱正金銀行簽訂續善後借款 1000 萬日元合同,計畫用於實業建設,結果大都被段祺瑞挪用作內戰經費,使梁啟超有苦難言。11 月 15 日,段用兵在川、湘都遭遇失敗,呈請辭職。梁啟超認為目前政局日趨危險,財政前途日趨窘困,便也趁機提出辭呈。11 月 30 日,梁啟超和其他「研究系」總長一齊離開內閣。梁啟超沉痛而深刻地指出:「革命成功將近十年,所希望的件件都落空。政治黑暗混亂,中華民國僅存招牌而已。」

引發五四運動

　　1916 年 8 月 15 日,進步黨首領梁啟超、林長民等人創辦「研究

系」的機關報《晨鐘報》。李大釗任總編,不久辭去。1918 年 9 月,因刊載政府向日本借款消息被封閉。同年 12 月,報章改名為《晨報》後重新出版。該報及其副刊《晨報副刊》以新文化為主要宗旨,在當時的社會影響極大,李大釗、蔡元培、魯迅、陳獨秀、瞿秋白、胡適、耿濟之、冰心等名流都曾為其主筆。李大釗在該報相繼發表〈戰後之世界潮流〉、〈勞動教育問題〉、〈青年與農村〉、〈現代青年活動的方向〉、〈現在與將來〉、〈「五一節」雜感〉等,從而使《晨報》成為新文化運動的重要陣地。它和《新青年》一起,極大地促進了知識分子新的覺醒,促進了五四運動的爆發。

　　1918 年 11 月,第一次世界大戰結束,中國為戰勝國之一。1919 年 1 月,協約國集團為締結和約,召開巴黎和會,中國政府派陸宗祥等出席。為了將國內人民組織起來聲援巴黎和會的中國代表,梁啟超、林長民向徐世昌總統建議,在總統府成立巴黎和會外交委員會,總統顧問林長民勸徐世昌請梁啟超赴歐洲,以巴黎和會中國代表團會外顧問及記者的身份,與各國著名人士聯絡,進行會外活動。12 月 29 日,梁啟超與蔣方震、張君勱、劉崇傑、丁文江、徐新六、楊維新等人乘船離開上海。1919 年 2 月 18 日抵達巴黎,梁無一刻安眠,疾書〈世界和平與中國〉一文,翻譯為英文、法文,廣為散發,表示中國人對和會的希望。又在新聞發布會上演說,針鋒相對地指出:「若有另一國要承襲德人在山東侵略主義的遺產,就為世界第二次大戰之媒,這個便是和平公敵。」給日本侵略者當頭一擊。梁在巴黎頻繁進行外交活動,先後會見了美國總統威爾遜(Thomas Woodrow Wilson)及與會各國政府的代表、黨派領袖、社會名流,爭取支持力量。

3月中旬，梁致電外交委員會汪大燮、林長民講述段祺瑞政府與日本訂立密約，承認日本為合法繼承山東主權。汪、林等人得知消息後，十分氣憤，愈感監督政府之必要，立即組織國民外交協會，邀請張謇、王寵惠，熊希齡等名流參加，推張謇為會長，為巴黎和會中國代表團做後盾。4月8日，協會委託梁啟超為該會代表，向巴黎和會請願，力爭山東主權。4月24日，梁急電國民外交協會，嚴責政府，萬勿簽字。4月29日，英、美、法三國作出決定，同意將德國在山東及膠州灣的所有權利讓與日本。5月1日，上海《大陸報》刊載中國外交失敗消息。5月2日，林長民在《晨報》撰文：「山東亡矣，國將不國矣，願合四萬萬眾誓死圖之。」汪大燮與蔡元培商議，決定發動北京大學學生遊行示威，阻止政府簽約。5月3日晚，北大學生在北河沿北大法科禮堂召開學生大會，並約請北京13所中等以上學校代表參加，決定5月4日遊行示威。翌日，五四運動在北京迅速爆發。

　　作為當年中國引領思想風潮的人物，梁啟超在五四新文化運動這場由更年輕的一代中國知識人發動的思想運動中，扮演了什麼樣的角色呢？如果考察他在這一期間的活動，人們不難發現，他所關注的，主要在外交領域，主要在推動中國當年興起的正當的的民族主義潮流，其次在具體推動中西文化交流。

　　在五四運動的熱潮中，北洋政府親日派秘密向巴黎發出簽字訓令，陸徵祥亦準備在和約上簽字，消息傳出，舉國同憤，林長民急忙密電梁啟超，請梁將政府準備簽字的消息告知巴黎中國留學生，並阻止簽字。6月28日，留學生及中國工人包圍了中國代表團住宅，警告中國

代表，「如敢出門，當撲殺之。」陸徵祥等不敢離開寓所半步，只好被迫發表聲明拒簽和約。日本在巴黎和會上沒有達到目的，野心不死。1920 年 1 月 19 日，又向中國外交部提出山東善後問題，要求與中國直接交涉，立即遭到中國人民的強烈反對。梁於 3 月 5 日從歐洲回到上海，當即發表演說，堅決反對中日直接交涉。19 日到北京，立即要求政府釋放因五四運動被捕的學生。23 日，《申報》發表梁啟超關於山東問題的講話，指中國代表沒有在巴黎和會上簽字，實際上是中國的勝利，必須抱定拒絕與日本直接交涉的決心。在梁啟超的疾呼下，堅定了中國不與日本直接交涉的立場。1922 年 2 月 4 日，中日在華盛頓會議簽訂了《解決山東問題懸案條約》，收回了青島及山東的權利。

在宣導新文化方面，梁啟超當年的主要作用在於促進中外文化的交流。一戰之後，他到歐洲諸國考察旅遊，瞭解到一戰後西方社會的變化，思想又發生重大轉變。回國後，決定棄政從教，撰寫《歐遊心影錄》。1920 年 4 月 4 日，梁在北京組織共學社，其宗旨為「培養新人才，宣傳新文化，開拓新政治」。9 月，成立講學社，相繼聘請英國哲學家羅素、德國哲學家杜里舒（Hans Driesch）、印度文學家泰戈爾 Rabīndranātha hākura）來華講學。杜威的實用主義、羅素的左翼自由主義、杜里舒的反機械論唯心主義、泰戈爾的痛斥西方文化思想沉淪等，對梁啟超、張君勱等人影響很深，對中國文化學術界的影響也很大。同時共學社又大量翻譯出版西方名著，印行叢書，計分時代、教育、經濟、文化、科學、哲學、史學、俄羅斯文學等百餘種。既介紹了馬克思社會主義及經濟學說，也介紹了基爾特社會主義，還介紹了大批反映俄國現實主義的文學及戲劇，對中國新文化的繁榮起了巨

大推動作用。梁啟超又為蔣方震《歐洲文藝復興時代》所作的序，寫成之後，序的篇幅和蔣方震書相當，於是以《清代學術概論》為題，單獨成書。

梁啟超在一戰結束之際赴歐遊學歸來之後，思想漸趨文化保守主義，以主要精力從事文化教育和學術研究活動，寫下了《清代學術概論》、《中國近三百年學術史》、《先秦政治思想史》、《中國歷史研究法》、《中國文化史》等重要著作和大量文章，其中不少具有相當高的學術價值。

1925 年五卅慘案後，梁啟超一改不問政治的聲明，即與朱啟鈐、李士偉、顧維鈞、範源濂、張國淦、董顯光、丁文江等聯合發表《天津宣言》，要求停止屠殺，懲辦兇手。並連續發表文章〈為滬案敬告歐美朋友〉、〈對歐美友邦之宣言〉、〈致羅素電〉、〈談判與宣戰〉、〈致段執政書〉、〈我們應該怎樣應付上海慘案事件〉、〈滬案交涉方略敬告政府〉、〈趕緊組織「會審兇手」的機關啊〉、〈答北京大學教職員〉等。號召舉行大罷工，全力對準「上海英捕房」，要求懲凶、賠償、道歉，進而收回租界，撤退領事裁判權等等。是年秋，梁應聘任清華國學研究院導師，並擔任京師圖書館館長。

1927 年，梁寫了《中國文化史》、《圖書大辭典簿錄之部》、《儒家哲學》、《書法指導》、《古書真偽及其年代》等著作。1928 年 9 月 10 日起，梁編寫《辛稼軒年譜》，10 月 12 日，寫下遺作《祭朱晦庵文》。1929 年 1 月 19 日，梁啟超於北京協和醫院去世，終年 55 歲。

北京、上海等地分別為梁舉行追悼會，場面隆重。

　　縱觀梁啟超一生，在思想言論方面，他提出：「思想自由，為凡百自由之母。」他以歷史的眼光總結道：「歐洲現代文化，不論物質方面、精神方面，都是從自由批評產生出來。」他的這些力主獨立思考的觀念，無疑開啟了中國自由思想之先河。他更進一步申論說：「自由者，權利之表證也。凡人之所以為人者有二大要件：一曰生命，二曰權利。二者缺一，時乃非人。故自由者，亦精神界之生命也。」（《飲冰室文集》，第二冊，頁 45 － 46）這些帶自由主義色彩的見地，今天讀來，仍未覺過時。對民主制度，梁啟超在清末時即已注意到，並加以毫無保留的頌揚：「國之強弱悉推原於民主。民主斯固然矣。君主者何？私而已矣。民主者何？公而已矣。」

　　在政治活動方面，他協助康有為，發動在京應試舉人聯名請願的「公車上書」，要求清廷拒和、遷都、實行變法。

　　1898 年梁啟超積極參加「百日維新」。7 月 3 日（五月十五），受光緒帝召見，奉命進呈所著《變法通議》。9 月，戊戌政變發生，梁啟超逃離北京，東渡日本，一度與孫中山等革命派有過接觸。

　　梁啟超在日期間，先後創辦《清議報》和《新民叢報》，鼓吹改良，反對革命。同時也大量介紹西方社會政治學說。1905 － 1907 年，改良派與革命派的論戰達到高潮，梁啟超則是改良派的主將。

1906 年，清政府宣布「預備仿行憲政」，梁啟超表示支持，撰寫文章，介紹西方憲政，宣傳立憲政體。1907 年 10 月，與蔣智由等人在東京建立《政聞社》，並派人回國直接參加立憲活動。但政聞社後來受到清廷查禁而解散。

　　武昌起義爆發後，他一度宣揚「虛君共和」，力促革命派與清政府妥協，實施憲政。民國初年他先是支持袁世凱，並將民主黨與共和黨、統一黨合併，改建進步黨，與國民黨進行憲法體制內的政治競爭。1913 年，進步黨「人才內閣」成立，梁啟超出任司法總長。

　　後來，因袁世凱稱帝野心日益暴露，梁啟超遂轉而反對袁氏，阻止帝制復辟。1915 年 8 月，梁啟超發表〈異哉所謂國體問題者〉一文，聲討意欲復辟帝制的袁世凱。並旋與蔡鍔策劃了 1915 年底武力反袁，發動了護國戰爭。不久後，袁世凱鬱鬱病死。

　　袁世凱去世後，梁啟超組建憲政研究會，並曾任段祺瑞內閣的財政總長兼鹽務總署督辦。

　　1918 年底，離職後的梁啟超赴歐考察，其時正值一戰結束，他看到西方當時的問題和弊端，故歐遊歸來之後，思想漸趨文化保守主義，以主要精力從事文化教育和學術研究活動，寫下了《清代學術概論》、《中國近三百年學術史》、《先秦政治思想史》、《中國歷史研究法》、《中國文化史》等重要著作和大量文章，其中不少具有相當高的學術價值。

總括而言，在自由主義輸入中國的過程中，在早期，是梁啟超扮演了廣泛傳播的核心角色，他以中西匯融的思想內容、激昂慷慨，筆鋒常帶感情的文風，在某種程度上塑造了幾代中國人的思維方式甚至話語系統，中國後來的各派政界、學界人物，如胡適、陳獨秀、魯迅、毛澤東、周恩來……都曾受到梁啟超的影響。同時，作為政治活動家，在民國初年的政治舞臺上，他也扮演了一個推進中國自由與憲政，使之融入國際社會的關鍵角色。他在中國近代想自由社會轉型的歷史過程中，無論是思想上還是實踐上，都留下了深深的痕跡。

　　當然，梁啟超所瞭解的自由主義，基本上是宏觀的、中庸的、概貌式的，尚缺乏縝密而具體的法學的、經濟學的政治學諸方面的知識論證。簡言之，梁啟超在思想與言論自由方面著墨較多，而對財產權等方面的問題卻思考太少。這點，與當時全球開始氾濫的社會主義思潮有關，也與梁啟超本人的學術背景有關。不過，我們在下面將談到，他的學生、朋友及傳人張君勱先生，在憲政研究特別是憲法學領域，無論是理論還是實踐上，都做出了進一步的卓越貢獻。

第二部

戊戌變法至五四運動——擴張期

2.0 導引

　　當自由主義思想與憲政民主制度作為一種價值理念從歐美向東亞推進時，會產生怎樣一種歷史後果？這對人們的想像力構成了巨大的挑戰。

　　上述文化與思想的互動，在天時地利人和三方面因素的促成下產生的歷史新生兒，就是對近代中國影響深遠的五四新文化運動。

　　當時，中華民國建立未久，當強人袁世凱恢復帝制失敗而於 1916 年去世後，北洋時期的中國陷入軍閥割據的局面。一方面，在實踐上，憲政試驗陷入困境，國民遭受了局部戰亂之苦；但另一方面，由於中央權威與控制力的減弱，由於國門開啟，西方思潮湧入，致使該時期在文化、社會、經濟等各方面都有令人耳目一新的發展，成為現代中國思想文化最為繁榮的時期，政治理念大飛躍的時期。

　　這是中國自由主義初潮洶湧狂飆突進時代。

　　事實上，存在兩個具有不同的內涵的「五四」。

　　一個是作為新文化運動的「五四」，它以《新青年》雜誌為中心，是從 1915 年到 1923 年掀起的一場文化啟蒙運動。其基本的精神資源是自由主義，其基本口號是「民主與科學」。

　　另一個是作為救國運動的「五四」，即 1919 年 5 月 4 日因巴黎和

會外交失敗而爆發的學生遊行並火燒趙家樓的事件,直到 6 月 3 日上海的總罷市為止。其基本精神資源是民族主義,其基本口號是「外抗強權,內懲國賊」。

可以看出,這兩個「五四」雖然不是絕對衝突,但根本精神是很不一樣的,存在著內在的緊張。

作為民族主義旗幟的「五四」,如前所述,梁啟超在其中扮演了重要角色。

而作為自由主義旗幟的「五四」,蔡元培、胡適和陳獨秀則是其核心人物。後來陳獨秀投入日益激進化的時代漩渦,隨波逐流入共產主義,很快疏離了自由主義,蔡元培與胡適遂成為自由主義的中樞,引領了中國自由主義的第一波。

2.1 從蔡元培到胡適 （1）

2.1.1 自由派教育家
——蔡元培

自由主義進入中國的最重要的管道,是五四新文化運動。而這一思潮的重要的入口及核心基地,是北京大學,特別是在蔡元培掌校時期的北京

蔡元培（1868 年 1 月 11 日－1940 年 3 月 5 日）

大學。蔡元培在中國近代史上，是與北京大學聯繫在一起的。而北大，自從他出任校長後，遂變為自由主義的思想重鎮。因此，在中國自由主義史上，蔡元培先生的位置是不可或缺的。

中國社會，從民國成立後直到 1927 年國民黨掌握政權之前，處於急遽變動的狀態中。這裡有兩條主線在發展：一條是中央政府的權威日益低落，由於各地軍閥的連年征戰，中央政府對全國已經失去了全面控制，而地方軍閥的力量卻逐漸成形。特別是在袁世凱死後，形成了某種割據的局面。另一條則是外國的影響空前發展，外來商品、外來思想、外來文化不斷流入，特別是沿海以及各通商口岸更是如此。

對於第一條線的發展，軍閥盤踞一方，顯然擾亂了一般市民及農民的生活秩序，特別是軍閥之間的混戰更是帶來了動亂，這是其負面影響。但另外，由於中央控制的減弱，地方主義的興起，使當時「聯省自治」、「區域自治」、「地區獨立」等訴求與實踐都日益高漲，當年毛澤東也曾鼓吹「湖南獨立」。這一傾向，削弱了原本中國大一統的中央皇權統治的傳統，使地方的權利與自治有了明顯的增長。

對於第二方面的發展，可以看到，那一段時期，由於外來新事物和行事方式的大量湧入，特別是由於中央權威與控制力的減弱，該時期在文化、社會、經濟等各方面都有令人耳目一新的發展。相對於 1927 年之後，特別是相對於 1949 年後的中國，那段時期是中國文化繁榮發展最為迅捷的時期，也是中國教育界和新聞界最為自由的時期。例如，當時中國的報業開始蓬勃發展，在二十年間增加了好幾倍。特

別知名的如帶有自由主義色彩的上海《申報》、傳播新知識新思想的《商務印書館》等，一時間蔚為風潮。在教育方面，有戊戌變法遺產——京師大學堂轉變而來的北京大學，也有眾多由外國人開辦的教會學校，如上海的聖約翰大學、北京的燕京大學等。這是中國現代教育的起步時期，同時也是教育界最為寬鬆，最不受政府干預和意識形態箝制的時期，五四新文化運動就是在這種氣氛中培育生長出來的。

　　蔡元培號孑民，浙江紹興人。光緒年間進士，其後任紹興中西學堂監督，以清末翰林而身歷光復會、同盟會，成為雙料革命，蔡元培是第一人；以開國元勳入主教育部，進而出掌北大，宣導學術自由。他「把北大從一個官僚養成所變成名副其實的最高學府，把死氣沉沉的北大變成一個生動活潑的戰鬥堡壘。」（馮友蘭語）其功不可謂不巨。蔡先生一生可資談論者不少，但是比起他執掌北大，都顯得微不足道。梁漱溟曾評蔡先生說：「開出一種風氣，釀成一大潮流，影響到全國，收果於後世。」

　　宣導「學術自由」，致力現代科學，蔡元培是最徹底的一個。戊戌之際，他看到：以中國之大，積弊之深，不在根本上從培養人才著手，要想靠幾道上諭來從事改革，把腐敗的局面轉變過來，是不可能的。因此蔡元培顯然注意到避免「不動」或「盲動」這兩種態度傾向，以為社會革命與文化啟蒙這兩大任務不可以互相替代。於是他把目光落到了教育上：傳播新知、開通風氣、啟迪民智、進化民德。當時清末民初的啟蒙活動家，嚴復之後，功勳卓著者有蔡元培與張元濟。張元濟於出版界，創立商務印書館，蔡元培於教育界，接掌北京大學。

循思想自由原則取兼容並包主義的呂思勉說：「孑民先生主持北大，所以能為中國學術界開一新紀元，就其休休有容的性質，能使各方面的學者同流並進，而給予後來學者以極大的自由，使與各種高深的學術都有接觸，以引起其好尚之心。」用蔡元培自己的話說，不外「循『思想自由』原則，取兼容並包主義」。二者互為表裡，彼此依託。人們說到當年北大一時之盛的師資，從陳獨秀、李大釗、胡適，到辜鴻銘、劉師培、黃侃，從「五馬三沈」到周氏兄弟，都會讚一聲「雅量」。蔡元培說：「無論為何種學派，苟其言之成理，持之以故，尚不達到自然淘汰之命運，雖彼此相反，而悉聽其自由發展。」雖說「兼容並包」乃「世界各大學通例」，但當時能恃此點鐵成金者，惟蔡元培一人。梁漱溟把這歸因於蔡元培的「器局大、識見遠」。

　　作為中國現代教育的主要推動者，蔡元培也是五四新文化運動的守護者。他的教育和學術管理實踐來自他的自由主義教育哲學。蔡先生身體力行，實踐自由，包容萬派。他所包容的人，像特立獨行犀利張狂的陳獨秀，清明理性中西兼通的胡適之，以及李守常（大釗）、顧孟餘、陶孟和、周樹人、周作人、錢玄同、高一涵諸先生皆各有所長。所有這些先生任何一人的工作，蔡先生皆未必能作；然他們若沒有蔡先生，卻不得聚攏在北大，更不得機會發抒。聚攏起來而且使其各得發抒，這是蔡元培獨有的偉大。從而自五四以降，自由主義在中國的新氣象、新風氣，蔡元培先生功莫大焉。

　　除了整頓發皇北大，他還創建了中央研究院，這兩塊園地成為超越現實黑暗政治和複雜社會環境之相對純淨、獨立的學術天地和思想

搖籃。而蔡元培本人，作為「兼容並蓄」、「百家爭鳴」、「學術自由」的象徵，理所當然地成為自由主義代表人物之一。

2.1.2 自由主義旗幟
——胡適

個人主義：自由之魂

在中國，提到胡適，就必然想到自由主義；而提到自由主義，也必然會想到胡適。胡適是近代中國自由主義的中樞人物。

胡適（1891 年 12 月 17 日－1962 年 2 月 24 日）

胡適的自由主義的倫理基地是個人主義。其思想基礎早在「五四」運動以前就已經奠定。他在美國留學期間所受教育以及關於知識分子應當保持中立和獨立的一貫認識都在推動他走上自由主義者的道路。特別是他所接受和宣導的十九世紀歐洲之個人主義思想直接導致自由主義。

胡適宣導個人主義的代表作是〈易卜生主義〉一文。這篇文章在五四運動以前對於中國社會的思想解放運動產生較大的影響。他在文章中宣導的個人主義在當時直指是「最新鮮又最需要的一針注射」（胡適《介紹我自己的思想》）。胡適提倡自由獨立的人格和為我主義的個人主義。他指出，社會最大的罪惡莫過於摧折個人的個性，使之得

不到自由發展，充分發展自己的個性和人格，應當成為青年最重要的人生主張。發展個人的個性，須要有兩個條件：一是須使個人有自由意志；二是須使個人擔干係負責任。「個人若沒有自由權，又不負責任，便和做奴隸一樣，……到底不能發展個人的人格。」

一、一個自治的社會，一個共和的國家，都應當使個人有自由獨立的人格。社會國家若不允許個人有自由獨立的人格，「那種社會國家絕沒有改良進步的希望。」

二、胡適在提倡個人主義的同時，反對狹隘的國家主義。易卜生（Henrik Johan Ibsen）從來不主張狹義的國家主義，從來不是狹義的愛國者。這是胡適對易卜生個人主義思想的徹底性的認識。易卜生曾經表示，國家的觀念終將消滅，人類觀念終將興起。胡適以此推斷易卜生晚年一定進入「世界主義」的境界。這說明易卜生的人類主義或世界主義思想對胡適是有影響的。

國家主義是個人主義的對立物，也是自由主義的對立物。胡適宣揚個人主義也是為了剷除國家主義。個人在鑄成自由獨立的人格以後就會產生同國家的惡勢力相抗爭的勇氣。

胡適希望青少年朋友都能像易卜生筆下的娜拉和斯鐸曼醫生那樣（註 1），努力鑄造自己的個性和人格，「要特立獨行，敢說老實話，敢向惡勢力挑戰。」

三、中國要擺脫愚昧落後的狀況，需要的不是國家主義，而是個人主義。「歐洲有了十八十九世紀的個人主義，創造出了無數愛自由勝過麵包，愛真理勝過生命的特立獨行之士，方才有今日的文明世界。」

　　然而中國的統治者總是把國家主義強制灌輸給國人，以國家利益為藉口壓迫個人自由。如此惡習，一代甚於一代。你要個人的自由，會有人說先要爭取國家的自由；你要個人的人權，偏有人講國家主權比你個人的人權更重要。國家主義者千方百計地為壓迫自由人權的行為辯護。胡適直接對此種國家主義挑戰：「現在有人對你們說：『犧牲你們個人的自由，去求國家的自由！』我對你們說：『爭你們個人的自由，便是為國家爭自由！爭你們自己的人格，便是為國家爭人格！自由平等的國家不是一群奴才建造得起來的！』」

　　打著國家的幌子肆意剝奪公民個人的自由，這是國家主義者和一切奴役者的一貫作法。根據他們的邏輯，你若爭個人自由，便會危害國家利益，他們所謂國家利益說到底，就是他們依靠專制主義手段欺壓人民所獲取的既得利益。國家主義所要造就的是完全喪失自由獨立的人格的奴才。胡適號召個人要真實的為我，鑄成自由獨立的人格，這是從根底上破壞國家主義和其它一切集體主義和奴役主義的理論。人在形成自由獨立的人格後，自然不會滿足於現狀。自然敢於說老實話，敢於攻擊社會國家的腐敗情形。

　　簡言之，胡適的自由主義是反國家主義、反集體主義的，個人主

義是其本體論核心。這是抓住了自由主義精髓的。

清醒獨立堅守不渝

當自由主義、憲政民主作為一種價值理念從歐洲向東亞推進時，會產生怎樣一種歷史後果？這是人們反覆琢磨，極具挑戰性的問題。

我們曾談到，袁世凱恢復帝制失敗而於 1916 年去世後，中國陷入軍閥割據的局面。一方面，在實踐上，憲政試驗陷入困境，老百姓遭受了局部戰亂之苦；但另一方面，由於中央權威與控制力的減弱，國門開啟，西方思潮湧入，致使該時期在文化、社會、經濟等各方面都有令人耳目一新的發展，成為現代中國文化最為繁榮的時期，也是政治理念大飛躍的時代。

猶如狂飆降臨，中國的五四運動就是在這樣一個特殊的歷史時期興起的。

而將胡適推向中國思想界的，首先正是五四新文化運動。

如果仔細分析，事實上，有兩個「五四」，它們具有不同的內涵。
一個是作為新文化運動的「五四」，它以《新青年》雜誌為中心，是從 1915 年到 1923 年掀起的一場文化啟蒙運動。其基本的精神資源是自由主義，其基本口號是「民主與科學」。

另一個則是作為救國運動的「五四」，即 1919 年 5 月 4 日因巴黎

和會外交失敗而爆發的學生遊行，並火燒趙家樓的事件，直到 6 月 3 日上海的總罷市為止。其基本精神資源是民族主義，基本口號是「外抗強權，內懲國賊」。

我們可以看出，儘管這兩個「五四」不是絕對衝突，但根本精神是很不一樣的，存在著內在的緊張。

胡適是新文化運動的「五四」卓越代表。 這場運動，第一個攻擊的目標是中國的文言文，即過去一直沿用的書面文字。它是由美國留學回來的胡適博士所發起的。文言文與人們普通的口頭語言大不同，只有極少數的人一輩子下苦功才能學會，而不會的人根本無法進入上流社會，也無法書面表達自己的思想。胡適的文學革命，首先就要大家使用白話文來寫作，「我手寫我口」。古文的專制從此就被推翻了。

新文化運動的核心是激烈反對中國的傳統文化，特別是反對儒家倫理，提倡「科學、民主」，追求個性解放。在這方面表現得最突出的是陳獨秀。在此必須說明，當時提倡的「民主」，主要是指反對階級，反對專制，宣導平等，主張平民主義，帶有民粹主義傾向。而當時提倡的「科學」，則是「真理」的代名詞，不容懷疑和批評。

新文化運動在文學方面最傑出的代表是魯迅。他使用天才的白話文創作出小說等精神產品，對中國專制與宗法傳統進行了鞭辟入裡、空前尖銳的抨擊，他從過去「仁義道德」的書本中，讀出了滿篇的「吃人」二字，具有震撼人心的力量。

民族主義之翼

「五四」的另一方，即民族主義面向，實際上更深刻地影響了中國的現代化進程。中國近代激烈的反帝國主義浪潮，有相當程度上是源自於五四學生運動傳統的發皇。

1919 年 5 月 4 日，巴黎和會的凡爾賽條約竟然把山東原來的德國租界移交給日本，中國作為戰勝國之一，竟受到如此不公的屈辱待遇。消息傳到北京，北大及其他學校的三千多名學生立刻集合在天安門遊行示威，要求取消日本對華的「二十一條」，收回山東租界，拒絕和約簽字。他們火燒趙家樓，拳打駐日本公使，北京政府逮捕 30 多名學生，全北京學生立即總罷課，並通電全國，於是發展到上海、天津、南京、武漢、杭州、廣州、九江和山東、安徽等地工人舉行了中國歷史上的第一次政治罷工，商人罷市並抵制日貨。在全國強大的壓力下，6 月 6 日至 10 日，政府被迫釋放被捕學生，撤去咎責曹汝霖、陸宗輿和章宗祥的職務，並 於 28 日拒絕在和約上簽字。

這一運動的顯著特點是，它是由知識分子所發動和領導的。這些人正是 1905 年廢除科舉制度後受新學校教育或留學而茁壯的新一代讀書人，他們極大地強化了中國近代的民族主義。

同時，如前所述，當時的鄰居俄國，發生了十月革命，誕生了世界史上第一個依照馬克思列寧主義作為國家意識形態的政權，列寧把該意識形態改寫為非西方的殖民地國家、反抗西方宗主國的意識形態。

這樣的意識形態很快便傳入中國，於當時許多中國先進知識分子眼中，它既是西方傳來的最新「科學」，又是本民族反對西方列強的武器，所以非常投合他們在科學主義和民族主義上的心理需求，順勢支配了一批中國的知識分子。因此，五四新文化運動中的自由主義聲音在此後受到了一系列的挑戰。

五四當時及其之後，在學術界、文化界、思想界發生了一系列重大爭論，胡適都親身參與其中，甚至常為主角。譬如，關於整理國故，關於問題與主義之爭，關於科學與人生觀之論，關於東西文化的拉鋸，關於人權問題的論述，關於民主與獨裁的爭論等。五四時期，影響中國文化的思想家和學者，作為領袖人物，最具代表性的就是：胡適、陳獨秀和魯迅。論及所受外來影響，魯迅和陳獨秀主要受日本影響，胡適受美國影響。有人評論，在中國，受日本影響的思想家更深刻，而受英美影響的思想家比較淺，比較明白。但是這一印象有其盲點。我自己更看重思想的內涵、傾向及生命力。

民主還是獨裁？

中國五四運動之後至 1937 年中日戰爭全面爆發之前，是中國社會政局相對穩定的時期。在這段時期中，雖然有國民黨意識形態的某種束縛，然而這一束縛只是威權主義，並非極權主義統治，因而存在相對的思想言論學術自由。這是近代中國自由主義逐步深化，人才輩出的時期。

1930 年代初，在中國的知識界內，曾發生過一場關於國家政治方

向的大辯論：民主與獨裁之論。

　　由於蘇聯這樣的共產國家之存在與發展，更肇因於義大利和德國法西斯主義的興起，一股世界性的思潮正在蔓延，那就是：對自由主義及憲政民主制度懷疑與否定的潮流。從 1933 年開始，中國報刊大量介紹德國、希特勒（Adolf Hitler）、墨索里尼（Benito Amilcare Andrea Mussolini）、國家社會主義、法西斯主義，以及史達林（Stalin's residences）和馬克思（Karl Marx）列寧（Lenin ／ Ленин）的共產主義。被稱為「法西斯主義聖經」的《德國國社黨黨綱》及希特勒的《我的奮鬥》，都是在這時候被譯成中文廣泛傳播的。以《獨立評論》為中心的被稱為「民主與專制」的論爭，就是在這種氣氛中發起的。爭論的雙方基本上都是曾在國外留學過的學者。一方是丁文江、蔣廷黻、錢端升等人，一方是胡適等人。

　　早在 1932 年 6 月，著名學者傅斯年在該刊發表了〈中國現在要有政府〉一文，得出「此時中國政治，若離了國民黨便沒有了政府」的結論。稍後，丁文江、翁文灝分別發表文章，都是強調強權政治的。翁文灝呼籲說：「在這個危急存亡的時候，我們更需要一個政府，而且要一個有力量能負責的政府。」1933 年 5 月，蔣廷黻發表〈知識階級與政治〉，有一段很著名的話，說：「我們應該積極地擁護中央。中央有錯，我們應設法糾正；不能糾正的話，我們還是擁護中央，因為它是中央。」蔣廷黻還寫了《革命與專制》一文，以歐洲歷史為例，論證建立民族國家的重要性。他認為，中國得先經過一段新的專制，把國家建成統一的民族國家。

胡適接連發表了〈建國與專制〉和〈再論建國與專制〉兩篇文章進行反駁，主張民主憲政。蔣廷黻寫了回應文章，堅稱「民主憲政不可行，唯一的過渡方法是個人專制。」吳景超發表〈革命與建國〉作為聲援，突出強調領袖的重要性。胡適發表〈政治統一的途徑〉，反對蔣廷黻和吳景超的「武力統一論」，再次強調國會制度。政治學家錢端升在 1933 年間還在讚美威瑪民主（威瑪共和國 Weimarer Republik 指 1918 年至 1933 年採用共和憲政政體的德國），此時卻轉了一個大彎，表示擁護「集權政府」，認為納粹主義的勝利，法西斯主義在義大利和共產主義在蘇聯的勝利，都是「給民主致命的打擊，民主的弱點已暴露無遺」。他在〈民主政治乎？極權國家乎？〉一文中說：「獨裁是一種最有力的制度」，「民主政治是非放棄不可的」，「在民族情緒沒有減低以前，國家的權力一定是無所不包的──即極權國家」。丁文江接連撰文，認為民主制度「緩不濟急」，需要高效的集權政府以取代之，還進一步指出：「唯一的希望是知識階級聯合起來，把變相的舊式專制改為比較的新式獨裁。」一時間，「新式獨裁論」在中國知識界得到熱烈的回響。

　　胡適撰文〈答丁在君先生論民主與獨裁〉，再度強調民主，他說：「我可以斷斷的預言，中國今日若真走上獨裁的政治，所得的絕不會是新式的獨裁，而一定是那殘民以逞的舊式專制。」

　　丁文江等認為當時日本一天一天向中國壓迫，中國國勢危急，必須建立一個強有力的政治中心，因而需要一段時期的獨裁。而胡適等人則認為，仍然應當堅持實行自由民主的政治，這種制度才可能從根

本上建立一個強大的國家；他認為：「爭你們個人的自由，便是為國家爭自由！爭你們個人的人格，便是為國家爭人格！自由平等的國家，不是一群奴才建造得起來的！」

應當公平地說，當時雙方都是在理性地討論，丁文江等學者，並不是要向國民黨獻策鼓勵蔣介石走希特勒的道路。他們最終也希望中國走上民主道路，只是認為中國當時若要抵抗日本侵略的話，必須有一個權威的中心力量把全國統一起來。也就是說，在國家危亡時，救亡第一，民主只能暫時捨棄了。這場論辯雖然未分勝負，但仍然是有意義的，它不僅在學術思想水準上平分秋色，而且樹立了一個在知識界理性討論政治的典範。

本來，國民政府裡就有不少留學海外的菁英，現代獨立國家所需的一些基本特徵也都具備了。社會發展上，延續著民國初年的一些文明發展，汽車、電影、劇院、書報雜誌、現代學校、自主的海關稅務等等都出現了。雖然言論比民國初年北洋政府控制得更緊，但大體上民間媒體還是存在的。雖然國民黨在這段時期已經顯露出保守腐敗和專制陋習，並打壓社會變革，但在大都市以及外交軍事上也一步步正走向現代化，以至在那之後的一段時期被稱之為「有限而短暫的十年繁榮時期」，一個歷史的機會。

在這樣的情勢下，胡適本是想完全作一個學人。他從海外歸國之後，曾有一句話：「從今二十年內不談政治。」他的想法是，目前仍有些東西尚未弄清楚，需要研究清楚後再說話。但是後來卻身不由己

的捲入了很多中國政治的社會事件中⋯⋯在當時中國的國情下,那恐怕是很難避免的。列強在中國橫行,特別是三十年代日本逼著中國無法冷靜,中國於是走上一條靠發動群眾來進行抗日的風潮。而共產黨為了自己的生存,必須爭取跟日本人打仗,確實抗日也是一個正大光明的題目,胡適當然也是主張抗日的。但是他希望中國先一步一步建設自己,最後再站起來抗擊。這依然是兩種不同的方式,但這樣的方式在抗戰民情激昂的時代,沒有人能聽得進去。他變得非常孤立。他的老朋友像丁文江、像蔣廷黻,都主張新式獨裁,但他認為獨裁不是辦法;獨裁只能飲鴆止渴,會使中國現代化往回倒退。這就是當時一場著名的論戰——民主與獨裁之爭。其實蔣廷黻跟丁文江這些人也是受了現代教育,他們也是推崇自由民主的,但是他們覺得中國當時必須要獨裁才能應付危局。

這場爭論,使自由主義在中國從抽象理論式的學理進入了具體政治過程的論爭中,開始呈現出某種實踐性的品格。

歷史顯示出,在這場爭論中,胡適確實是想得更深遠一些。

2.1 註釋:
(1)〈娜拉走後怎樣?〉是胡適 1923 年在北京女子高等師範學校的演講講題。內容講述易卜生著作劇本中的主人翁——娜拉,一名 Ein Puppenheim,中國譯作《傀儡家庭》。引申一位當初自認生活在幸福家庭的女子,經由自覺發現自己是丈夫的傀儡,孩子們又是她的傀儡,最終她選擇離開的故事;以此呼籲中國當代的年輕人學習覺醒。

2.2 從蔡元培到胡適 （2）

2.2.1 反極權的中流砥柱——胡適
對抗共產主義與法西斯主義

　　胡適等中國自由主義者面對當時國內的政治態勢是，孫中山與原來的合作者廣東軍人陳炯明產生了政見分歧：孫中山主張建立單一制國家，而陳炯明則主張中國實行聯邦制——強調各省的自治權。於是，孫中山原設想借助南方軍人的力量統一中國的戰略招致失敗。國民黨勢單力薄，在此情勢下，孫決定向才誕生不久的蘇聯求援。因為蘇聯當時宣稱廢除俄國與中國的一切不平等條約，而列寧當時的「世界革命論」又有強烈的反帝國主義色彩，相當符合落後國家民族主義者的口味。於是，孫先生從 1922 年起，與列寧領導的共產國際合作，憑藉蘇聯的人才、金錢和槍炮，重組國民黨。他請蘇聯的鮑羅廷（Mikhail Borodin）擔任顧問，鮑羅廷幫助國民黨開辦政治學校，起草黨章，並按蘇聯的模式發展了很多地方性的基層組織。孫先生還派遣蔣介石去蘇聯考察了三個月，在蔣 1924 年歸國後任命他為新成立的黃埔軍校校長，組建自己的武裝力量。由於與第三國際合作的背景，年輕的中共幹部周恩來出任了黃埔軍校政治部主任。孫中山的轉向，使國民黨染上了列寧主義的色彩。

　　當年的這一轉向，對國民黨是致命的。

　　在這之前，共產國際就已經派了荷蘭人馬林（Maring）來中國，

在他的指導下，1921 年 7 月於上海召開了中國共產黨的建黨大會。經由辦刊物、開書店、翻譯、辦研究會、組織工會，以階級鬥爭為宗旨，成了一個「行動的意識形態」、以奪權為目標、集權、秘密的列寧主義政黨。

從此，中國本就微弱的自由主義，遭遇到了一個新的思想與政治對手——共產主義（馬克思列寧主義）。

前面提到的中國在三十年代的「民主與獨裁」之爭論，實際上與第一次世界大戰後的整個國際大環境背景有關。一戰之後，人們普遍對當時的西方主流政治秩序產生了懷疑與絕望的情緒。因此，在俄國共產黨用暴力奪取政權後不久，1922 年，義大利的墨索里尼創立了法西斯黨。作為右翼政黨，他們與左翼的共產黨都認為，自由主義和資本主義的時代已經結束了，民主制度已經過時了。左右兩翼的思想家都認為，自從英國 1688 年光榮革命以來，世界是以「自由」為旗幟的時代，而自從 1914 年第一次大戰以來，世界已經變成以「組織」為旗幟了。當時，一些德國的國家至上思想家說：「作為一種新的理想，『組織』必定戰勝『自由』。在其他國家仍在個人主義制度下生活著的同時，我們已經獲得了組織的制度。」因此，左右兩翼都非常崇拜高度的組織化和集中化，認為這是解決當時自由主義制度的困難和經濟危機的唯一辦法。特別是在 1929 年，世界發生了嚴重的經濟蕭條，更加深了人們認為自由主義已無法應付現代世界的印象。

在這樣的種種背景之下，法西斯主義應運而起。

就其意識型態與政治目標而論，法西斯運動代表了近代歐洲所曾經歷最強勁且型態最激進的民族主義。其目標是創造一種新式的民族主義極權國家。

　　法西斯主義的獨特性尤其表現於該運動之風格與組織上。它主要強調集會、象徵、和政治表演之美學造型，特別是倚賴浪漫和神祕的面向。所有的法西斯運動都嘗試達成群眾動員、政治關係和風格之軍事化，以及由群眾組成黨軍（mass party militia）之目標。和某些其他種類的激進分子不同，法西斯主義者熱衷於暴力，並且極為強調陽剛原則和男性支配。至於領導方面，法西斯運動則展現出一種趨近於權威主義、卡里斯馬式（又稱魅力型權威 Charismatic authority）、個人獨裁的風格（據德國國家社會主義的說法，即領袖原則 fuhrerprinzip）。

　　激進的右翼團體可能具有部分法西斯主義的政治目標；同樣的，革命的左翼運動也顯出某些法西斯主義在風格上和組織上的特徵。法西斯主義以激進姿態拒絕文化和經濟的保守主義，拒絕右派的社會菁英主義，拒絕國際主義。其歷史獨特性在於：具備所有（而不僅是部分）這些共同特徵的重要政治運動只存在於 1919 至 1945 年間的歐洲。

　　法西斯主義者宣稱其代表全國的所有階級，特別是廣大的群眾。進一步詳加探究，法西斯運動的支持者最大部分乃是來自於下層中產階級；因為下層中產階級是 1920 年代至 1930 年代間歐洲社會最大的階層之一，所以同樣的說法也可用於其他各種政治團體。

只有墨索里尼（1922 — 1943）和希特勒（1933 — 1945）的法西斯運動建立了屬於它們自己的獨立政權，而且只有在後者的例子中該運動的領袖才獲得完全控制國家的權力。

法西斯主義與共產主義雖然因為政治利益衝突而互相敵對，但他們雙方的行為方式其實是非常相似的；例如：絕不寬容異端。實行一元化，反對多元化，實施言論管制，反對出版自由；實施極權統治，反對民主政治。堅決奉行「以其人之道，還治其人之身」的原則。崇拜暴力；崇拜組織；實行管制經濟，反對市場經濟；宣揚集體主義，反對個人主義；只不過，法西斯主義推崇的是國家民族至上的集體主義，而共產主義推崇的是階級利益和政黨利益至上的集體主義。在所有以上這些特徵，二者是雙胞胎——唯妙唯肖、異曲同工！而雙方都與自由主義格格不入。

1928 年，北伐成功，國民政府在南京成立，並獲得廣泛的國際承認，實現了基本的全國統一。於是，中國獲得了自辛亥革命後第二次建設一個現代文明國家的歷史機會。但這個歷史機會，面臨著法西斯主義與共產主義的雙重挑戰。

反極權的政治自由主義

胡適作為中國自由主義承先啟後的核心人物，他早期關注的重點，如前所述，主要是自由主義的本體哲學，即它的倫理基礎：個人主義（individualism）及其方法論——實驗主義、懷疑主義、重估價值——

等等。簡言之，其中心是強調個性獨立、實驗精神和負責任的態度。在他的後半生，則主要關注自由主義政治哲學，其中心傾斜到了政治自由的問題。

　　胡適自由主義思想的系統發揮是在二十世紀四十年代以後，1941年胡適在美國發表《民主與極權的衝突》英文演講，提出民主與極權的兩大本質區別：漸進的與革命的，以個人為本位的與以整體為本位的。1948年9月他又發表了題為〈自由主義〉的文章，很明顯地，此時，他思考的焦點已經轉到自由主義的政治哲學上來了。他說：「我們現在講的『自由』不是那種（中國式的）內心境界，我們現在說的『自由』是不受外力拘束壓迫的權利。是在某方面的生活不受外力限制束縛的權利。」這就是政治自由。他感慨的是在近代歷史上，「東方自由主義運動始終沒有抓住政治自由的特殊重要性，所以始終沒有走上建設民主政治的路子。西方的自由主義的絕大貢獻正是在這一點……」。他列舉了各種近代民主制度的創設均與東方人無緣，指出「世界只有盎格魯撒克遜（Anglo-Saxon）民族在七百年中逐漸發展出好幾種民主政治的方式與制度，這些制度可以用在小國，也可以用在大國。」

（1）代議政治：起源很早，但史家指 1295 年為正式起始。

（2）成文憲法：最早的是 1215 年的大憲章，近代的是美國憲法（1787）。

（3）無記名投票：政府預備選舉票，票上印各黨候選人的姓名，由選民秘密填記；是 1856 年 South Australia（澳洲南部）最早採用的。

自由主義在這兩百年的演進史上，還有一個特殊的、空前的政治意義，那就是——容忍反對黨，保障少數人的自由權利。

　　胡適指明：「總結起來，自由主義的第一個意義是自由，第二個意義是民主，第三個意義是容忍——容忍反對黨，第四個意義是和平的漸進改革。」他提到「容忍」時，特別指出「自由主義在這兩百年的演進史上，還有一個特殊的、空前的政治意義，就是容忍反對黨，保障少數人的自由權利。向來政治鬥爭不是東風壓了西風，就是西風壓了東風，被壓的人是沒有好日子過的，但近代西方的民主政治卻漸漸養成了一種容忍異己的度量與風氣。」這就與魯迅先生的「絕不寬恕一人」形成了顯著的對比。

　　二十世紀對自由主義最重大的挑戰，一是共產主義，一是法西斯主義。而共產主義的挑戰比法西斯主義更為持久，更為深廣。

　　共產主義是從十九世紀下半葉在歐洲興起的社會主義思潮之中的極端思潮，而其中的馬克思主義是影響最大的派別。表面上，馬克思主義似乎是民主自由的進一步發展，即從政治平等發展到經濟平等。它的核心是要消滅私有財產，消滅階級，最後透過無產階級專政實現世界大同，即從社會主義到共產主義。馬克思用了一套黑格爾（Georg Wilhelm Friedrich Hegel）哲學的辯證方式來表述他的思想體系，他認為人類社會必然會經歷這五個階段——原始社會、奴隸社會、封建社會、資本主義社會、社會主義共產主義社會——的辯證發展。最後的共產主義實質上就等同於天國的降臨，當然，馬克思就成了先知，而無

產階級則是上帝的選民了。雖然,馬克思與恩格斯(Friedrich Engels)所寫的《共產黨宣言》極有鼓動力量;雖然,馬克思主義宣稱它把社會主義科學化了,但深入冷靜地考察,無論從理論上還是實踐上,它都不過是一個獨斷的信仰體系,一個現代的烏托邦而已。

然而,當年它卻以其充滿激情、欲消除社會不公的道德力量感染了很多人,也以其龐大的黑格爾式的理論體系征服了不少知識分子,滿足了他們道德與智力上的要求,因此它發展成了一股重要的政治力量,成了挑戰現行代議制民主體制和自由主義秩序的主要意識形態。

但諷刺的是,共產主義革命並沒有在馬克思念念有詞的發達資本主義國家英國、德國出現,而是在資本主義不發達的俄國發生的。

1917 年 3 月,第一次世界大戰消耗並削弱了俄國沙皇政府的國力,於是,自由主義者、社會主義者、商人、軍人、貴族都想推翻它。但是,這個政府卻垮台於奉命解散大罷工的衛戍部隊一次嘩變中。當時,沙皇尼古拉二世人在外地,他聞訊後急於趕回首都聖彼得堡,卻半路遭鐵路工人阻攔,於是,只好在 3 月 15 日宣 退位。此時,政權就轉移到國家杜馬(國會)中著名的政治家所組成的臨時政府手中了。

但當時還有另一個力量中心,即工人和士兵代表的蘇維埃(СОВёТ 工農代表大會),他們之中的激進領袖宣稱信仰馬克思主義。它領導著全國各地的蘇維埃。開初,兩個「權力中心」的不穩定並不明顯,並且蘇維埃中的溫和派如孟什維克(Mensheviks)和社會

民主黨領袖們還在 5 月參加了臨時政府，連布爾什維克（Bolsheviks）起先也給予政府有限的支持。

然而，1917 年 4 月，當列寧從德國回到聖彼得堡後，情況發生了根本的轉變。他說，整個歐洲都面臨社會主義革命，所以馬克思主義者應當推翻臨時政府，將一切權力歸於蘇維埃。於是，他們以停止（第一次世界大戰）戰爭，要求和平、土地和麵包為口號，動員了許多工人和士兵。在列寧和托洛茨基（Lev Davidovich Trotsky）領導下，11 月 7 日（俄曆 10 月 25 日），布爾什維克發動叛亂，炮打冬宮，武裝攻擊臨時政府，逮捕了政府官員，以蘇維埃的名義奪取了政權。

當時，他們的政權仍不穩定。戰爭中的敵國——德國要求俄國以割讓領土為條件換取和平時，大多數人不願投降。彼時列寧為了鞏固政權，與德國簽訂了割讓土地的布列斯特－立陶夫斯克條約，又秘密殺害了沙皇一家人，從而穩住了他的馬克思主義政權。

從此，俄國歷史上一個新的時期開始了。同時，世界史上首次出現了一個以馬克思主義作為國家意識形態的政權，由共產黨行使絕對的權力，構成了對民主和自由主義的歷史性挑戰，意即是憲政民主制度誕生以來最為重大的挑戰。

蘇聯的這種社會主義－共產主義試驗曾經被認為代表了人類未來，當時吸引了許多知識分子，胡適本人也曾去蘇聯考察過。胡適的一些朋友，包括研究國際法的專家周鯁生先生，對蘇聯這個樣板抱持著熱

切的希望；但胡適並不。他特意撰寫了〈我們必須堅持我們的方向〉、〈關於國際形勢裡的兩個問題——致周鯁生先生的一封信〉兩文來闡述自己對蘇聯的不同看法，對蘇聯的非民主制度提出批評。他預測到「戰後的蘇聯可能是一個很可怕的侵略勢力」。余英時先生指出，胡適在 1947 年的中國公開宣稱以蘇聯為首的集團是歷史上「一個小小的逆流」，更是一個膽大包天的舉動，如果沒有絕對的自信是不可能說這句話的。但是 1989 年東歐國家的全面崩潰、蘇聯的遽速變革……竟證實了他在 42 年前的觀察，胡適似乎成為一個偉大的先知了。這表現了胡適的遠見及其信念穿透歷史的卓越力量。

胡適的人權理論與實踐

胡適之所以能清醒透徹地看穿蘇俄集團的反自由特質，他所憑藉的，是自由主義的一項核心概念——人權。在二十世紀三十年代的中國，曾經有過一次關於人權的激烈論戰。這次論戰，是由胡適於 1929 年發表於《新月》雜誌上〈人權與約法〉一文所引起的。隨後他又發表〈我們什麼時候才可有憲法——對於建國大綱的疑問〉、〈知難，行亦不易——孫中山先生的「行易知難」說述評〉、〈新文化運動與國民黨〉等。1930 年 1 月胡適、羅隆基、梁實秋三人有關人權問題的文章結集為《人權論集》交由新月書店出版，之後被國民黨政府查禁。通過這些著作與活動，順理成章地，胡適成為論戰中捍衛人權的中心人物。

這場討論的參與者對人權的概念、性質、範疇以及人權與法治、人權與憲政等問題作出了廣泛深入的探討。這場人權討論肇因於對國

民黨政權違反人權行為的抗爭,但其意義遠遠超出這一具體的維權活動,實際上演變成為一場具有深遠影響的人權啟蒙運動。此前,對於「人權」這一自由主義的核心概念,在中國知識界和文化界中瞭解甚少,即使知道也偏於浮泛,國民普遍缺乏人權觀念。通過這場討論,胡適、梁實秋、特別是羅隆基,以通俗的文章與演講將人權觀念推向社會,對於增強國人的人權意識發揮了重大作用。以胡適為代表的新月派在二十世紀中國思想界遂成為人權意識的代表。然而不幸的是,此後的中日戰爭和國共內戰淹沒了此一重大課題。直至 1949 年中國人的人權遭到全面褫奪若干年後的 1980 年代,人們才從塵封多年的歷史檔案中窺見到當年的人權先驅們的卓越努力及其成就。

胡適的人權思想概括起來不外乎兩點:一曰伸張人權;二曰主張法治。正如其〈人權與約法〉一文標題所表明,以法治保障人權可以說是胡適人權思想的全部主張。人權與法治,這是中國在走向政治文明的過程中屢次被遺漏的主題,也可以說它仍將是二十一世紀中國社會所面臨的基本問題。胡適的文章一下子就抓住百年主題,這是胡適對中國問題長期思索的結晶。

中國傳統中缺乏權利意識,因此,無論滿清皇朝還是民國肇始,在社會上,統治者意識形態的「異端」或不同於多數人的「少數」,是談不上任何權利的。以皇權至高無上為理由或以多數人的專政為藉口,凡是被認定為鎮壓對象的「逆賊」、「反革命分子」、「敵人」、「反動分子」等,其人權公然可以被肆意踐踏。不給反對派人權,這在中國社會似乎已是天經地義之事。這種野蠻意識長期流行通暢無阻,

正是中國社會踐踏人權的真正深層原因。在二十世紀的諸多中國思想家中，首先是胡適犀利地指出了這一點。在該問題上，胡適的主張同當時國共兩黨的意識形態是完全不同的。

　　他的基本主張是，無論一個人的身份如何、政治主張如何、宗教信仰如何，無論是王公貴族還是平民百姓，無論是革命黨還是反動分子、土豪劣紳、共黨嫌疑，無論是守法公民還是在押囚犯，只要是人，就應享有基本人權，不容褫奪；就應享有人的尊嚴，不容侮辱。然而當時的國民黨和後來的共產黨，雖然雙方激烈對抗攻擊，但卻享有共同的特點：普遍否定有人權的概念，肆意踐踏對方的基本人權。只要是敵對者、失敗者，就必然喪失人權保障。身體可以受侮辱，自由可以完全被剝奪，財產可以任意宰制。只要是發表異端見解的書報，就是「反動刊物」，統統禁止。當然，共產黨更是變本加厲，連人權這一概念都成為禁忌，在中共統治下，一般人，甚至中共的自己人，都朝不保夕，時時生活在恐懼之中，遑論敵對分子和思想異端者了。毛澤東時代正是一個中國人徹徹底底被剝奪了人權的時代。

　　當年，由於胡適成為人權保障的中流砥柱，引起廣大迴響。他對於孫中山學說中的獨裁主義成份，胡適最早產生疑問。胡適以勇敢挑戰的姿態指出：「我們要問，憲法與訓政有什麼不能相容之點……我們不信無憲法可以訓政；無憲法的訓政只是專政。」胡適批評孫中山晚年「對於一般民眾參政的能力，很有點懷疑。」實際上孫中山晚年不僅懷疑民眾的參政能力，而且以民權之名否定人權，以集體主義否定個人主義，從思想深處轉向獨裁主義。

中國本來就是一個人權觀念稀缺的國度，晚清才引入這一觀念，還遠沒有在這塊古老土地上生根。孫中山提出了「民權」這個概念，並將民權主義作為他的三民主義之一。但他說的民權與人權並不是同一回事。他在《三民主義》講演中明確指出，「民權就是人民的政治力量」，他進一步解釋：「有管理眾人之事的力量，便是政權。今以人民管理政事，便叫做民權。」（孫中山全集第九卷，254 － 255 頁）他心目中的民權，並不是每個人與生俱來的權利、自由與尊嚴，這與法國大革命時代《人權和公民權宣言》所確立的「在權利方面，人們生來是而且始終是自由平等的」、「任何政治結合的目的 都在於保護人的自然的和不可動搖的權利」，與《世界人權宣言》所確認的「人人生而自由，在尊嚴和權利上一律平等」、「人人有權享有生命、自由和人身安全」這些基本準則，有著很大的距離。孫中山只是從政權的角度提出民權，並不具備真正的人權意識。在憲政法治外空談民權，離個人人權而言民權。這種所謂民權主義同胡適的自由主義思想是根本對立的。加上國民黨政府利用孫中山學說公然推行「上帝可以否定，但孫中山不許批評」的文化專制主義，致使胡適不得不對孫中山的學說本身提出挑戰。

　　除了對國民黨政策和孫中山學說不滿外，直接引起胡適大聲疾呼人權和法治的導火線是當時發生的幾件事情。

　　一是所謂「嚴厲處置反革命分子案」。1929 年 3 月 26 日上海各報登出消息，說國民黨上海特別市黨部主任和宣傳部部長陳德徵提出一個「嚴厲處置反革命分子案」。該提案提醒人們警惕「反革命」活動，

並將「一切反對三民主義的人」視為「反革命分子」。為了鎮壓「反革命分子」，法院不必拘泥泥證據。「凡經省黨部及特別黨部書面證明為反革命分子者，法院或其它法定之受理機關應以反革命罪處分之。」陳德徵的這一提案為國民黨法西斯專政大開方便之門。只要黨說誰是反革命分子，誰就是反革命分子。法院對於此類案子，不須審問，只憑黨組織一紙證明，便須定罪處刑。「嚴厲處置反革命分子」的這一提案激怒了胡適。他看到提案後忍不住給當時擔任司法院長的王寵惠寫信，問他對此提案有何感想。在這封公開信裡，胡適對國民黨破壞法律程序和根本否認法治的現象提出了抗議。他責問道：「**在世界法制史上，不知在哪一世紀哪一個文明民族曾經有這樣一種辦法，筆之於書且立為制度的嗎？**」胡適將此信稿送國聞通訊社發表。但幾天後得知信稿已被檢查新聞的官員扣去，未能刊出；這就更加激怒了胡適。他憤怒地表示：「這封信是我親自負責署名的，不知為什麼一個公民不能自行負責發表對於國家問題的討論？」

另一個導火線是安徽大學學長被禁案。該學長只因語言頂撞了蔣介石，便被拘禁多天。其家人朋友只能到處奔走求情，而不能去法院控告任國民黨政府主席蔣介石。

再者是唐山商人楊潤普被軍隊拷打案。楊被當地駐軍拘去拷打，遍體鱗傷，商會代表集體求情也無效。此事還是在國民黨政府公布人權保障令後十一天發生的。

這兩件事表明，上至國民政府主席，下至地方駐軍軍管，隨意侵

害人權，何嘗受到法律制裁？

面對國民黨政府無法無天、肆意踐踏人權的做法，胡適滿腔悲憤地痛籲：「人權在哪裡？法治在哪裡？」通過對上述國民黨政府侵害人權事件的揭露和分析，胡適指出人權的保障與實行法治是分不開的。

因此胡適本人亦遭到迫害。國民黨江蘇省黨部曾以顛覆罪要求正式逮捕胡適。但由於胡適享有很高的社會威望，遂而免遭逮捕。然而其中國公學校長一職因此被罷免，《新月》雜誌也遭查禁。有鑑於此，他成了中國人權的象徵性人物，更是中國自由主義的核心人物。

胡適與臺灣民主化

以胡適為代表的自由主義實際上還是產出了具體的政治後果的，這就是臺灣的民主化。

右翼威權主義國家的民主轉化。其中，臺灣是一個典型範例。這當中，胡適及一批自由主義知識分子，產生了推波助瀾的作用。

中國國民政府於內戰失敗，1949 年退守臺灣之後，通過動員戡亂時期臨時條款和戒嚴法，實施了相當嚴厲的威權主義統治。在政治上，審查新聞媒體，嚴禁反對黨出現，時鬆時緊地鎮壓異議人士，因此時常受到國際輿論的批評與壓力。

雖然國民黨控制新聞與出版，但是，它與左翼極權仍有兩點重要

的不同。首先，它的法律保障私有財產，這就為自由市場經濟提供了基礎；同時，政府透過出口導向政策和留學政策，使其經濟體系和社會日益國際化。第二、從遷台之日起，臺灣即存在選舉。雖然從 1950 至 1969 年這 20 年間，臺灣選舉只達到省議員和縣市長層級，中央選舉是凍結的，因而不會影響國民黨的執政地位。但這種選舉具有合法集結反對派政治力量的作用，同時具有整合中央與地方菁英的功能。

臺灣的反對派力量很早就開始了民主奮鬥，他們有兩條基本的成長線索：辦刊與參選。一條側重理念，另一條側重實踐。一條走菁英化路線，以自由主義知識分子為主；另一條則是走草根路線，以有志實際從政者為主。

在刊物方面，早在國民黨蔣介石統治臺灣初期，一份自由主義色彩鮮明的刊物《自由中國》雜誌於 1949 年 11 月 20 創刊。雷震先生為主編。當時，胡適雖然人在美國，但他是該刊的發行人與精神領袖。於是，五十年代，以《自由中國》為核心，集合了一批自由主義知識分子，胡適一直和《自由中國》同仁保持著密切聯繫，常常對其編輯方針提出建議，並且在雜誌遭遇困難時，利用自己的影響力及與上層的關係，設法為之緩頰。該刊抨擊時政，力倡言論自由，早在 1957 年起雜誌就推出 15 篇系列社論，總題是中國問題，以「反對黨問題」作為總結，並作為中國問題的樞紐。《自由中國》鮮明地提出，反對黨問題是解決一切問題的關鍵所在。這個問題就是胡適挑出來的。

胡適自美國返台後，在《自由中國》的歡迎宴會上發表演說，主

張知識分子應出來組織一個不以取得政權為目標的在野黨。隨後《自由中國》馬上發表了「積極開展新黨運動」的社論。雷震並宣布在1960年9月底成立《中國民主黨》。9月4日，雷震被捕，被判處十年徒刑。《中國民主黨》流產，雜誌夭折。這就是著名的「自由中國事件」。雖然如此，自由的火種已經深深植根於臺灣知識界，這是胡適對中國的民主包括臺灣的民主轉化之重大貢獻。胡適去世之後，臺灣的反對黨運動經歷了曲折艱難的歷程，終於在1986年反對黨正式合法化。這條道路的延續和開展，實際上是胡適所開啟，此一歷史洪流與胡適早年的精神啟蒙是割不斷的。

當年，中國共產黨有意將胡適醜化為蔣介石之下的奴才。事實上，他與蔣介石之間的矛盾是實質存在的，其對蔣介石的批評十分嚴峻，而且是當眾公開。1958年胡適就任中央研究院院長一職，蔣介石前來恭賀他。他卻一再說總統錯了，當時氣得蔣介石臉都變色了。胡適作為一個獨立自主的學人，從來沒有向政治權威低過頭。譬如，《自由中國》主編雷震於1960年8月宣布要在九月底之前成立中國民主黨，9月4日雷震就被逮捕，並被判處十年徒刑。當時遠在美國的胡適，立即在9月4日當天，向行政院長陳誠發出電文，指責「*國府此舉甚不明智，政府畏懼並挫折反對派運動，必將蒙摧殘言論自由之惡名，恐將貽笑世界。*」這些事實都說明胡適是做了事的，而不是像一些傳言所說的那樣害怕了、退縮了。

上述嚴厲的政治氣氛持續了十年左右，由於1971年之後臺灣的國際處境風雨飄搖，第二波獨立於官方的刊物如《文星》、《大學雜誌》、

《臺灣政論》、《八十年代》、《美麗島》等又陸續出現。它們要求政治、經濟、社會改革。這導致蔣經國提出本土化改革，即所謂「向內的合法化」運動。

在選舉方面，前已說過，它具有合法集合政治力量的作用。相對於控制嚴厲的非選舉時期，選舉期間成為比較寬鬆的「民主假期」。由於不能成立反對黨，當選的非國民黨人士就被稱為「黨外」，而透過選舉過程集結的「黨外」，實際上變成一個準政黨。

1978 年，增額中央民代改選，「黨外」開始正式組織化，以巡迴助選團到臺灣各地大串聯，並發表 12 條共同政見：要求開放黨禁、報禁、解嚴、國會全面改選、省市長民選、司法獨立、軍隊中立等。並獲得臺灣逐步興起的中產階級的支持。

1979 年 5 月《美麗島》雜誌社成立，其組織方式其實就是一個沒有名稱的政黨。這導致國民黨政府鎮壓，《美麗島》雜誌社的重要成員全部被審入獄。政權的合法化進程倒退。

但是，「黨外」並未因此消失。八十年底，「黨外」入獄者的家屬參加選舉，高票當選。國際支持日隆，震撼當局。1981 年地方選舉，「黨外」中央民意代表在縣市推薦人選出戰，獲得極出色的成績。從此，「黨外」以準政黨式的室內集會以及議會改革為主線了。

在這種情勢下，當局意識到，鎮壓除了能暫時免除了對自己壟斷

權力的威脅外，並不能消滅反對運動，徒然增加社會與政權的兩極對立，喪失統治合法性，受到國際孤立。意即是說，鎮壓手段的代價已經比寬容要大得多，於是當政者開始考慮調整與民間社會的關係了。其核心，就是統治集團如何把反對力量吸納入政治體制內的問題。

有鑑於此，歷史之輪開始向這個方向滾動，以至於一發而不可收拾，最終抵達其「應許之地」——憲政民主的美麗島。

回溯上述，不難看出，臺灣之所以能夠走到民主化的今日，跟胡適為代表的這樣一群知識分子的風格有相當的關係。他們是偉大的先驅者。而在海峽對岸的大陸，一直到八十年代，胡適都是一個遙遠而模糊的妖魔化存在，大陸民眾甚至學界都對之很有隔閡。

但是，歷史畢竟是不可能永久被遮蔽的。

胡適在中國思想文化學術界的影響，是把一種久經考驗、具有普遍性的思想，深入淺出地表達出來。這是一項很了不起的才能。從長遠的影響來看，從正確性看，從與人性的連結程度看，在歷史上，胡適對中國思想的影響力遠超越陳獨秀與魯迅。若論及胡魯二位，筆者在此想特別指出，胡適是比較有建設性的，其思想相當健康。

至於魯迅，基本上只有否定，只是挖中國社會的黑暗面。魯迅在晚年思想逐漸左傾化，這一點實際上和中國後來政治社會的悲劇發展也有一定的關係。魯迅誠然比較深刻，他對中國社會的黑暗面，極其

痛恨，但是由於過度偏激，且受到共產主義的影響後，恐怕對中國知識界的影響，就不完全是正面的，有時甚至是負面的，這使他在晚年一度走入歧途。魯迅在近代中國的否定性思潮中，占據很高的地位；但這種否定思潮後來則流於一種虛無主義了。

胡適給中國指出的道路，像民主與科學、自由主義，是經得起考驗的，這方面他的貢獻無人能出其右。若僅有破壞而無建設來平衡，最終造成的結果，就是一片廢墟。簡單來說，魯迅的思想很難作為一個建設社會的主流思想，或者作為一個建設法治社會的主體思想。而胡適的思想則可說與整個世界的文明潮流融合。比如胡適對自由主義的基本價值，關於人權，關於法治，關於民主，關於自由，他一生都堅守不渝。

胡適的基本形象，如果從人品學品兩個方面來說，他基本上是現代自由主義、理性精神、平實見解和寬容胸襟的代表。這樣一種基本象徵，對中國，不論是學術文化界，包括對政治、社會、生活，恐怕都是相當重要的。自由主義跟其它意識形態之根本不同，在於它基本上只是一種生活方式，不是一套嚴格的形上學理念，而且以自由主義為根基確立的憲政體系，是對其他任何意識形態都開放的。因此就這一意義上，自由主義具有對意識形態的超越性。這個在中國現代是很重要的。

所以今天我們在中國提倡自由主義，是要努力讓它變成一種普遍的態度，也就是說，個人的自由應該受到保障，但也絕不允許侵犯他

人的自由，整個社會透過法治來保障這樣的自由，杜絕人權侵犯。而
這正是胡適當年身體力行的。所以，有關胡適思想與人格的研究，不
單是為了胡適個人平反申冤，更重要的是攸關中國的未來。對中國人
來說，特別是對中國知識界而言，胡適先生的命運，其在中國的地位，
必須有一個撥亂反正的澄清。簡言之，當代中國國民人格建設的任務，
在某種意義上，就是胡適精神的普遍化。

2.3 從蔡元培到胡適 （3）

2.3.1 中西合璧文化橋樑
　　　　——林語堂

一、

林語堂（1895 年 10 月 10 日 — 1976
年 3 月 26 日）

　　「兩腳踏東西文化，一心評宇宙
文章。」這是林語堂用以自況的一副
對聯，以它來籠罩林語堂的一生，應
當說是恰如其分的。作為一位以中、
英文雙語寫作而名家的人物——林語
堂，嚴格說來不是一位學院派思想家，
而是一位情趣廣泛駁雜、哲思隨處流露、文筆生動通俗的作家。他的
旨趣不在理論探究，也從未系統論述過自由主義思想體系，但他的筆
鋒卻自然而然地流淌出生氣勃勃的自由精神。在上世紀中西文化交流
中，在對中國讀者傳播西方文化以及向西方讀者傳播中國文化的過程

中，林語堂廣有影響，蜚聲中外。

　　林語堂（1895—1976）福建龍溪人。作為中國第三代基督徒，他從小就在教會學校接受教育，1912 年上教會學校上海聖約翰大學，畢業後於清華大學任教。1919 年秋赴美哈佛大學文學系，1922 年獲文學碩士學位；同年轉赴德國入萊比錫大學攻讀語言學，1923 年獲博士學位後回國，任北京大學教授、北京女子師範大學教務長和英文系主任。1924 年後他為《語絲》主要撰稿人之一。1926 年到廈門大學任文學院長。1927 年任外交部秘書。1932 年主編《論語》半月刊。1934 年創辦《人間世》，1935 年創辦《宇宙風》。他提倡「以自我為中心，以閒適為格調」的小品文，因為翻譯「幽默」（Humor）一詞，提倡幽默文學，獲得「幽默大師」名聲；並著有《吾國吾民》、《生活的藝術》、《京華煙雲》、《風聲鶴唳》、《朱門》、《老子的智慧》、《蘇東坡傳》、《中國新聞輿論史》等經典名著。1944 年曾一度回國到重慶講學。1945 年赴新加坡籌建南洋大學，任校長。1952 年在美國與人創辦《天風》雜誌。1966 年定居臺灣。1967 年受聘為香港中文大學研究教授。1975 年林語堂被推舉為國際筆會副會長。1976 年在香港逝世。

　　林語堂在其散文和小說中，並沒有太多涉獵自由主義的嚴肅的系統內容，這與他的信念有關。他曾在《生活的藝術》裡說：「凡是談到真理的人，都反而損害了它；凡是企圖證明它的人，都反而傷殘歪曲了它；凡是替它加上一個標識和定出一個思想派別的人，都反而殺害了它；而凡是自稱為信仰它的人，都埋葬了它。所以一個真理，等到被豎立成為一個系統時，它已死了三次，並被埋葬了三次了。」

然而他的一部專著——《中國新聞輿論史》，實際上卻真正圍繞著自由主義的核心——言論自由問題展開的，他特別仔細敘述與分析了新聞自由在中國的狀況，對中國的新聞輿論留下了極有價值的歷史敘述和基本評估，對在中國推展言論自由做出了重要的貢獻。

　　該書分兩個大的部分，第一部分是古代中國尚無新聞時期的社會輿論，第二部分是近代中國新聞業如何反映社會輿論。他試圖從這樣的描述中尋找古代民意和權力之間的關係，探明近代新聞能在多大程度上表達民意。

　　對於中國古代大的輿論事件他基本上分為三個高峰時期，即漢代的黨錮及其在魏晉的影響、宋三代的太學生運動和明代的東林黨運動。他指出，在中國歷史上的輿論批評中，最活躍的是有文化的士人，他們可以稱為是「第四等級」。「*這些無畏地批評國家事務的運動在儒家士人的歷史中寫下了輝煌的篇章，應該說是充分地粉碎了那些認為中國人生來就與公共事務無關的理論。*」但是這些中國士大夫的努力在專制政治下遭到慘敗，這說明「*如果沒有憲法保護士人和作家，擁有一個正常和固定的輿論勢力是不可能的。*」

　　這些輿論運動在不同的歷史時期各有特點，到明代，輿論批評通過制度的形式出現，即監察御史上奏章彈劾，並且是以密集的方陣前進，前僕後繼地上請願書。這些監察御史的使命是代表民意監督政府和皇帝的過失，他們相當於現代的政治評論家。但是當他們遇到閣臣和宦官的阻撓和迫害時，卻沒有法律規定他們享有豁免權。這個時期

的輿論批評比較成熟，有東林書院作為輿論中心，有首都公報推波助瀾。但是他們也受到了歷史上最可怕的迫害，因為遇上了歷史上權勢最大的宦官魏忠賢。

監察御史制是專制制度的內部調整機制，是一種修補劑，林語堂說它履行了現代報紙所擔當的責任，「**皇帝御史監察制度不是對報紙或人民的審查，而是對政府和皇帝自己的審查。**」它基本上代表了人民的聲音，不過這種「言路」是否開通，關鍵還在於君主是否開明。在昏庸的君主和殘忍的宦官面前，這種輿論批評只會帶來血腥的屠殺。

林語堂最主要想說明的是：沒有憲法對公民權利的保護，是不可能正常發揮輿論批評的作用的。而通過對歷史的考察，他絕望地指出：在專制獨裁下，即使有憲法的保護，也是一紙空文。「**在專制與民主的衝突中，憲法的一紙文檔比不過獨裁者的刺刀。**」

關於近代以來報刊的發展歷史，林語堂的研究有重要的價值以及現實意義。

林語堂把中國報刊歷史劃分為現代報紙初期（1818 － 1895）、革命前的改良報紙（1895 － 1911）、共和時期（1912 年以後）三個時期，認為 1895 年到 1911 年間是報刊的「黃金時期」。這一時期的報業雜誌不顧清政府的鎮壓和審查，大多數不考慮金錢利益，鼓動和宣傳革命，並得到了一些新式官員的支援，其興盛與近代的洋務運動、君主立憲運動與辛亥革命等政治運動密切相關，真正起到了反映輿論甚至

引領風潮的作用。

　　「在這些潮流的運動和反運動中，文學中國被喚起了民族和政治意識，它的積極性被激發出熱情的光芒，這光芒最後毀滅了滿清帝國。」而辛亥革命後，除了1915 — 1925年外，其餘時間顯得有所退步。林語堂歸其原因為：「一個政府越『強大』，報刊就越弱小，反之亦然。」他把人民與政府的關係比喻為馬和牠的騎師，政府的民主原則應該是讓馬與牠的騎師交談、質詢。在君主專制制度下，人民是任由騎師把他們帶到草原或屠宰場的馬；而在共和時期，人民變成了馬背上的騎師，但是由於民主啟蒙剛剛開始，人民還不知道怎樣去行使自己的權利、怎樣管理國家，就像一個孩子一樣；而馬又是還沒有馴服的野馬，時時有擺脫韁繩的衝動，並威脅背上的孩子。

　　共和時期報刊的衰弱是從袁世凱開始的，當時500多家報紙只有幾十家保存下來；軍閥張宗昌不加審判就射殺了《京報》的編輯邵飄萍和《社會日報》的編輯林白水。在袁世凱統治時期，報業遭到毀滅性打擊，許多報紙寧願關閉也不願意充當袁世凱的鼓吹手，但是正是這種輿論的不合作導致了袁世凱的失敗。所以，「因此雖然表面上它是中國報刊的失敗，但實際上是中國人輿論的勝利。」

　　袁世凱死後到1926年逐漸開始的革命狂飆之間，軍閥混戰，政府微弱，所以報刊又大量增長，這一時期被稱為「中國文藝復興」時期，這一時期有文學革命、有五四運動、有五卅群眾運動，其中學生再一次顯現出政治中的領導能力，而五卅運動其實是各階層都參與的一次

更加有組織的運動，這次輿論高潮直接導致了1926年的民族主義革命，使國民黨真正意識到大眾的力量。

但是在 1927 年白色恐怖下和中國勞動工會被解散以後，抵制運動受到鎮壓，報刊被壓制、審查，輿論沉默無聲，受到日本軍國主義踐踏的中國竟是一片平靜的表面，「中國人忘記，或者是被迫忘記了怎樣使用過去三十年他們曾經學會揮動的有可怕威力的武器。」林語堂在書中，斥責了當年國民黨的書報審查制度。他指出，1927 年至 1930 年，左翼思想尤其是共產主義思想和著作在中國普遍流行，一些共產主義的雜誌和報刊創立，但是在官方的壓制下，都很短命。審查制度對不符合統治者要求的新聞採用查禁報館、逮捕編輯等恐怖、威嚇手段，這樣的事實太多了……1931 年五位左翼作家被關押，1933 年丁玲被綁架；1934 年成舍我《民生報》揭露汪精衛集團一個官員貪污案，遭到關閉、逮捕；1935 年《新生週刊》登載《閒話皇帝》影射日本天皇，總編杜重遠被判刑。林語堂在書中說：「現在審查制度最壞的特點是它缺乏智慧、混亂和過分神經過敏。」

林語堂從對新聞查禁的回顧，得出一個結論：「沒有一個民族可以被征服，除非它的報刊首先被壓制沉默。」他很早就預料到了，極權統治要征服一國人心，就必然要全面封殺民間媒體，徹底取締獨立報刊。後來共產黨統治對報刊的絕對控制，證明了林語堂的遠見。

二、

林語堂不僅在《中國新聞輿論史》中，作為觀察者和研究者，宏

觀地回顧了中國的新聞輿論的演變。實際上，他同時也是一位實踐者。從袁世凱死後到 1935 年這一段眼花繚亂的時期，林語堂既是觀眾，又是演員。他不僅記錄與評介了中國的新聞界言論界文學界的自由與反自由之間的纏鬥，而且自己也參與其中，身體力行，呼朋引伴，指點天下；自由自在，致力創作，汪洋恣肆，抒發性靈，卓然自成一家。

他初到北京大學時，當時北大的教授已經形成兩派，一派高掛周氏兄弟的旗幟，另一派則在胡適周圍結成圈子。儘管林語堂與胡適有極為相近的思想和個人情誼，但他當時卻與魯迅兄弟來往更多，這大概與他們之間中國文人的感情和氣味相投有關，而胡適的學者和理性的氣息較濃。當年，雙方分別經營了《語絲》與《現代評論》，作為中國文人學者的兩塊繁茂園地，曾經極一時之盛，引領風騷，創造了中國近代自由言論百花競逐的黃金時代。

1924 年 11 月，《語絲》創刊，魯迅和周作人是語絲派的精神領袖，該派以留日文人為主。長期撰稿人除魯迅外，尚有周作人、林語堂、俞平伯、馮文炳、川島等，此外，英美派的錢玄同、胡適、顧頡剛、徐志摩、孫伏園等也在該刊上發表過不少文字。這些文化界風雲人物，支撐著《語絲》。儘管他們的思想傾向、學術風格並不一致，但他們的文章，任意而談，無所顧忌，放眼天下，臧否人物，摧枯拉朽，扶植新芽，培育成為一塊生氣盎然的文學百草園，林語堂是其中非常活躍的一支筆桿子，這段合作，同時也開始了他與魯迅合合分分一言難盡的恩怨史。

不久，1924 年 12 月 13 日，以胡適為領袖的《現代評論》週刊隨之創刊，這是一部分曾經留學歐美的大學教授創辦的同人刊物，署「現代評論社」編，實際由陳源（西瀅）、徐志摩執行編輯，現代評論社出版發行，主要撰稿人有王世傑、高一涵、胡適、陳源、徐志摩、唐有壬等，出至 1928 年 12 月 29 日終刊，一共出版 209 期，另外有三期增刊。第 1 至 138 期由北京大學出版部印刷，此後各期由上海印刷。《現代評論》主要刊登政論、時評，同時也發表文學作品和文藝評論，該刊「時事短評」專欄以及其它一些文章，廣泛述評國際局勢和中國現實的政治、軍事、經濟狀況。在文學方面，它刊登的理論文章主要介紹西方的文藝觀點，反對「革命文學」的宣導。該刊發表的文學作品占有很大比重，主要作者有郁達夫、凌叔華、廢名、老向、沈從文、蹇先艾、汪敬熙、張資平、楊振聲、胡也頻、劉大傑等的短篇小說，另外還有聞一多、徐志摩、胡適、朱大丹、王獨清、劉夢葦、饒孟侃等人的新詩，還有少量的劇本，其中「新月派」作家早期作品占突出地位。

　　作為一位典型的性情中人，林語堂不喜拘泥於書齋，他對社會活動頗為熱衷，不但大量撰稿，放言政治，而且親身參加了「首都革命」的政治鬥爭。1925 年 11 月 28 日和 29 日，他走上街頭，拿竹竿和磚石，與學生一起，直接和軍警搏鬥，把他投擲壘球的技術也都用上了。這一次搏鬥，給林語堂的眉頭留下一個傷疤。當他每講起這一件事時，總是眉飛色舞，自豪不已。後來，他乾脆做起〈祝土匪〉的文章，以生於草莽，死於草莽的「土匪」自居。他說：「言論界，依中國今日此刻此地情形，非有些土匪傻子來說話不可。」學者只要臉面，「而

去真理一萬八千里之遙。說不定將來學者反得讓我們土匪做。」這是活脫脫一位真性情的人。

　　但是不久，語絲派與現代評論派就開始了論戰，最先，圍繞「女師大」學潮而展開。學生們反對楊蔭榆的專斷和章士釗的復古。在學生反抗校方的熱潮中，語絲派慷慨激昂，而現代評論派則略顯平和中庸。

　　1926 年震驚全國的「三•一八」流血事件發生後，3 月 21 日，林語堂寫了〈悼劉和珍楊德群女士〉，讚歎劉楊二女士「為全國女革命之先烈」。此文與周作人〈關於三月十八日的死者〉以及魯迅的名篇〈紀念劉和珍君〉，先後發表在《語絲》週刊上。此外，《現代評論》、《國民新報》、《世界日報》、《清華週刊》、《晨報》等。特別是邵飄萍主持的《京報》，大篇幅地連續發表消息和評論，廣泛而深入地報導「三一八慘案」真相，輿論鼎沸。當年，中國知識分子和媒體表現出前所未有的社會良知，魯迅、周作人、林語堂、朱自清、蔣夢麟、王世傑、聞一多、梁啟超（正在住院）、許士廉、高一涵、楊振聲、凌叔華等著名知識分子紛紛譴責段祺瑞政府；劉半農作詞、趙元任譜曲的哀歌響遍京城。

　　4 月 24 日，直奉軍閥以「宣傳赤化」為罪名，封閉了《京報》館，逮捕了總編輯邵飄萍，26 日邵遭奉軍殺害。北京籠罩著黑暗與恐怖。知識分子由北向南的大遷徙和大逃亡開始了。他們有的到了上海、南京，林語堂和魯迅則是先後到了廈門大學。至此，語絲派結束了在北京的活動。

之後，林語堂從廈門到上海，做起了「幽默大師」。1932 年 9 月
16 日，林語堂和潘光旦、李青崖、邵洵美、章克標等發起創辦的《論語》
問世，他們稱：「我們同人，時常聚首談論……這是我們『論』字的
來源。至於『語』字，就是談話的意思，便是指我們的談天。」這份
半月刊以「幽默閒適」和「性靈嬉笑」見長，借「笑」暴露黑暗現實，
有諷世之意。它可謂一鳴驚人，創刊號屢次加印，每期發行量很快達
到三、四萬冊。隨即，幽默刊物紛紛亮相，幽默文章成時尚，以至翌
載被稱作上海文壇的「幽默年」。

1933 年 2 月 17 日，愛爾蘭喜劇大師蕭伯納（George Bernard
Shaw）環球旅行途中逗留上海，宋慶齡設宴，林語堂、魯迅等作陪，
林以其語言之便同蕭伯納談笑風生，幽默風趣。林語堂借勢發力，同
年 3 月 1 日推出《論語》專號，介紹蕭伯納其人其文，為社會上的「幽
默熱」再次掀起波瀾。

除《論語》外，林語堂在上海期間還曾主編《人間世》（1934 年
4 月創刊）、《宇宙風》（1935 年 9 月創刊）兩份宗旨相近的半月刊。
林語堂經常自己撰寫文章，闡發幽默的內涵，將它視為一種心境，一
種人生態度，一種美學風格；林語堂及其同人積極提倡幽默文學，主
張文風「清淡」、「雋永」、「甘美」，要求作品具有「性靈」、「閒
適」的特點，逐漸自成一個小品散文流派。

魯迅曾在《一思而行》中說：「轟的一聲，天下無不幽默……」
語雖嘲諷，卻無意中坐實了當年林語堂風靡天下的神采。

1932 年底，林語堂的慷慨之氣逐漸復活，12 月 17 日，他和宋慶齡、蔡元培、楊銓（杏佛）等人一起發起中國民權保障同盟會，他自己還擔任了「文宣主任」，提筆諷刺嘲笑中外法西斯，嬉笑怒罵，洋洋灑灑。

　　然而，他的處境並不順暢，左右不討好，受到兩面夾攻。從 1934 年下半年起，左翼作家增強了對林語堂和論語派的批評，把他們視為和新月派、「自由人」、「第三種人」一樣的人物，左翼集中攻擊林語堂文學上的趣味主義和自由主義。而右翼作家也攻擊他激進不羈，把他和魯迅綁在一起，並在《申報》上進行「聲討」。

　　而林語堂，我行我素，固守著《論語》和《人間世》，堅持著「幽默與俏皮」的文風。他以儒家中庸為骨架，揉和道家和西方個性自由精神，提出了他的「中國人文主義」。林語堂宣稱「個人生活是一切文明的最終目標。」這種堅定的個人主義貫穿於林語堂一生的思想和生活中，它與基督教信仰一起，成為他安身立命的精神基地。

　　1933 年至 1934 年 7 月，在賽珍珠（Pearl Sydenstricker Buck）的激勵下（1938 年諾貝爾文學獎的得主，美國作家，從小就長期生活在中國，獲獎主要是因為 1931 年出版了有關中國的小說《大地》），林語堂用英文完成了《吾國吾民 My Country and My People》的長篇，次年這本頗有影響的大作在美國出版，林語堂一鳴驚人，也使外國人看到了中國人的真實形象。這就是《林語堂自傳》裡所說的：「我喜歡自己所發現的好東西，而不喜歡人家（指賽珍珠）指出來的。」

1936年，林全家前往美國，他一發不可收，又用英語寫了八部長篇小說，頭一部《京華煙雲》就震動美國文壇。於是，他成了小說大家。林有散文才能，眾所周知。魯、林絕交之後，1936年5月，史諾（Edgar Parks Snow）請魯寫出中國當代最好的雜文家五名，魯當即寫下林的姓名，而且寫在自己前面。然而，人所不知的是，他的小說也是一絕，且是用英文寫的（據說小說他只能用英文寫）。趙毅堂在〈林語堂與諾貝爾獎〉一文中指出：「**應當說，林的中文好到無法翻成英文，他的英文也好到無法翻譯成中文。**」此技堪稱雙絕也。這就是林語堂，一個中西文化的混血兒，一座中西交流的橋樑。在中國自由思想的發展史上，他是不應被忘卻的。

第三部

五四運動至 1949—對峙期

3.1 導引

　　中國五四運動之後的 1930 年代，是南京國民政府統治相對穩定的時期。當時，在中國知識界內，曾發生過一場關於國家政治方向的大辯論——民主與獨裁之辯。

　　起因於蘇聯這樣的共產國家之存在與發展，更由於義大利和德國法西斯主義的興起，一股世界性的思潮在蔓延，那就是：對自由主義對憲政民主制度的懷疑和否定的潮流。從 1933 年起，中國報刊大量介紹德國、希特勒、墨索里尼、國家社會主義、法西斯主義，以及史達林和馬克思列寧的共產主義。被稱為「法西斯主義聖經」的《德國國社黨黨綱》及希特勒的《我的奮鬥》，都是在這時候被譯成中文廣泛傳播的。以《獨立評論》為中心，被稱為「民主與專制」的論爭，就是在這種氣氛中發起的。爭論的雙方基本上都是曾在國外留學過的學者；一方是丁文江、蔣廷黻、錢端升等人，一方是胡適等人。

　　早在 1932 年 6 月，著名學者傅斯年在該刊發表了〈中國現在要有政府〉一文，得出「*此時中國政治，若離了國民黨便沒有了政府*」的結論。稍後，丁文江、翁文灝分別發表文章，都是強調威權政治的。翁文灝呼籲說：「*在這個危急存亡的時候我們更需要一個政府，而且要一個有力量能負責的政府。*」1933 年 5 月，蔣廷黻發表〈知識階級與政治〉，有一段很著名的話，說：「*我們應該積極地擁護中央。中央有錯，我們應設法糾正；不能糾正的話，我們還是擁護中央，因為它是中央。*」蔣廷黻還寫了〈革命與專制〉一文，以歐洲歷史為例，

論證建立民族國家的重要性。他認為，中國得先經過一段新的專制，把國家建成統一的民族國家。

　　胡適接連發表了〈建國與專制〉和〈再論建國與專制〉兩篇文章進行反駁，主張民主憲政。蔣廷黻寫了回應文章，堅稱「民主憲政不可行」，「唯一的過渡方法是個人專制」。吳景超發表〈革命與建國〉作為聲援，突出強調領袖的重要性。胡適發表〈政治統一的途徑〉，反對蔣廷黻和吳景超的「武力統一論」，再次強調國會制度。政治學家錢端升在 1933 年間還在讚美威瑪民主，此時卻轉了一個大彎，表示擁護「集權政府」，認為納粹主義的勝利，法西斯主義在義大利和共產主義在蘇聯的勝利，都「給民主以致命的打擊，民主的弱點已暴露無遺」。他在〈民主政治乎？極權國家乎？〉一文中說：「獨裁是一種最有力的制度」，「民主政治是非放棄不可的」，「在民族情緒沒有減低以前，國家的權力一定是無所不包的——即極權國家」。丁文江接連撰文，認為民主制度「緩不濟急」，需要高效的集權政府以取代之，還進一步指出：「唯一的希望是知識階級聯合起來，把變相的舊式專制改為比較的新式獨裁。」一時間，「新式獨裁論」在知識界得到熱烈的回應。胡適撰文〈答丁在君先生論民主與獨裁〉，再度強調民主，他說：「我可以斷斷的預言：中國今日若真走上獨裁的政治，所得的絕不會是新式的獨裁，而一定是那殘民以逞的舊式專制。」

　　丁文江等認為當時日本一天一天向中國壓迫，中國國勢危急，必須建立一個強有力的政治中心，因而需要一段時期的獨裁。而胡適等人則認為，仍然應當堅持實自由民主的政治，這種制度才可能從根本

上建立一個強大的國家;他認為:「爭你們個人的自由,便是為國家爭自由!爭你們個人的人格,便是為國家爭人格!自由平等的國家,不是一群奴才建造得起來的!」

　　應當公平地說,當時雙方都是在理性地討論,丁文江等學者,並不是要向國民黨獻策鼓勵蔣介石走希特勒的道路。他們最終也希望中國走上自由民主道路,只是認為中國當時若要抵抗日本侵略的話,必須有一個權威的中心力量把全國統一起來。就是說,在國家危亡時,救亡第一,民主只能暫時捨棄了。這場論辯雖然未分勝負,但仍然是有意義的,它不僅在學術思想水準上平分秋色,而且樹立了一個在知識界理性討論政治的典範。然而,國勢日危,隨後爆發的中日戰爭是這場辯論無疾而終了。

　　自由主義、威權主義、社會主義之爭的再起,是在抗戰勝利之後的 1945—1946 年的中華民國的政協會議上了。政協會議是中國現代政治史上最重要規模最大且最具關鍵性的一次會議。

　　其中憲法草案案就是政協會議修改五五憲草的 12 項原則。在如何修改憲草上國共兩黨有重要分歧,但分歧大部分還屬於技術問題;況且,既然國民大會的組織是完全按照國共兩黨在政協通過的國民大會案處理的,則任何一方,包括國共,都應當接受國民代表大會對憲草的可能修改。

　　政協之後的憲草修改,國共兩黨分別由王世傑和周恩來通過蔣介

石邀請憲法專家、非國非共的張君勱先生執筆。

憲草審議推定孫科、王寵惠、張君勱、王雲五、陳啟天、吳經熊、周恩來七人為起草小組，張君勱先生執筆。寫成的憲法草案，交給憲草審議委員會討論。

當年，在不少人看來，二戰後的中國，在馬歇爾（George Catlett Marshall，Jr.）將軍努力斡旋下，1946年一月召開的政協達成了五項決議，似乎和平民主憲政的中國已隱然在望了；然而歷史的進展卻是使大多數中國人的夢想破滅了。

實際上，國共兩黨儘管在美國調停下握手談判，但各自內部都堅決相信，只有戰場上的結果才能解決問題，因此私下雙方都在積極備戰，這使美國與以自由知識分子為主體的協力廠商勢力極度失望。

在政協之後的制憲過程中，由於國民黨與共產黨的理念相差很大，導致眾多摩擦與糾紛。另外，因為國民黨內許多人主張應採孫中山理念的「五五憲草」，因此必須透過不斷的溝通、協商，最後才將兩份憲草加以調和。張君勱多次堅決抵制來自雙方的壓力，有時甚至不惜退席抗爭，以伸張自己的憲法理念。當政協憲草審議委員會開會時，張君勱很快便提出一份草案供討論。因此，有史家稱「中華民國憲法」是張君勱「一人之憲法」。張君勱也以美國的漢彌爾頓（Alexander Hamilton）、麥迪遜（James Madison Jr.）自詡，而隱然為中華民國憲法之父。

1946 年的憲法，通過各種不同的政治力量的溝通、妥協，終於在 1946 年年底產生。從最後的憲法條文看，除了一些技術上的修改，包括共產黨在原則與條文上的主張基本上都採納了。因此，國民黨和共產黨都參加了 1946 年的制憲是一個歷史事實。雖然共產黨和民盟最後退出國大，沒有履行最後一步的批准程序，但從它以及其它各方參與的程度來看，那仍然是一次基本符合憲政主義原則的制憲，是廣泛政治參與的產物。而直至今日，它仍然是中華民國實現真正完整的憲政民主憲法，是中國自由主義的重大成就。

　　上世紀的三十及四十年代，中國自由主義進入其快速成長發育期，在中國菁英知識界佔有主流地位，並與威權主義思潮、社會主義思潮鼎足為三，且已由象牙塔內的學術思想滲透到了政治領域，開始賦有了些許實踐的品格，並與其他思潮產生了互動、競爭乃至對峙的關係。這是自由主義在中國大陸的鼎盛時期。

　　倘若不以成敗論英雄，值此劇烈變動的大時代，中華民國憲法的起草者張君勱——無疑是將中國民族自由主義載入史冊的偉大功臣。
　　除了自由重鎮胡適，羅隆基、儲安平、潘光旦、傅斯年、張季鸞、張東蓀、徐復觀、蕭公權、梁實秋、張佛泉……諸賢也在各自領域光大了自由主義的影響。

3.2 民國「憲法之父」——政治家張君勱

張君勱其人及其雙重身份

張君勱，名嘉森，字君勱（英文
名 Carsun Chang），出生於江蘇嘉定
縣。1902 年，他 16 歲應寶山縣鄉試，
中了秀才。1906 年，張君勱考入日本
早稻田大學修習法律與政治學。留學
期間，結識了具有師友關係的梁啟超，
並參與發起梁啟超主持的《政聞社》。
1909 年 6 月，創辦《憲政新志》雜誌，
鼓吹議會政治。1910 年，張君勱於早
稻田大學畢業，獲政治學學士學位。
回國應試於學部，次年經殿試被授予
翰林院庶起士。為暫避袁世凱的迫害，
在梁啟超的安排下，張君勱於 1913 年
取道俄國赴德入柏林大學攻讀政治學

張君勱（1887 年 1 月 18 日 － 1969 年
2 月 23 日）

博士學位。1915 年底回國，先後任浙江交涉署長、《時事新報》總編
輯。1918 年，張君勱等隨梁啟超去歐洲考察，之後留在德國師從倭鏗
（Rudolf Christoph Eucken）學習哲學。後回國參與一系列重大事變。
1951 年移居美國。1969 年 2 月 23 日在三藩市（又譯舊金山）病逝。

臨終前，回望一生，張君勱自認是一個「失敗者」。不過，我們
要記住他說此話的時間—— 1969 年。身處彼時此地，遠觀當時台海兩
岸中國人的生存狀況，一邊是文革的血腥暴政，一邊是雷震等人組黨
被鎮壓後的恐怖沈寂；近思他一生的憲政理念，恍如鏡花水月，在海
峽兩岸都無處落腳，只能漂洋過海，鬱鬱後半生……其蒼涼無助的心

情，四十多年後，似乎猶可觸摸感受。

不過，身處九泉的君勱先生沒有料到的是，當他孤寂地去世後不幾年，台海兩邊都發生了重要變化，白雲蒼狗，令人眼花繚亂。從今日看，特別是從中華民國憲法的法統在臺灣復活、承續和安身立命來看，他絕不是失敗者。我相信，在將來的中國史書上，張君勱將佔有他的位置，那是一個類似法國人供奉在《先賢祠》裡的先驅位置。

鑒於今天中華民國法統復興的潮流日益彰顯，回望並重估張君勱先生，是有其特殊意義的。作為憲政民主的傳薪人，我們必須還「中華民國憲法之父」一個公道。必須還中國立憲派一個公道。必須還中國政治的第三種力量一個公道。這既是尊重歷史，也是著眼於中國的未來。

值此憲政之辯重新如火如荼的今日中國，筆者曾為文提出：

目前「中國民間，海內海外，『革命與立憲』之爭再次洶洶而起，恰如一個多世紀前康梁與孫文的那場著名爭論一樣。然而，今日之中國，猶是晚清之神州，仍會再次陷入宿命式的歷史迴圈乎？不。2011的今年，是辛亥百年。它提示國人，畢竟，當下已不是晚清了。最顯著的區別，就是它留下的政治遺產：中華民國——她的百年存在。她的憲政法統。她的民主轉型。」（註1）

而涉及中華民國的憲政法統，張君勱其人是繞不過去的。他起草

的 1946 年中華民國憲法，就是中國憲政法統的書面基礎，也是中華民國民主轉型的法理依據。從歷史的眼光看，中國的憲政事業，張君勱居功甚偉，無法抹殺。

張君勱曾表示：「自身興趣，徘徊於學問與政治之間，政治不需要我時，學問的興趣足夠消磨歲月」。觀察其一生的行跡，此番夫子自道應是所言不虛的。**這就是他的雙重身份：政治家與學者。**

作為政治家的張君勱

有五種角色，是界定張君勱作為政治家之必不可缺的元素：

1 中華民國（1946）憲法起草人。
2 作為中國立憲派第一代梁啟超的直接傳人，張君勱是立憲派第二代的代表人物。
3 創建非武裝的國社黨、民社黨並任黨魁。
4 中國民主同盟發起者之一。
5 1945 年簽署聯合國憲章的中華民國代表。

其中，起草 1946 年《中華民國憲法》，是張君勱對現代中國最重要的貢獻。迄今為止，它仍是近代中國最好的一部憲法。從政治後果看，中華民國（臺灣）憲政民主轉型的成功是奠基在（解除戒嚴令之後的）該憲法之上的。由於此一卓著成就，張君勱被廣泛稱為「中華民國憲法之父」，該憲法是他留給中國最大的政治遺產。後面我將會詳述這一過程。

作為政治家，除制憲外，張君勱另有值得一提的事功：建黨。他是在國共之外的第三條道路的踐行者。作為梁啟超的嫡系傳人，對二十世紀中國政黨政治做出了自己的貢獻。他早年追隨梁啟超從事立憲活動，是政聞社的骨幹人物，宣導君主立憲。張君勱於 1932 年 4 月創中國國家社會黨，藉以落實政黨政治（切勿與德國的國家社會黨混淆，二者迥然不同）。1946 年國社黨和中國民主憲政黨合併，改為中國民主社會黨，張君勱仍任主席，成為一支獨立的有自身理念的政治黨派。他參加過兩次民主憲政運動，是國防參議會參議員、國民參政會參政員。1941 年參加發起籌組中國民主政團同盟（後改稱中國民主同盟），任中央常務委員。1945 年出席聯合國會議，任聯合國憲章大會組委員。一九四五年四月至六月，張君勱代表中華民國簽署聯合國憲章。1946 年任政治協商會議代表，並起草了《中華民國憲法》。

　　在近代中國政治光譜上，他是梁啟超的傳人，是中國立憲派的第二代代表。張君勱所創的黨與國共兩黨迥然不同者在於，這是一個沒有任何武裝力量作後盾的、以政治要求相號召的純然現代政黨。

　　在政治取向上，首先，該黨是民主憲政的堅定信奉者。他對憲政的理解是：人權為憲政基本（註 2）人權——即所以保障全國人民之權利，也就是說，凡稱為人都應有同樣的權利，不能說你參加革命，便享有人權，而不參加革命者，便不享有人權。因為革命的工作是要確立人權，而非限制人權。

　　其次，由於當年資本主義經濟危機和德俄兩國極權式經濟表面勃

興的雙重刺激，它對自由放任的經濟模式表示疑慮，因而對歐洲社會主義運動產生興趣。他翻譯了蘇俄憲法，同時向國內詳細介紹了德國革命的情況。經過精細的比較研究，他的結果是：贊成德國威瑪式的社會主義，反對蘇俄社會主義，反對以俄為師。從此，其民主社會主義的政治主張基本形成。曾發表《新德國社會民主政象記》。因而，他領導的黨主張應該有適度的政府干預，建立一種所謂「修正的民主政治」。這實際上也是當時一種具有世界傾向的潮流。這一傾向，只是在後來共產國家計劃經濟完全失敗之後才在全球轉向。此是後話，不贅。

此外，在張君勱的意識中，民族復興始終是主題。他高度讚賞德國哲學家費希特（Johann Gottlieb Fichte）在民族危機時那篇著名的〈告德意志同胞書〉，希望自己能與費希特一樣，激發本族人民的愛國情操和民族自信心。

因此，從政的張君勱，為三個關鍵字所環繞：**民主憲政、均富、國家主義**。

就問政風格而言，雖然在制憲時，張君勱廣納眾議，折衷妥協，但他並非鄉愿式的無原則人物。一旦脫離制憲者身份發表自己的政見時，他一反謙謙君子之態，尖銳而鮮明。過去，他與國共兩大黨有過筆戰：1927 年後與他中國青年黨李璜合辦《新路》雜誌，反對左右兩翼的獨裁專制，他猛烈抨擊國民黨的一黨專制，強烈反對中共將中國「作為俄國政治化學室之試驗品」。國社黨第一次全國代表大會之後，

該黨對各大政治力量更是多面出擊：它批評國民黨「腐化」、青年黨「頑固」、共產黨「強化」，攻擊三民主義失之「混」，國家主義失之「舊」，共產主義失之「激」，批評國民黨為「前期革命」，青年黨為「過渡時代的點綴品」，共產黨為「混時代的犧牲品」。（註3）

由於上述鮮明的政見，1929 年，他在上海知行學院講授歐洲政治思想史後的回家途中遭綁架，被囚禁在上海警備司令部附近達 20 天之久。他的一隻腿就是在綁架中受傷的，並從此不良於行。獲釋之後，即遠赴德國耶拿大學任教，以避政治迫害。在此期間，還與德國教授倭鏗合著了《中國與歐洲的人生問題》一書。

前已講到，北伐勝利後這個時期的南京國民政府，雖然有不民主和腐敗等弊病，但仍在一定程度上有思想言論學術自由，並且在城市及沿海各地逐步建立了一個現代國家的基本體制和設施，獲得廣 泛的國際承認，以至三十年代前半段被人稱為近代中國的一段「黃金時代」，同時也是自由主義在中國廣泛傳播的時代，湧現出一大批自由派學人、作家和政治人物的時期：張君勱、傅斯年、羅隆基、張東蓀、儲安平就是其中的佼佼者。從一切跡象看，倘若沒有日本的侵略，中國是可以從那時一直發展下去而融入主流文明的國際秩序的。

但是，中日戰爭打斷了此一進程。

1931 年發生的「九‧一八」事件以及隨後由日本扶持清末皇帝建立的傀儡「滿州國」，已經顯露了日本對中國的野心，同時，也在中

國激起了越來越高漲的抗日熱潮。

1936 年 12 月 12 日，受南京政府首腦蔣介石之命追擊殲滅中共軍隊的張學良將軍，在西安發動兵變，扣押蔣介石，要求蔣聯共抗日，這是一個歷史轉捩點。「西安事變」挽救了瀕於絕境的中共，國共第二次合作展開。

1937 年 7 月 7 日。日本軍隊在盧溝橋向中國軍隊開槍，中日戰爭正式爆發。第二年，日軍橫掃了半個中國，聲稱要建立一個把亞洲國家從西方解放出來的「大東亞共榮圈」。

張君勱雖然曾受國民政府綁架且留下後遺症，但他不是一個被歷史恩怨所支配的人。當日本對中國進逼日緊，他奮起奔走，率先宣導「共赴國難」，並於 1938 年先後致函國共兩黨領袖。在給蔣介石、汪精衛的信中，自承他本人及國社黨的政治主張與「中山先生遺教有若合符節者」，他發表〈致毛澤東先生的一封公開信〉，指出外敵當前，國內須統一軍令和政令，他希望共產黨放棄階級鬥爭、取消軍隊和邊區。蔣、汪很快便給他回信，但毛則不予理睬。這件事戲劇性地呈現出在民族危機當頭之時，有關各方的政治表現和人格形象。而張氏的作為是最無可挑剔的。

此時，中國政府已經遷都重慶，英美兩國經過緬甸公路向國民政府提供援助，支持其抗戰到底的決心。1941 年太平洋戰爭開始後，中國的抗日戰爭與全球反法西斯的第二次世界大戰便融為一體。

抗戰開始，國共兩黨結成了抗日統一戰線。中共同意放棄對政府的武裝鬥爭與土改，把紅軍改編為受中央政府指揮的八路軍；而國民政府則准許中共在多個城市設辦事處，在重慶發行中共的《新華日報》。雖然如此，實際上雙方一開始就明爭暗鬥。延安方面不許政府的參謀官進入該地區，八路軍雖然拿了國府的錢，卻不接受其指揮。

　　當時的中國，分為三塊地區，一是被日本佔領的**淪陷區**，是各沿海大城市及沿鐵路線的富庶地區；二是大後方，即西南部分以重慶為中心的國府控制地區，又稱**自由中國**；三是在淪陷區後方的以延安為中心的中共控制區，又稱**陝甘寧邊區**。

　　抗日戰爭的主要戰役，是在國府軍隊與日本軍隊之間展開的，例如，氣壯山河的台兒莊大戰就在中國抗戰史上留下了輝煌的一頁。中共按照毛澤東保存實力的方針，與日本人只有極少量的接觸。像中共經常掛在嘴上的平型關戰役其實只是規模很小的一場遭遇戰。而中共將領彭德懷發動的「百團大戰」，事後遭到毛澤東的嚴厲批判，其主要罪狀就是消耗了中共的實力。當時，中共以延安為據點，以抗日為招牌，大舉招兵買馬，吸引全國各地的熱血青年到延安，並動員農民，擴大地盤。在此期間，中共從 1937 年 4 萬名黨員，到 1945 年激增為 120 萬，整整 30 倍之多！而軍隊則從 37 年的 9 萬 2 千人增加到 45 年的 91 萬人，也有整整 10 倍多！

　　當國民政府軍隊在主戰場喋血抗日的同時，毛澤東在這段時期，通過 1942 － 1944 年的延安整風運動，對共產黨進行思想整肅和改造。

他所創造的一系列審查、批判、鬥爭、坦白乃至鎮壓⋯⋯等群眾洗腦措施，摧毀了被改造者的尊嚴和自信，扼殺了千千萬萬投奔中共的知識青年殘存於五四時期的個性解放和自由主義主理念，使之完全聽命於黨組織和毛澤東。這一套辦法，開創了中共以後一系列政治運動的基本模式。它完成了把馬克思列寧主義中國化的使命，確立了毛澤東在中共的絕對權威地位。為抗戰之後的中共與國民黨爭奪政權，準備了人力基礎和精神基礎。

在同盟國擊敗了法西斯之後，共產主義成了憲政民主制度的最主要威脅。但是，除了邱吉爾（Sir Winston Leonard Spencer-Churchill）等富於遠見的政治家外，大多數人政治方向迷茫，並未深刻意識到這一威脅。中國當時的戰後情勢就是一個典型的例證。

日本投降後，國共兩黨的政治與軍事鬥爭立即成為中國國內的首要問題，也是美國等西方盟國關切的焦點。毛澤東於 1945 年 8 月 28 日應國民政府主席蔣介石之邀到重慶，兩黨代表多次商談，於 10 月 10 日發表會談紀要——國共雙十協定。雙方同認：政治民主化，軍隊國家化，及黨派平等合作，為達成和平建國必由之途徑。

中共當時力倡由國共兩方面與其他獨立人士組成「聯合政府」，不必經過黨派競爭的選舉。美國人為防止中國內戰，也基本支持這一想法。雖然國共雙方暗中積極備戰，但在表面上，國共雙方都擁護這一主張。於是，在美國總統派遣的馬歇爾特使的調停下，中國的政治協商會議在 1946 年 1 月 10 日正式開幕。

政協會議是中國現代政治史上最重要規模最大且最具關鍵性的一次會議。經過討價還價，參加政協的代表為：國民黨 8 人，中共 7 人，民盟 9 人，青年黨 5 人，無黨派人士 9 人。上述 5 種政治團體，大體可以劃分為兩大集團勢力：一個以國民黨為首，包括青年黨及無黨派人士中親國民黨者，如傅斯年、王雲五等；另一個以中共為首，包括民盟及無黨派人士中親中共者。

1946 年 1 月 31 日，通過激烈的爭辯和交易，政協通過了政府組織案、國民大會案、和平建國綱領案、軍事問題案和憲法草案案等五項政協決議，這是政協會議的重大成就，也是美國總統特使馬歇爾將軍調停國共雙方衝突的重大成就。

其中另一重大成果是關於軍事問題上所取得的進展。眾所共知，當時，國共雙方對「軍隊國家化」和「政治民主化」的強調秩序是不同的。國民黨強調「軍隊國家化」，而共產黨則強調「政治民主化」。二者有明顯的政黨利益動機。但是，在馬歇爾將軍的大力干預下，雙方終於達成了「軍隊整編及統編中共部隊為國軍之基本方案」，並於 1946 年 2 月 25 日由國共雙方代表和馬歇爾一起簽了字。馬歇爾稱這一協定是所有協定中最出色的。

其中憲法草案案就是政協會議修改五五憲草的 12 項原則。在如何修改憲草上國共兩黨有重要分歧，但分歧大部分還屬於技術問題；況且，既然國民大會的組織是完全按照國共兩黨在政協通過的國民大會案處理的，則任何一方，包括國共，都應當接受國民代表大會對憲草

的可能修改。

政協之後的憲草修改，憲草審議推定孫科、王寵惠、張君勱、王雲五、陳啟天、吳經熊、周恩來七人為起草小組。

張君勱先生，作為憲法學家，作為獨立於國共兩大黨之外的政治代表人物，眾望所歸，分別受到國共兩黨的王世傑和周恩來並通過蔣介石的邀請，受命執筆起草中華民國憲法。

看來，二戰後的中國，似乎看得見一縷憲政民主的曙光了。這是自由主義在中國的最接近政治實踐成功的一個歷史時刻。

憲政，是張君勱一生堅韌不拔孜孜以求的中國夢。成為立憲之先驅——如美國的漢彌爾頓、日本的伊藤博文一樣——是他對自己生命的期許。為此他仔細研究和比較各國憲法，對 1919 年德國通過的《威瑪憲法》格外用力。他在國外剛得到該部憲法文本，便第一時間譯成中文介紹給中國人。而《威瑪憲法》中所含社會主義成分也深刻影響了他的制憲思想，促成了他「國家社會主義」思想的問世（雖然同名，但須注意，此「國家社會主義」絕非希特勒式的彼「國家社會主義」）。

不惟如是，他不僅僅侷限於學理上研究憲法，張君勱還有過幾次制憲實踐。1922 年，他應邀參加在上海舉行的八團體「國是會議」，草擬過《國是會議憲法草案》等文本，並著《國憲議》加以說明，有相當豐富的制憲實際經驗。

1946 制憲之初，張君勱描繪各派力量的政治主張時說：「**政府要三民主義，我們要歐美民主，青年黨要責任內閣，共產黨主張司法制度各省獨立、國際貿易地方化。**」值此複雜而蘊含內在衝突的情勢，張君勱如何落筆？

　　他的應對之道是：居中斡旋，對各方面利益和主張進行平衡，在起草時竭力避免憲法染上過於濃厚的某一黨派之意識形態色彩。作為制憲者，君勱先生賦有廣闊的視野，虛懷若谷，廣納眾議，努力尋找各方要求的交集。落筆起草時，他先從此交集著手，然後邊協商邊擴展。他清醒地體認到，在各種政治要求的碰撞中，固執一端，痛快則痛快矣，卻極易導致僵局乃至引向戰爭。

　　1946 年四月至五月間，修憲小組白天開會。（註4）眾目睽睽之下，各方都不敢示弱讓步，於是往往變成顯示各自對所屬黨派忠誠之表演，難於妥協，不得要領。真正的協商，全賴張君勱每天晚上奔走各委員的住處，折衝樽俎，尋覓共識。

　　在當時各派關於憲法問題的爭論中，國民黨主張以孫文的「民族、民權、民生」的三民主義為核心，同時在民主國家實行的立法權、行政權和行政權三權分立的基礎上另加上監察院、考試院兩權的五權分立之憲法，即希望以《五五憲草》為藍本。而已然割據了一些地盤的共產黨，在當年則強調地方的權力——地域性的司法獨立和地方的國際貿易權力。青年黨對內閣制情有獨鍾。而其他多數黨派及人士則傾向採取國際社會主流的英美式憲法。

張君勱仔細傾聽各方意見，折衷整合，寫出了一個妥協式的「十二條原則」，即對《五五憲草》提出了十二條修改原則。該方案提出後，「在野各方莫不欣然色喜，一致贊成」，國民黨的代表孫科也不得不表示支持。當時，梁漱溟曾讚歎說，這「十二條原則」是張氏「用偷樑換柱的巧妙手段，保全五權憲法之名，運入英美憲政之實」。（註5）

　　在這一過程中，還有一段頗有意味的插曲：某日，共產黨的周恩來跑到張君勱住處哭訴：「你怎麼把國民黨的三民主義列入憲法第一條了呢？這樣我們還能有什麼作為呢？」張君勱不急不緩地回答：「你有沒有看清楚？第一條是『中華民國基於三民主義，為民有、民治、民享之民主共和國』，所謂『三民主義』，這裡其實是『民有、民治、民享』的『三民』啊！這三民不就是美國林肯總統的三民嗎？你有什麼好反對的呢？」於是周恩來說了聲：「我懂了！」就走了。（註6）有鑑於此，中共的周恩來後來對張君勱方案一直表示「佩服」。

　　「十二條修改原則」通過後，張君勱在此基礎上草擬了一部憲法草案，人稱《政協憲草》。當時，國共兩黨日益對立，國民黨主政的國民政府，在各方共識尚不充足的條件下，執意要召開制憲的國民大會。因此，參與還是抵制國大，成為國共兩大黨決裂的標誌。中共聯合了社會民主派與左翼自由派為主導的民盟，抵制此一國大。國府為爭取中間派，決定制憲會議採用張君勱起草的憲法草案——《政協憲草》。而作為憲政專家和民盟重要領導人的張君勱個人雖然沒有參加，但他組建的民社黨卻和青年黨一起參加了這次國民大會，從而導致了張君勱與民盟的分手。國共兩黨就此也不可避免地走向兵戎相見。當

時，君勱先生對其民社黨參與國大有如下解釋：「我們反對國民黨一黨專政，希望民主與和平二者均能實現，但在二者不能得兼時，只有先爭取民主的實現。得到一點，總比沒有好。」（註7）

對國民大會，是參與還是抵制？這是當年中國政治派系劃分的分水嶺（如多年理念相近情如手足同創政黨的二張——張君勱、張東蓀——即因此而分道揚鑣）。此事的是是非非，至今猶聚訟紛紜，並影響了中國人的基本政治命運。

國共兩黨儘管在美國調停下握手談判，但內部都堅決相信，只有戰場上的結果才能解決問題，雙方都在積極備戰，這使美國與以自由知識分子為主體的協力廠商勢力極度失望。

在政協之後的制憲過程中，由於國民黨與共產黨的理念差異甚大，導致眾多摩擦與糾紛。另外，因為國民黨內許多人主張應採孫中山理念的「五五憲草」，因此必須透過不斷的溝通、協商，最後才將兩份憲草加以調和。張君勱多次堅決抵制來自雙方的壓力，有時甚至不惜退席抗爭，以申張自己的憲法理念。當政協憲草審議 委員會開會時，張君勱很快便提出一份草案供討論。因此，有史家稱「中華民國憲法」是張君勱「一人之憲法」。

1946 年的憲法，通過各種不同的政治力量的溝通、妥協，終於在1946 年年底產生。從最後的憲法條文看，除了一些技術上的修改，包括共產黨在原則與條文上的主張都基本採納了。因此，國民黨和共產

黨都參加了 1946 年的制憲是一個歷史事實。雖然共產黨和民盟最後退出國大，沒有履行最後一步的批准程序，但從它以及其它各方參與的程度來看，那仍然是一次基本符合憲政主義原則的制憲，是廣泛政治參與的產物。

　　但是，由於當時國共雙方互不信任，不能以正常心態看待對方，缺乏誠意。因此，雙方最後在如何通向多黨政治的憲政體系問題上吵翻了。對於當時的分歧，共產黨主張用政治解決，而國民黨則主張法律解決。中共當時大打民主牌，其代表口口聲聲宣稱：「在中國一黨專政是行不通的，中國只應實現多黨政治。」大肆抨擊國民黨對於言論、新聞和出版的限制，同時對在野的民盟等黨派大施統戰手法，贏得了相當知識界人士和國際友人的同情。（只是到了中共掌權後，民盟等黨派才懂得了：「在國民黨那裡，自由只是多少的問題；而在共產黨那裡，自由則是有無的問題。」但為時已晚。）而當時國民黨由於政權在手，也顯得胸襟狹小，心態保守，不敢作出更多的讓步；迷信武力，並且漠視蔑視第三勢力，以至喪失了國際國內的全力支持。當時，國民黨錯誤估計形勢，迷信美國會全力支持；而共產黨則背靠蘇聯。雙方都有恃無恐。最後，僵持的結果就是全面內戰的爆發。

　　調解失敗，馬歇爾將軍於 1947 年 1 月 8 日離開中國。臨行前，他遺憾地聲明：「和平的最大障礙，確為國共雙方彼此完全以猜疑相對。在國民政府實際上亦即國民黨方面，對於我促成真正聯合政府的努力，幾乎無不加以反對。在中共方面，則不惜任何激烈手段以求達到其目的。中共不惜以極端之手段用有害之煽動性宣傳文字，已全然不顧真

相和事實經過，欺騙中國及世界人民。」

「國民大會已經通過了一部民主憲法。不幸共產黨未能認可參與此次大會，而該會通過的憲法，則似已包括中共所要求的各個主要事項在內。」

就這樣，一場血腥的戰爭，使剛剛通過的一部具有合法性和民意基礎的憲法，失去了在中國大陸施行的可能。

一場中國實施憲政的重要歷史機會，又從中國人手中滑過去了。

眾所皆知，當年參與國民會大者，在不久後的內戰中成為戰敗者，退守臺灣。而當年抵制國大者，在內戰中取勝，造就了毛氏黃袍加身，入座龍庭。然而歷史吊詭的是，絕大多數戰勝者後來的命運，比戰敗諸公要淒慘悲涼得多，如民盟創黨的張東蓀、羅隆基以及儲安平等謙謙君子，很多人在大陸死於非命。而當年的戰敗者，在一隅島嶼上，臥薪嚐膽，砥礪奮發，先是經濟起飛，後來在上世紀八十年代晚期，又掙脫了綁捆在（君勱擬的）中華民國憲法上的「戡亂戒嚴法」緊箍咒，使 1946 年憲法呈現其真身，迸發出其基本功能，使在臺灣的中華民國轉型為憲政民主制度，首次開闢了中國人政治生存方式的新紀元。

歷史命運的神奇轉折，常常非人們可預先逆料的。

當年合作制憲時，適逢張君勱六十歲生日，周恩來曾送給他一塊「民主之壽」的壽匾。但時隔不久，中國的悲劇宿命難於抵擋，內戰

烽煙仍熊熊湧起。由於民社黨參加了為 1946 民國憲法背書的國大，張君勱因此而開罪了共產黨和民盟左翼。

中共是「成王敗寇」最赤裸裸的信奉者。因此，殊為滑稽的是，從未持有過兵器的一介書生張君勱，剛剛被中共恭敬地祈祝「民主之壽」，不旋踵，槍炮的勝利者，「一闊臉就變」，迅速把自己剛剛恭維過的壽星列入「頭等戰犯名單」之中了。毛澤東們的前恭而後倨，一至於此！

此外，作為民盟的創建人和領導人之一（1940 年，經張君勱、黃炎培、梁漱溟、左舜生秘密集會和協商，達成民主黨派聯合，成立中國民主政團同盟），張君勱和他組建的民主社會黨一起被退盟。

但當時，在自由派中，無論是左派還是右翼，雖然因觀念不同而厲聲互批，但人物之間仍有倫理底線和惺惺相惜之情。眾所周知，在是否參與國大問題上，儘管儲安平與張君勱政見不一，儲拒絕參與國大，但在表達對張的反對意見之後，仍稱：「這次民社黨參加國大，各方表示惋惜，但張君勱個人的學問、操守、私德，在今日中國，還是屬於第一流的。」（註 8）而在 1947 年 10 月，當國民黨宣布民盟為非法組織，並加以鎮壓時，已經退盟的張君勱與李璜，聯名致函國民政府行政院長張群，表示嚴正抗議。

此後，國共內戰酣烈，中國共產黨軍事赤潮席捲大陸。文人政治家與學者已無問政問學空間，被戰火徹底邊緣化了。1949 年 11 月，張

君勱應邀赴印度講學，逐步淡出中國政治，迴避國共兩黨，開始了流亡海外的生活。1952 年遠走美國，潛心文化學術，探究新儒家，遁入人生的低潮期。在飄零海外的近 20 年間，由於沒有固定的工作，生活一直非常清苦，但他仍堅持抗擊共產主義，同時對氣節和尊嚴身體力行。1961 年，臺灣中華民國教育局聽說他要去德國講學，便給他匯去一筆非常可觀的美金做為路費。不料，幾天以後，這筆錢被如數寄返。自 1949 年離開大陸，一直到 1969 年去世，張君勱自始至終沒有接受過國民黨當局的資助。在這種清廉自守自甘寂寞的學術生涯中，張君勱先生於 1969 年在三藩市遠眺台海兩岸晦暗不明的前景下，寂寂而終。

3.2 自由民族主義者—學人張君勱（2）
作為學者的張君勱

前已提到，張君勱聲稱自己「徘徊於學問與政治之間」。但是人所共知，在近代中國，遊走於二者之間的人其實不少。然而張氏的獨特之處在於：他是自然而然的，沒有半點勉強與掙扎。這點就使他與其他雙重身份者區隔開來了。其中重要原因，在於他研習的學問是法律與政治學（間涉思想史），這與他的政治活動並不衝突抵牾，甚至可說是關係甚深，相輔相成。不像胡適，早年學術專治哲學，與政治就多有距離，中年之後又遁入《水經注》之類乾嘉學派的考據功夫之中。其學術與政治幾乎互不相關，距離甚遠。也不像丁文江，一位熱心公益關心並參與政治的地質學家。丁文江與胡適都常感學術與政治相互衝突，從而與政治若即若離，時常進退失據，對政治亦愛亦懼。

就張君勱的學術思想體系而言，它有三個主要面相：**憲政主義、**

民族主義、新儒家，三位一體。如果對照前述的他從政的色彩傾向
——民主憲政、國家主義、均富主張，不難發現，他的學術與政治是
互為表裡的，因而，他能在二者之間隨時轉換角色，遊刃有餘，毫無
勉強之感。

　　在學術的世界裡，張君勱創辦過政治大學、學海書院和民族文化
書院，任過上海國立自治學院院長，擔任過北京大學、燕京大學和德
國耶拿大學教授，並先後有《人生觀》、《民族復興之學術基捶》、《中
華民國民主憲法十講》、《社會主義思想運動概論》、《中國專制君
主制之評議》、《主國之道》、《明日之中國文化》、《新儒家思想史》
等多種論著出版。早期，它還在中國首次翻譯了英國 1215 年的《大憲
章》章等重要經典文獻。 即使純粹以一學者身份觀之，張氏的成績也
是足以傲人的。

　　言及張君勱的文化學術思想，有兩件事人們耳熟能詳。一為所謂
「科玄論戰」（1923），二為所謂《為中國文化告世界人士書》（它
後來被稱為《新儒家文化宣言》）（1958）。

　　中國知識界所謂「科學與玄學」的論戰，始於張君勱的一場演講。
1923 年 2 月，張君勱在清華作題為〈人生觀〉的講演，提出自由意志
的人生觀，意圖限定科學的應用範圍。該論一出，輿論譁然，遭到丁
文江、胡適等人的反對。於是，以他與梁啟超一方，胡適、丁文江、
陳獨秀等為另一方，在學界展開了關於「科學與人生觀」（又稱「科
學與玄學」）的大論戰。當時正是五四之後，「賽先生」（科學）被

尊為王者，氣勢正盛，且科學派一方人丁興旺，名流眾多，雖然混戰一場，看來不了了之，但一般認為科學派在論辯中略占上風。

從而此次論戰在中國現代哲學史上產生了深遠的影響。其後果之一，是中國的科學主義從此濫觴。諸種新近的思想理論均以科學相標榜——科學人生觀、科學社會主義（馬克思主義）、科學發展觀……一一粉墨登場，精神上俘獲了一大批進步知識分子，影響了近代中國的走向。其後果之二，對張君勱本人，雖然被對方譏為「玄學鬼」，但他並不以為意，反而有緣因此而進入中國文化與政治的主流論壇，其勢遂不可收。他賡續了其師友梁任公的筆政，洋洋灑灑，八面生風，縱橫論域，成為一代大家。

縱觀當年張君勱的論著，可以發現，實際上，中國當代（上世紀八十年代之後）的幾乎主要的文化和政治論爭在張君勱的文章與著作中幾乎都已涉及：儒家文化復興、新儒家、民族文化本位、自由民族主義、憲政主義、自由派、左派、民主社會主義、聯邦制、單一制等等，都被他研究比較，反覆論列。這些論著，在今天讀來仍不乏啟迪與洞見，並提供了可資深化的基礎，使今人不必從零開始，盲目摸索。

1958 年，由張君勱發起，與唐君毅、牟宗三、徐復觀以中英文聯合發表《為中國文化告世界人士宣言》，它被廣泛視為新儒家的宣言。此宣言代表當代新儒家主流，對中國文化的根本精神、主要特徵、現代意義及發展方向昭告於世。雖然其內容尚存爭議，但是，在中國大陸傳統文化橫遭剪滅的年代，該宣言破土而出，不啻是中國文明不死、

中華文化復興的先聲。

　　而張君勱晚年，其精神使命正是聚焦在復興中國文明特別是新儒家身上。他出版了《義理學十講綱要》。特別是出版英文學術著作《新儒家思想史》上下冊（1957，1962），在學術界引起廣泛反響。1961年，出版《王陽明——中國十六世紀的哲學家》，對王陽明的心學作了深入研究。1965 年，在三藩市創立自由中國協會，並創辦《自由鐘》月刊，進而彙集自己關於古代中國政制的文章，以《中國專制君主政制之評議》為書名出版。在赴漢城「亞細亞現代化問題國際學術大會」上作了〈中國現代化與儒家思想復興〉的演講，指出：「儒家思想的復興並不與現代化的意思背道而馳，而是讓現代化在更穩固和更堅實的基礎上生根和建立的方法。」1967 年，應新加坡華僑之邀作關於民主社會主義的演講，講稿後由他人整理，以《社會主義思想運動概觀》為書名出版。

　　即使是在艱困之境，君勱先生仍然筆耕不輟，其思路之矢一直指向萬里之遙的那片皇天后土，那是他念茲在茲的終身精神支點。

自由民族主義

　　在不少人眼中，張君勱作為自由主義者，似乎不那麼純粹。確實，他既是新儒家，又是自由派，還是民主社會主義者。在近代中國，張君勱是一位呈現出多重面目的複雜人物。

　　然而，如果仔細分析，不難發現，他留下的最核心的學術遺產，

是他的自由民族主義。

　　張君勱被人稱為自由民族主義者，顯然是因為他的民族本位的文化觀，與完全西化的自由主義知識分子不同。但他同時也不是國粹論者，他理想的民族文化是以精神自由為基礎的。他的思想中，既有很顯著的民族主義成分，又有不含糊的憲政自由主義成分。他以文化界定民族，以自由憲政作為國家的組織形式。在他看來，民族文化的核心，不是空洞抽象的民族精神，而是個人的精神自由和道德自主性。這樣的民族文化，是自由主義的公共文化，也是國民們的集體認同。

　　所謂自由民族主義，就是將自由主義作為民族共同理念的民族主義。在那裡，不同的語言文化是其劃分民族的基本標誌，而憲政民主則應當為國家的政治體制。與之相對照，通常，不自由的民族主義則以宗教或種族來界定民族，並採用威權或民粹主義的統治方式。自由民族主義的核心是個人，不是集體；當然，它也力求在公民個體與民族的政治共同體之間達成平衡。

　　公民有自治的權利，民族也有自決的權利。 張君勱的自由民族主義以二元論哲學奠基。他的政治理念是英國的自由主義，哲學是德國康德（Immanuel Kant）的二元論。他以制度和精神、政治與道德的分離為前提：制度是普遍的，文化是特殊的，制度是西方的，文化是東方的，制度為理性所支配，而道德是意志選擇的產物。自由主義是為解決社會政治秩序，而文化認同的心靈秩序，只有通過文化民族主義才能予以落實。

在中國自由主義內部，胡適代表了科學的自然一元論，而張君勱代表了心物二元論，因而產生了對民族主義的不同取向，前者把民族國家理解為一個取消了民族文化認同的「程式共和國」，而張君勱則在科學與道德、制度與文化二分的基礎上建構一個擁有本土價值認同的「民族共和國」。

建立一個民族國家，在張君勱看來，必須遵循法律與道德兩大原則。以法律至上形成一個法治社會；以道德馴化建立起公共的倫理道德。國家既是法的共同體，又是道德共同體。作為一個憲政自由主義者，他自然重視國家制度的法治化，但作為一個康得哲學的繼承者，他並不認為民族國家共同體僅僅是一個由制度作為紐帶的法律共同體，而且也應該是有著共同信仰的道德共同體。**他所理解的社群既是政治的，有共同的法律，也是道德的，有共同的道德和文化認同。**

中國的自由民族主義所致力的，是將民主的法律政治共同體與民族的文化語言共同體以二元化的方式結合起來，無論是梁啟超，還是張君勱，既尊重個人的自主性，也強調其所賴以存在的特定的民族文化歸屬感。他們是自由主義者，也是民族主義者，他們所追求的是以個人自由為基礎的、具有民主政治內容和民族文化認同的民族國家共同體。這就涉及張君勱對民族文化認同之內涵。

簡言之，張君勱所認同的，是儒家文化，特別是他所闡釋的新儒家文化。因此，他的自由民族主義烙印有中國儒家的鮮明特徵，是他的思想中德國唯心主義和宋明理學的道德主義揉和而成的一種政治文

化。這是一種比較高調的、強調個人與集體，與社群，與國家的相互協調和諧的道德理想主義，是帶有強烈精英主義色彩的儒家式的自由民族主義。

張君勱要求現代國家應具有法的共同體與道德共同體雙重特徵的看法。這一構想，聽來完美，但實行起來恐怕難於兩面兼顧，一不小心就會滑入威權國家陷阱。實際上，當代的社群主義與張氏的理念頗有相通之處，似乎法律與道德都同時具有了，但它在政治實踐上從未有過成功的先例。

因此，雖然社群主義在二十世紀七、八十年代曾經一紙風行，然自九十年代蘇東大變局之後，已經日落西山。在主流自由主義看來，除了遵守憲政法律框架外，我們無權要求全體國民有統一的道德思想體系。這裡從根本上涉及如何對待異議的問題，如何使多元文化具有合法基地的問題。就這點論，胡適的「程式共和國」雖然看來空虛一些，然而，唯其空虛，它就能容納更多的人物與思想。而張君勱的「民族共和國」，倘若一不小心，就可能滑向「思想專制」了。這一點，恐怕是張君勱與梁啟超等深愛中國文化醉心儒家的先賢沒有考慮得很周延的地方。

但是，自由民族主義這一概念並未死亡，因為它奠立於兩個歷久不衰富於生命力的地基上：自由主義和民族主義。只是二者如何磨合，恐怕需要幾代人時間政治過程的陶冶淬煉。在中國，張君勱先生首發其難，是自有其歷史地位的。

自由與權力的平衡

　　從哲理上考察，以自由民族主義為特色的張君勱憲政思路中，自由與權力的平衡是其核心內容。張君勱曾指出：「一個國家對於自由與權力，彷彿人之兩足，車之兩輪，缺其一即不能運用自如。個人自由寄託與國家身上，國家全體亦賴個人自由而得其鞏固之道。此即今後立國之要義。從這觀點來說，中國民主政治之一線光明，即在自由與權力平衡之中。」（張君勱《立國之道》）在不同的論述脈絡中，張君勱顯然有兩個本位：民族國家本位與個人自由本位。事實上，就像梁啟超一樣，他是把國家與個人放在一個積極互動的有機關係裡面加以闡釋，而這樣的互動關係，又是以心物二元論為基礎的。他將「自由與權力」比作「心與物」的關係：「權力是一架敏活機器的運轉力，這是屬於物的一方面；自由是人類前進的動力，這是屬於心的一方面。」這樣，他也就為「自由與權力平衡」找到了各自的界域：在國家政治領域，必須以權力為軸心，以提高行政的效率；在社會文化領域，須以自由為軸心，確保社會的自由和思想的解放。

　　那麼，張君勱所理解的自由，是一種什麼意義上的自由呢？從張君勱對自由的闡釋來看，與洛克式的自由主義有所不同，他不僅將自由理解為一種伯林（Sir Isaiah Berlin）所說的消極自由（negative liberty），而且由於受到拉斯基的影響，特別注重實現自由之條件。馬考倫（G. G. MacCallum）曾經將自由看作是一個涉及到三個要素的概念：人、束縛和行為。因而，所謂自由無非是某人被解脫了某種束縛，去自由地做某事。　這是一種將消極自由與積極自由整合為一的理解，與海耶克等人的思路是不一樣的。

在張君勱看來，一個人自由與否，不僅要看他是否受到了強制，而且還要看他是否具有自由的能力，即由爭議所保障的實現自由的社會條件，以完成自我的實現。可以說，康德式的自我實現和發展個性，是他理解自由價值的核心所在。 但是，政治自由只是一種「許可的自由」，即「法不禁者皆可為」，它指的是客觀上為個人擺脫外物的限制而創造的條件，而不在追問個人本身主觀上如何，能否自我實現，不追問所謂「理智是否自主」。

而「理智自主」恰恰是張君勱自由概念的核心。憲政追求的是「減輕人的痛苦」，而不是「指引人的幸福」。因為無法為別人界定幸福。張君勱的憲政希望「指引人的幸福」，在這點上，他與福利社會主義有了共鳴之處。這裡有明顯的拉斯基的影響。在他看來，一國之健全與否，視其各分子能否自由發展；而自由發展中最精密部分，則為思想與創造能力。所以自由發展亦為立國不可缺少之要素。

因而，自由與權力的平衡勢在必行。

顯然，他的政治哲學意識的受儒家《中庸》影響甚深。張可以說是中庸之道在現代中國學術與政治中的一個典範。其內容與行為方式都浸染了深深的中道特徵。實際上，說到底，他對中國的想像是：從中等社會革命達成中等社會。而他主筆的憲法，終於在實踐上導致中國人社會之一——臺灣的成功轉型，奠定了他在中國憲政史上獨一無二的元勳地位。

雖然 1949 年和 1969 年張君勱先生嘔心瀝血的憲政努力遭遇武力與權勢的雙重重挫。然而，世事的進展畢竟不是永遠由槍炮和權勢所操控的。三十年河東，三十年河西。在張君勱之後，回溯歷史，台海兩岸經歷了眾多風風雨雨，大落大起，滄海桑田。從長程眼光來看，平心而論，當代中國，第三勢力的復興已成觸目事實，其生命力正在開始煥發光彩，中國政治運行的軌跡正在向張君勱的理念靠近。它令人不由不客觀公正地說，張君勱先生是「近七十年中，於立憲制憲行憲方面貢獻最多之一人」（註 9），是「民主憲政方面的南辰北魁」。（註 10）

雖然是遲來的公正，但畢竟是歷史的公正。

3.2 註釋：

(1) 陳奎德：《百年國運——2011 新年獻詞》載《縱覽中國》2011 年 1 月 1 日

(2) 見張君勱： 《中華民國民主憲法十講》商務印書館 1947 年版， P. 23

(3) 參見 黃波：《一個沒有失敗的"失敗者"——"民國憲法之父"張君勱》

(4) 修憲小組一九四六年（民國卅五年）由政治協商會議推舉，孫科（召集人）、邵力子、王世傑、董必武、秦邦憲、周恩來、張君勱、陳啟天、曾琦、餘家菊、傅斯年、王雲五、莫德惠、章伯鈞、王寵惠、史尚寬、林彬、吳尚鷹、戴修駿、吳經雄等組成

(5) 梁漱溟：《我參加國共和談的經過》，載重慶出版社 1989 年版《政治協商會議紀實》第 372 頁

(6) 見中華民國張君勱學會： 張君勱現行《中華民國憲法》的起草人

(7) 中國第二歷史檔案館編：《民國時期黨派社團檔案史料叢稿：中國民主社會黨》，檔案出版社 1988 年 10 月第一版，第 347 頁

(8) 儲安平：《論張君勱》，原載（觀察）第 1 卷第 19 期，1947 年 1 月 4 日出版

(9) 李日章：《張君勱思想綱要》，載《現代中國思想家》之六，第 178 頁

(10)《紀念張君勱先生百年冥誕學術研討會論文集》，臺北稻香出版社，1987 年 10 月版，第 15 頁

3.3.1 人權理論家與活動家——羅隆基

羅隆基
（1896 年 7 月 30 日 － 1965 年 12
月 7 日）

學者兼政客

羅隆基，字努生，人權理論家，政治活動家，民盟創始人之一。在中國的自由主義者中，一身而兼有學者和政治活動家雙重身份的人很少，羅隆基是其中突出者。他才華外露，個性鮮明，敢恨敢愛，不拘小節，是一位有稜有角、毀譽交加的人物。

早在五四時期，羅隆基就是走在遊行前列的一名學生領袖。他的清華校友潘大逵這樣介紹羅隆基：「他是清華的一個高材生，中英文俱佳，中文尤為擅長，能寫作，善辯論，得過清華國語演說比賽第一名。他頗有領導才能，是個才華橫溢的政治家。」

1922 年 7 月，羅隆基與同班同學錢宗堡、聞一多、何浩若等人相伴赴美，在英美留學期間，他與聞一多等人發起組織過國家主義團體大江社。後來赴英國倫敦經濟學院，從師於拉斯基教授。1928 年秋天，羅隆基從英國歸來任職上海光華大學政治學教授，同時兼任由胡適擔

任校長的吳淞中國公學政治經濟系主任及教授。當年，作為新月派的重要人物、胡適自由主義大旗下的火槍手之一，他一度從胡適手中接編過《新月》雜誌，縱橫筆墨，書生言政。在民盟創立和發展的歷史中，羅隆基起草了民盟一大綱領，並積極投入民盟反國民黨的政治活動。在二十世紀四十年代的政壇上，羅隆基是被國共兩黨竭力拉攏爭取的人物。1949 年之後，毛澤東也給了他中華人民共和國政務院委員、森林工業部部長、全國政協常委和民盟中央副主席諸種頭銜。

　　1930 年 11 月 4 日，羅隆基在光華大學任教期間，被國民黨當局以「言論反動，侮辱總理」的罪名逮捕，被捕後，胡適等人動用自己的社會關係，八方營救，使羅當日即獲得釋放。後來在 1931 年「九‧一八」事變期間，羅隆基在《瀋陽事變》等一系列《益世報》社評中，對蔣介石及國民黨政府進行了猛烈抨擊，《益世報》因此曾受到停止發行的處分。一度被捕，一度停刊，羅隆基遭遇的這兩項經歷在其一生中留下了很深的痕跡。從此，他對國民政府沒有絲毫好感，喪失了信心，並不遺餘力批評國民黨侵犯人權的行徑。與此相對照，他對一切反對國民黨的政治運動和團體，譬如共產黨，就滋生了一種身處同一陣線的同情，從而有時就喪失了理性的批判能力。當然，由於那時國民黨是當下的、即在的、現實的壓迫，自由派知識分子日日感同身受；而共產黨在野，並未掌權，其統治的嚴酷尚未呈現，同時中共當時又高調讚美民主自由，自然就俘獲了自由派知識界的主流情緒。

　　從思想理念方面的原因追溯，羅隆基他們這一代自由主義者（包括儲安平、費孝通、潘光旦等），受到當時英國的費邊社（Fabian

Society），特別是其政治學者拉斯基以及韋伯夫婦（即 Webb）夫婦等的思想影響，屬於自由主義左翼，染有社會民主主義甚至部分社會主義的色彩。

有鑒於上述兩方面的因素，自由派營壘不少人把其政治同情轉向共產黨方面是有其歷史和思想淵源的。

四十年代抗戰結束後，羅隆基異常活躍，參與創建民盟，出任民盟宣傳部長，已成一位專職政治活動家了。從 1943 年下半年開始，中國出現了一股強大的自由主義運動，圍繞著國民黨的「還政於民」、戰後中國政治秩序的安排等熱點問題，開展得轟轟烈烈，不僅在公共傳媒上佔據了輿論的制高點，而且進入了實際的政治操作程式。前者自然是「觀念人物」的汗馬功勞，而後者則要歸功於以民盟為首的「行動人物」的不懈努力。

從成立之初到抗戰勝利的短短四年期間，民盟已經迅速成長為遍佈全國主要城市、擁有三千名盟員（大都為知識界精英）、僅次於國共的「第三大黨」。鑒於當時暫時出現的和平氣氛與力量均勢，民盟成為各方都要努力爭取的舉足輕重的砝碼。1945 年秋天召開的民盟一大，宣布民盟是「一個具有獨立性與中立性的民主大集團」，其神聖使命是「把握住這個千載一時的機會」，「把中國造成一個十足地道的民主國家」。大會通過的政治報告及其綱領，可視作中國自由主義運動的大憲章。

在這部由羅隆基起草的自由主義大憲章中，中心的理念和架構實際上是左翼自由主義，甚至是社會民主主義。社會民主主義思潮發展到四十年代，在國際上變得更加洶湧澎湃。尤其是戰後英國工黨的執政，給中國的自由主義者以巨大的精神鼓舞。知識分子普遍認為戰後的中國民主模式，應該也可以仿效英國工黨所施行的「中間道路」；在政治上實行英美式的議會民主政治，在經濟上參照蘇聯的社會主義平等原則，也就是所謂的「拿蘇聯的經濟民主來充實英美的政治民主」。

儘管民盟的這一中間道路在學理上的依據並不充分，但它緊緊地抓住了中國當時兩大主要社會問題：國家政治體制的不民主與社會財富分配的不公正，並富有針對性地提出了一個相對完整的施政改革方案。這一方案能夠在 1946 年初被國共兩方所接受，成為政協五項決議的藍本，證明它的確是一個出色的、有效的改革綱領。

在這之前，中國的自由主義者（如以胡適為代表的《努力》和《獨立評論》派）所關心的往往是都市知識分子感受最深刻的政治不自由，而對社會底層（尤其是農村）更關切的社會公正和經濟平等問題漠然無視。如此，他們既不能回應民粹主義的深刻挑戰，即資本主義發展中的社會公正問題；也遠遠遊離中國社會底層的最基本需求，也就是羅斯福（Franklin Delano Roosevelt）著名的「四大自由」中所稱的「免於匱乏的自由」。民盟的社會民主主義中間道路，則成功地將自由主義與社會主義的原則相結合，從而有效地回應了民粹主義提出的深刻挑戰，滿足了社會底層的經濟平等要求。

可惜的是，國共之間的分裂與內戰，使得這一出色的社會民主主義綱領無法獲得其實踐的機會，中國也就從此與左翼自由主義的中間道路失之交臂。一旦戰爭的暴力替代了理性的對話，自由主義也就失去了其生存的最基本空間。1947 年民盟被迫解散，象徵著自由主義運動在中國的毀滅性挫折。

梁實秋評價他是「固定偏左的自由主義者」，即是比較傾向中共。當時羅隆基在早年朋友當中已是一個很有爭議的人物，作為他的朋友，梁實秋對他的變化也很不以為然。他曾直率地說：「我曾和羅隆基開玩笑，我說他是才高於學，學高於品。這話雖是有意挖苦他，其實也正是我的意見。」

作為一位自由主義者，羅隆基不是看不到共產主義的基本問題，實際上，他在撰寫人權理論文章時，也指出國民黨的「黨治」和中共的暴力革命都是侵犯人權，並寫有專門論文論及馬克思主義的諸多錯誤。但政治情感常常比理論更能左右一個人的政治實踐。羅隆基就是最好的註腳。

羅隆基論人權

我們提到胡適在二十世紀二十年代末、三十年代初期曾發起過一場「人權運動」，而羅隆基，正是那場「人權論戰」的主將。在中國自由主義者中間，羅隆基作為政治活動家是引人注目的，但人們卻因此而常常忽略了他對中國自由主義的理論建樹。實際上，他的理論貢獻在其一生事業中，佔有相當的地位，這就是他建構的人權理論體系。

在這方面，在他之前和同時的中國自由派中，無人能出其右。

羅隆基在 1929 年 7 月 10 日出版的《新月》上發表〈論人權〉一文，充滿自信的說：「我們目前要的人權是些什麼？已到了我們回答這個問題的時候了。」由此，他開列了三十五條他認為最重要的權利，全面闡明瞭他的人權主張。僅僅舉其犖犖大者，則有：

- 國家的功用，是保障全體國民的人權。
- 國家的主權在全體國民。任何個人或團體未經國民直接或間接的許可，不得行使國家的威權。
- 法律是根據人權產生的。
- 未經全民直接或間接承認的法律不應有統治全民的威權，同時全民沒有服從的義務。
- 人民在法律上一律平等。人民，因為在法律上一律平等，對國家政治上一切權利，應有平等享受的機會。不得有教條及政治信仰的限制。不得有社會階級及男女的限制。
- 國家一切官吏是全民的雇用人員，他們應向全國，不應向任何私人或任何私人的團體負責。國家官吏的雇用應採國民、直接或間接的選舉，並以公開競爭的考試方法。凡向全民負責的國家官吏，不經法定手續，任何個人及任何團體不得任意將其免職、更換或懲罰。
- （一）沒有代議權，即沒有擔任賦稅的義務；（二）議決預算決算。凡一切未經人民直接或間接通過或承認的一切經濟上的負擔——賦稅、公債、捐輸、饋贈——均為違法，均為侵犯人權的舉動。

・國家財政應絕對公開。

凡國家對任何國民一切無相當酬報的強迫勞動，均為侵犯人權。

人民在法律上一律平等，所以全民應受同樣法律的統治。同時，法治的根本原則是一國之內，任何人或任何團體不得處超越法律的地位。凡有任何人或任何團體處超越法律的地位，即為侵犯人權。

法治的根本原則是司法獨立。司法獨立的條件比較重要者有三：（一）行政長官絕對無解釋法律及執行司法的職權；（二）司法官非有失職的證據，不得隨意撤換或受懲罰。（三）司法官不得兼任他項官吏。違此三者，即侵犯司法獨立，即侵犯人權的保障。

無論何人，不經司法上的法定手續，不受逮捕、檢查、收押。不經國家正當法庭的判決，不受任何懲罰。

國家的海陸空軍是全民所供養的，他們的責任在保護全民的權利，不在保護任何私人或任何團體的特別權利。

國家軍隊應對全民負責。非經人民直接或間接通過，無論任何文武官吏，對內對外，不得有動員及宣戰的行動。

國家對國民有供給教育機會的責任。為達到發展個性，培養人格的目的，一切教育機關不應供任何宗教信仰或政治信仰的宣傳機關。

國民應有思想，言論，出版，集會的自由……。

如此等等。

羅隆基的人權觀念及其明確伸張的這些權利，大體上與國際公認的人權精神是協調統一的，雖然其中關於人權（human rights）與公民權（civil rights，如選舉權與被選舉權等）還需要作一些更細緻的區分，

但最基本的內容已經呈現出來了。重要的是，羅隆基的論文中已經蘊含了人權高於主權的思想。在今天看來，或許是卑之無甚高論，並非石破天驚的主張。但是如果放在中國二十世紀二十年代末的時空背景下，確實是難能可貴的，應當說，是中國人權主張的時代先聲。

羅隆基人權理論，除了上述正面的闡述外，還從反面作了重要界定。他左右開弓，右反國民黨一黨專制侵犯人權，左攻馬克思主義中共革命扼殺人權。他在 1930 年 3 月《新月》上撰寫了〈論共產主義——共產主義理論上的批評〉和在 1931 年 7 月《新月》上發表了〈論中國的共產——為共產問題忠告國民黨〉兩篇長文，較為全面的指出了馬克思主義學說的謬誤，分析了中共領導的暴力革命隊人權的危害。所有這一切，呈現了他作為自由主義者的眼光和見識，是對中國自由知識界的理論貢獻。

為民請命 鬱鬱而終

前已記述，羅隆基所屬的自由主義左翼（以民盟為代表），基於其反蔣的歷史情結和費邊主義的思想淵源，他們把政治同情轉向了共產黨，在國共之爭中是為中共出了力的。但 1949 年之後，中共奪得天下，一闊臉就變，昔日的盟友，逐步像「王小二過年，一年不如一年了」。

最後的致命一擊發生在 1957 年。

1957 年 4 月下旬，中共中央發出了整風運動的指示，並邀請各民主黨派負責人參加運動，幫助中共整風。在毛澤東言辭懇切的反覆邀

請下，昔日的自由主義者們終於吐出了已經憋了幾年的苦水。

5 月 22 日，中共統戰部舉行座談會，國家森林工業部部長羅隆基在會上發言，建議由全國人民代表大會、中國人民政治協商會議成立一個委員會，檢查「三反」、「五反」、「肅反」運動中的失誤偏差，讓大家申冤訴苦。而該委員會須由執政黨、民主黨派和無黨派民主人士三方面組成。

這就是著名的「成立平反委員會」的主張，它與章伯鈞的「政治設計院」，儲安平的「黨天下」一起被稱為最著名的三大右派言論。

6 月 21 日，羅隆基從錫蘭公差歸國，他沒能料到，等候他的，竟是最後置之於死地的暴風驟雨。

7 月 1 日，中共的《人民日報》發表了毛澤東親自撰寫的社論〈文匯報的資產階級方向應當批判〉，批判該報為資產階級右派充當「喉舌」，指控民盟和農工民主黨「反共反社會主義」。而右派的進攻，「其源蓋出於章羅同盟（後被稱章羅聯盟）」。

這是一紙混雜著謊言和怨毒的最高當局的終審宣判，沒有律師，不容分辯。其中最荒誕的公開的指鹿為馬，就是所謂「章羅聯盟」。章羅關係形同冰炭，在民盟可謂無人不知。但毛澤東發揮詩人想像力在聖旨上把它生育出來後，它就居然在中國的政治生活中活蹦亂跳了幾十年。國是至此，已慘不忍睹。

羅隆基對此的反應，是咆哮章門，並以手杖擊地，折成三段，拂袖而去。這是最後展示羅氏個人性格的戲劇性鏡頭。

以後的一系列對羅隆基的批鬥會，所揭示出來的羅的政治原色，顯示出在上層「右派」中，恐怕只有他與儲安平確實是帶有比較清晰的自由主義色彩的政治人物。那些揭發材料，抖掉其歷史的塵埃，現在看來，不僅非罪，反而為功，為羅隆基增添了正面色彩。

羅隆基關於平反委員會的主張所賦有的伸張人權反對政治迫害的內涵不用說了。其他的，譬如，在中共建政前夜，羅隆基帶信給沈鈞儒，要求沈代表民盟向中共中央提出以下幾個條件：

（一）不要向蘇聯一邊倒，實行協和外交；
（二）民盟成員與中共黨員彼此不要交叉；
（三）民盟要有自己的政治綱領，據此與中共訂立協議，如中共不
　　　接受，民盟可以退出聯合政府，成為在野黨。

此外，對羅的揭發材料還表明，儲安平的「黨天下」論，其實是沿用了當年羅隆基批評國民黨的說詞。羅直指國民黨「『黨在國上』。這當然成了繼續不斷地『黨天下』」了。

更原則性的一點，是在中共掌權後，對民盟盟章總綱裡是否寫入「接受中國共產黨領導」一語。羅隆基據理力爭，堅持不寫。依政治常識，世界上沒有一個政黨的黨綱注明接受另一個政黨的領導。抗爭

未果後，他說：「盟章有了這樣一條，民盟的生命就結束了。」

　　20 年後，當局為右派「平反」，55 萬右派中，惟有 6 人不予改正，其中為首者即羅隆基（六人為羅隆基、章伯鈞、儲安平、 彭文應、陳仁炳、林希翎）。在當年反右之後的黯黯長夜之 1962 年，大英百科全書刊載了中國 1957 年反右運動的條目，指出：章伯鈞、羅隆基是在社會主義國家制度下，要求實行民主政治。

　　雖然羅隆基晚年淒苦孤寂，鬱鬱而終。但是，一條永遠的「未改正右派」，一條大英百科全書簡潔公正的歷史結論，只此兩條，自詡為自由主義左翼的羅隆基當可以死而瞑目了。

3.3.2 自由主義政論家——儲安平

《觀察》之父

　　儲安平，江蘇宜興人，1909 年出生，中國自由主義者的後起之秀。提起儲安平，有兩件事歷史不會忘卻。

　　一件事是指：他是《觀察》週刊主編，那是二十世紀四十年代中國自由主義的重鎮。

　　另一件是指他說過的兩句話，清醒

儲安平（1909 年－ 1966 年）

透徹，言簡意賅。一句是：「老實說，我們現在爭取自由，在國民黨統治下，這個『自由』還是一個『多』『少』的問題，假如共產黨執政了，這個『自由』就變成了一個『有』『無』的問題了。」（《中國現代思想史資料簡編》第五卷蔡尚思主編 浙江人民出版社 1983 年第35 頁）；另一句是：「中華人民共和國是『黨天下』。」有此二言，他已名垂青史。

儲安平 1928 年入讀上海光華大學（其前身是聖約翰教會大學）。校內有胡適、徐志摩、張壽鏞、張東蓀、錢基博、羅隆基、廖世承、潘光旦、吳梅、盧前、蔣維喬、黃任之、江問漁、呂思勉、王造時、彭文應等名教授。自由氛圍，氤氳冉冉。後來他又到英國留學，投師政治學家拉斯基門下，習得自由主義費邊派的基本思想脈絡。

1931 年 10 月他就編過一冊《中日問題各家論見》，書中所收的文章沒有一篇是作家寫的，而多是當時知名的知識分子和社會活動家，如左舜生、胡俞之、俞頌華、武育干、羅隆基、陳獨秀、汪精衛、樊仲雲、陶希聖、王造時、陳啟天、張東蓀、薩孟武、張其昀、梁漱溟、高永晉等，當時儲安平只有 21 歲，但對政治問題已經有了濃厚興趣。

儲安平從英國返華後已是抗戰時期，大約 1940 年，他到了湖南，在藍田國立師範學院教書，他在藍田師院講授英國史和世界政治概論，那時每逢周會，教授們都要輪流演講，輪到儲安平演講時，據說「連走廊都坐得滿滿的，中間不曉得要拍多少次掌。」（戴晴《儲安平與黨天下》第 139 頁）在藍田師院時，儲安平剛剛 32 歲，他和許多知名

的教授結下了友誼，這些人後來有不少成了《客觀》和《觀察》雜誌的撰稿人，比如錢鍾書、高覺敷、鄒文海等。

　　儲安平在重慶的重要活動有兩事可記，當時他在中央政治學校做研究員。儲安平在重慶的第二件事就是他創辦了《客觀》週刊。

　　《客觀》在當時西南地區很有影響，《觀察》後來的許多讀者也是由《客觀》而來的。以儲安平的理想，他希望《客觀》能成為一個進步的自由主義刊物。

　　1946 年 9 月 1 日，《觀察》在上海創刊，每期 6 萬字。《觀察》的誕生在某種意義上反映了自由主義知識分子希望通過刊物來參與國家政治生活的強烈期待。《觀察》後來的實踐也證明了這種參與的價值和作用。由於《觀察》是自由主義知識分子以超然態度創辦的，所以它能夠在具體政治具體態勢的評價中，保持客觀、公正的立場，以知識分子的良知和責任感，對國家政治、經濟、文化多元地進行暢所欲言的自由評說，體現了知識分子在事業之外對社會的關心。它在中國命運的關鍵時刻發揮了重要的言論監督和促進作用。後來成為自由知識界的一面旗幟。

費邊主義的信徒

　　談到儲安平，不能不涉及他的基本思想背景。他們那一代的中國自由主義者，有一個大體共同的特點，幾乎都受到拉斯基的影響。拉斯基是兩次世界大戰之間英國著名的費邊主義思想家，在倫敦經濟學

院任教，作為費邊社的要角，後來成為英國工黨主要的理論家，1945年出任工黨的主席，當紅一時。像儲安平以及前面談到的羅隆基，還有費孝通、王造時、張君勱當年這些留學歐美的學人，在不同程度上，都成了拉式的信徒。

當時美國杜威的弟子胡適引領一大批英國費邊派自由主義知識分子，以《新月》雜誌為中心，組織了一個費邊社式的小團體「平社」，翻譯拉斯基的著作，研究費邊主義的理論，探討中國的問題。在知識圈中有重要的影響。

此外，當年儲安平所處的思想世界，是社會主義思潮的上升階段。即普遍左傾化的時代。當時，蘇聯的社會主義試驗尚未暴露出他的全部真相和弊端，各國知識分子大多是既想要歐美的政治自由，又想要社會主義所許諾的經濟平等。企圖「魚與熊掌，二者得兼」。當年拉斯基、蕭伯納等人的費邊主義，大體上迎合了這一主流傾向。它力圖在自由主義的框架內部發展出一變種，即左翼的社會民主主義思想體系。

這種試圖調和民主主義與社會主義的新理論，投合了多數中國自由主義者，似乎是某種期盼已久的福音。因為當資本主義在中國開始起步的時候，資本主義初始階段所暴露的種種問題在西方已經遭到了社會主義思潮的鋪天蓋地的批判，已經部分地失去了其可接受性。西方的資本主義與社會主義理論，幾乎是同時輸入中國的。古典的自由主義理論，作為為現代民主和市場經濟的精神基地，在中國文化傳統中是找不到任何對應的精神資源的，而社會主義理論，無論是蘇俄式

的，還是費邊式或基爾特式的，都有可能在中國文化中的家族主義集體主義和「不患寡，而患不均」的平均主義中獲得強有力的支持。

　　中國的自由知識界，一方面是清醒地意識到民主和資本主義發展的不可避免，另一方面又不可抑制地對社會主義懷有偏好，這一兩難的思想困境，在中國當年的自由主義者身上，體現得相當明顯，因此，他們的左翼色彩是不容抹殺的。這也就容易解釋，何以在共產黨與國民黨的鬥爭中，他們的同情常常落在共產黨方面，這一點從民盟對國共兩黨的親疏關係中可以看得相當清楚。基本的原因在於：首先，國民黨當時是執政黨，代表現實的壓迫性政治權力，是當下的現實的「惡」，勢必成為自由主義質疑乃至挑戰的主要對象；而共產黨卻是在野，並未構成現實的剝奪自由的國家權力，因而有時甚至成為自由派挑戰執政當局的同盟軍。其次，自由主義者當年費邊式的社會民主主義傾向，也使他們在感情上向左翼的共產黨傾斜。

　　儲安平，就是這一思潮中人。雖然，在對共產黨的認識上，它比章伯鈞等要清醒得多，甚至比張東蓀也要明白，他能清楚地看到在共產黨治理下自由是「有無」的問題。然而，他同時又是一位感情相當激烈的人。譬如，儲安平的政論文字凡批評政府多取激烈態度，而胡適在批評政府時多注意分寸。因此，當 1949 年的歷史性抉擇擺在面前的時候，在侷促的歷史空間的催迫下，在被國民黨查封《觀察》的背景下，他最後不由自主，仍追隨大多數自由派同仁，留在了中國大陸，埋下了悲劇性命運的種子。在這一點上，比較而言，胡適和傅斯年等當年被認為有點過時甚至保守的自由知識分子，應當說，是更穩健更智慧更有歷史洞察力的。

「黨天下」一語成絕響

1949 年大變之際，由於儲安平在此前《觀察》被封，不見容於國民黨，於是留在了中國大陸。1949 年，中共政權成立，儲安平希望恢復《觀察》，在周恩來批准下，《觀察》復刊，但更名為《新觀察》，已經面目全非。於是，儲安平無奈地離開了《新觀察》。往後幾年，他已幾乎失語。

然而，到 1957 年 4 月 1 日，《光明日報》黨組撤銷，在胡喬木推薦下，儲安平被任命為《光明日報》總編輯。這次重新出山，他突然煥發了青春。儲安平初到《光明日報》社的時候，精神很快就恢復到了 1949 年前的狀態，也可以說他是壓抑了好多年，這回應該出一出氣了。他在報社說：「報紙與黨和政府存在著根本矛盾，那就是報紙要登，黨和政府不許登。」他還說：「我們的目的在揭露，分析和解決問題，是共產黨的事。」在一九五七年的夏天，儲安平又一次讓人們看到了他那自由主義的真面目。許多年了，在沉沉鐵幕下，他緘口不言，或心口不一。這次既然讓放，何不一瀉千里？他在《光明日報》社說：「我們這些人是以批評政府為職業的。」他反對報紙報導工作，宣傳政策，認為不必管什麼政策。他認為：「報紙就是報紙。報紙過去就叫新聞紙，它是報導消息的。」「只要是事實，什麼新聞都可以登。」當有人問儲安平，對於重大新聞要不要向中共中央宣傳部請示時，他直率地回答：「我們是民主黨派的報紙，用不著。」說到「民主黨派獨立自主地去辦光明日報」的方針時，儲安平多次說過：「這句話說得好，我倒要看看怎樣讓我獨立自主，我要撞撞暗礁，擔擔風險，用我的肩膀扛扛斤兩，看到什麼時候會受到阻力！」（穆欣〈辦《光明日報》

十年自述〉）

儲安平是在 6 月 1 日中央統戰部召開的座談會上做了「黨天下」的發言的。這是他鬱積多年的思想，長期無從流溢。那天，他終於把他說出來了，終於獲得了精神的救贖。

6 月 8 日，他因為在統戰部的黨天下發言而受批判，他提出辭職。11 月 12 日，儲安平和《光明日報》社長章伯鈞被同時免職。他在總編輯任上只有 70 多天。

在 1957 年所有的右派檢討中，儲安平的檢討是極少涉及別人的，尤其是他同時代的朋友，從這裡可以看出儲安平的人品。

1957 年成為右派之後，儲安平已經失去了任何言論陣地。他閉門謝客，寂寂獨處，鬱鬱寡歡。1966 年文革開始以後，他的日子就更不好過了。在血雨腥風暴力橫行的情勢下，以他的孤傲性格，難免遭受巨大侮辱。於是，在 1966 年 9 月上旬，儲安平「失蹤」而去，不知所終。

自由主義政論家儲安平的一生命運，用它自己的一句名言來形容，恐怕是最恰當不過：

「在國民黨底下，自由是多少的問題。」確實，在國民黨統治下，他主辦《客觀》，創辦《觀察》，尚能辦成，並且相當成功；激評時政，風靡一時。是的，有時自由受到限制，甚至受到威脅，自由縮小，

最後被迫停辦。但自由畢竟時多時少，《觀察》風光天下幾近三年。

他又說：「在共產黨底下，自由恐怕就是有無的問題了。」確實，在中共統治下，他幾乎無語。自由全失。最後，被「陽謀」誘出一句「黨天下」，竟成絕響，賠上了生命的代價。

這就是在現代政治學詞典中，「威權主義」與「極權主義」區別的活生生的悲劇範例。

3.3.3 新人文思想者—潘光旦

一、

　　潘光旦，是上世紀持有自由主義傾向的中國學者之一，其最為顯著的特點是其廣闊的視野和淵博的學識。其涉及學科領域之廣，對中西文化造詣之深，可與陳寅恪等學人並列，堪稱學界翹楚，屈指可數。由於其深厚的學術素養和根基，再加上他那過人的天資，使他游刃於自然、人文、社會諸學科之間而運用自如。因此，他所提出「人文史觀」，「新人文思想」，在中國知識界引起了廣泛的反響。實際上，早在非常年輕的時候，他就被梁啟

潘光旦（1899 年 8 月 13 日－1967 年 6 月 10 日）

超讚賞曰:「以吾弟頭腦之瑩澈,可以為科學家;以吾弟情緒之深刻,可以為文學家。……以子之才,無論研究文學、科學乃至從事政治,均(可)大有成就,但切望勿如吾之氾濫。」推崇至此,罕有他人。

潘光旦字仲昂,1899 年生於江蘇省寶山縣羅店鎮。1913 年至 1922年在北京清華學校讀書。1922 年至 1926 年留學美國。1926 年,潘光旦學成回國。其後一直在大學任教。先後在上海的吳淞政治大學、東吳大學、光華大學、中國公學等校任職。1934 年,應梅貽琦校長之聘,回到母校,從此成為清華最重要的核心和骨幹之一。曾任教務長、秘書長、社會學系主任、圖書館館長等職。還曾兩度出任西南聯大教務長。在政治思想上,他一以貫之,宣導民主自由,1941 年加入中國民主同盟,歷任民盟第一、二屆中央常委,第三屆中央委員。在共產黨主政後,由於 1952 年中國教育系統全面效法蘇聯,進行大規模院系調整,潘光旦被調入中央民族學院,主要從事少數民族歷史的研究。1967 年文革中備受迫害鬱鬱病逝。潘光旦先生一生涉獵廣博,在性心理學、社會思想史、家庭制度、優生學、人才學、家譜學、民族歷史、教育思想等眾多領域都有很深的造詣。

1922 年,潘光旦先後入美國達特茅斯學院、哥倫比亞大學留學,攻讀生物學。因他成績優異,僅用四年時間便獲碩士學位。1926 年學成歸來,在上海光華大 學、復旦大學等校教書,與聞一多、徐志摩、梁實秋、胡適等創辦《新月》雜誌和新月書店,出版《馮小青》、《優生概論》。1934 年回母校清華執教,任清華、西南聯大教務長、圖書館長十多年。四十年代末期,他出版新著《自由之路》,闡述了自己

對自由的系統觀念。

　　潘光旦是學自然科學出身，但融通自然、社會兩大科學體系。他對婚姻、家庭、民族、宗教、歷史、教育等都深有研究。他「用生物學的眼光碟詰人類社會」的文化生物學思想，試圖「開創一種貫通自然、社會、人文三大 領域的氣象宏大的學問。」他提出「自然一體」、「世界一家」、「人文一史」的新人文史觀。

　　鑒於留學的師承淵源、鑒於時代的主流思潮，也鑒於中國當時情勢等諸種原因，潘光旦的自由主義與他的知識界友人如費孝通、羅隆基和儲安平（這些人是他的學生輩）一樣，主要受到有社會民主主義傾向的費邊社理論家哈羅德•拉斯基的影響。但由於潘光旦涉獵廣博，所以他在四十年代就已經敏銳地注意到了海耶克的思想，在中國知識者中是最早的。海耶克的《通向奴役的道路》1944 年出版，而潘光旦1946 年出版的政論集《自由之路》就討論了海耶克這本書，而且不是一般提及，是有詳細評介的。潘光旦說，海耶克這本書是專門就競爭在經濟上的價值立論，對一切計劃經濟表示反對。作為親費邊社的自由主義者，潘光旦雖然覺得海耶克較為偏激，但還是認為海耶克對集體主義的評論是很健全的。在潘光旦看來，海耶克過去在奧國時受過蘇俄式的集體主義壓迫，又吃過德國式的集體主義的虧，所以對任何集體主義，有一種深惡痛絕的情感。潘光旦雖然不贊成海耶克關於自由經濟與計劃經濟不能兩立的思想，然而他很欣賞海耶克在政治上對極權主義的分析和批評。

當年中國自由主義主流雖然大多留學英美，但其時「英美自由主義」聲音最響亮的不是以洛克、休謨（David Hume）、亞當·史密斯所代表的以及海耶克所復興的古典自由主義，而是以邊沁（Jeremy Bentham）、彌爾、拉斯基、羅素和杜威為代表的有左翼色彩的自由主義或社會民主主義。因此，潘光旦的基本想法，在當時中國知識界很有代表性。

潘光旦的新人文思想是一種在社會思想史研究基礎上生長出來的社會思想，他的「人文史觀」，其核心是說：文化的發軔，要靠知識分子的思考，而文化要繼續維持或代有積累，也要靠知識分子的努力。在當年，在民粹主義式的「勞工神聖」等口號響徹雲霄的上世紀三十年代，潘光旦這樣的「人文史觀」無疑是不合時宜的，因為它賦有某種「知識分子中心論」的嫌疑。但潘光旦並沒有隨波逐流去附和正在膨脹並日益佔據主流地位的政治力量。潘先生擇善固執，我行我素。他的「人文史觀」，是生物學、人類學、歷史學、社會學等諸多因素的集大成，其中含有「遺傳論」因素，對各種哲學決定論和本土思想傳統進行廣泛論述和篩選。他把知識分子對基本價值的守護，對文明的創新與發展，稱之為接受歷史的囑託，承受文化的使命。這一論點，至今看來，仍是經得起歷史風雨吹打的。

二、

潘先生平生治學的特色：一頭紮根中國傳統學術的土壤，一頭吸收現代生物學的精華，二者之間相互闡釋，相互發明。而潘先生平生治學和為人，是一種「推己及人」的「自我」觀念和社會行為方式。

從近代社會思想演變的規律來看，這「推己及人」的觀點，帶有近代中國現代性的「個人觀念」的特定印記，帶著現代性所賦予的「個人解放」的某種追求，但它的核心內容包含著一種以普遍的人類進化來論述民族命運的歷史關懷，這種關懷的基本特徵是知識的反思性與現實的人類行為之間的高度統一。它表達了在一位知識分子的洞察中，人類的普遍性遭際與文化的特殊性遭際之間的密切關係。事實上，當潘光旦把「推己及人」運用於民族關係上時，他雄辯地指出，既然我們不願遭受他民族的支配，也就需要採取同樣的態度來對待他弱勢民族，也就是中國內部的其他文化類型——即我們內部的少數民族「他者」。他在〈檢討我們歷史上的大民族主義〉一文中，提醒我們要「已所不欲，勿施於人」，既然我們不欲受其他民族支配，則我們也不能去支配國內的少數民族。這是對狹隘民族主義的釜底抽薪式的化解。

作為長期從事中國高等教育事業的教育家，潘光旦對中國自由教育思想也貢獻甚大。早在二十世紀三十年代他就講「位育」問題，潘光旦先生最明確地宣明「位育」的意義的思想家，而「位育」雖然來自西方文化進化論的 "adaptation"（適應）一詞，它在潘先生那裡卻成為一個能夠隨時代變化而變化的、意義更為廣泛的概念。於是，我們可以認為，「位育」是潘光旦先生教育思想的一個十分重要的觀念。位即秩序，育即進步。位者，安其所也；育者，遂其生也。潘先生對「中和位育」作了很好的 發揮。

潘光旦認為人的教育是「自由的教育」，以「自我」為物件。自由的教育不是「受」的，也不應當有人「施」。自由的教育是「自求」

的，教師只應當有一個責任，就是在青年自求的過程中加以輔助，使自求於前，自得於後。大抵真能自求者必能自得，而不能自求者終於不得。潘光旦在這裡特別強調的培養學習興趣、激發學習動力是「自由教育」的精義，只有這樣，教育才能真正進入「自我」狀態。潘光旦認為中國近代教育中的德、智、體劃分是十分牽強的，不能涵蓋「健全的、完整的人」的全部內容，在教授方式上絕對劃分也是不可能的。他在考察歐美教育時發現西方社會的教育旨趣有這樣六個方面：關於健康的、關於財富的、關於道德和宗教的、關於美的欣賞的、關於智識的探求的、關於政治和人我交際的，潘光旦將其歸納為德、智、體、群、美、富。

基於上述認識，潘光旦對當時的教育部門（1939 年）在學校裡設立訓導處給予了嚴厲批判：近代教育把所謂訓育從教育中間劃分出來，根本就是一個錯誤，是失敗的一個招認。潘光旦認為教育的物件就是人生，教育就是人生，學習與做學問的目的都是做人，學問不能離開生活而獨立，如今把訓育從教育裡劃分出來，使訓育與教育成為並立對待的東西，其結果於受教者是有害無益的。

潘光旦特別看重教師的言傳身教，看重教師的表率作用。他提出要慎擇師資，選擇教師不僅要看他的學識多少，學問深淺，更重要的是他的學識對他個人的日常生活已經發生了多少良好的影響，所謂學識與個人操守之間是否是貫通的，也就是教師在言語舉止、工作作風上表現出的氣質風度。潘光旦認為教師風度的表率作用遠遠勝過訓導中實行的那些生活戒條和所訂的幾種獎懲功過的條例。

1957 年反右，潘光旦被劃為右派分子，是人類學、民族學界著名五大右派（吳澤霖、潘光旦、黃現璠、吳文藻、費孝通）之一。潘先生晚年在文革中更遭受了難於言喻的磨難，他用四個 S 來概括了自己的際遇：他告訴老友，自己的生活，從前一直實行三個 S 的政策，這三個 S 是指三個以 S 開頭的英文詞，Surrender、Submit、Survive，意思是：投降、屈服與活命。最後，葉篤義勸他要堅持下去。他絕望地說出第四個 S："Succumb"（死亡）。這是在 1949 年後中國知識分子的典型命運。他們的尊嚴，他們的生命，在空前的暴政之下被掃蕩殆盡。

　　潘先生屬於一代自由知識分子的楷模，他留給我們的文化和學術遺產，是相當豐富的，他為人為學的自然自由以及中和謙沖的風範，堪稱為中國的自由立言立德，足堪為人師表，垂範後世。

3.4 自由主義輿論重鎮

3.4.1 史學家與社會批評家傅斯年

一、

　　傅斯年（1896 年—1950 年），是中國現代史上著名的史學家，同時也是一位自由派社會活動家。早

傅斯年（1896 年 3 月 26 日 — 1950 年 12 月 20 日）

年的傅斯年領導過 1919 年五四運動。他是當年 5 月 4 日遊行的總指揮。次日即出國留學，1926 年秋返國。

傅斯年一生，從進入北大讀書開始，就一直沒有離開過大學。他先後出任中山大學、北京大學、西南聯大教授，北大代理校長和臺灣大學校長。其巔峰時期則是 1949 至 1950 年任臺灣大學校長期間，他勵精圖治，一個二、三流的大學在其引領下，成為一個學術自由、人才輩出、制度健全的亞洲一流大學。

作為中國自由派知識群體的一員，傅斯年為人們所記住的，主要不是對自由主義理論的闡發，而是他為貫徹自由理念所做出那些特立獨行的具體實踐；主要有以下四點：一是作為知識人清醒地與政治權力保持距離的行為方式；二是在大學校園裡極力伸張學術獨立和思想自由；三是作為中國言論重鎮，批評和挑戰政治權力的道德勇氣；四是對中共與毛澤東有極為深刻的體認，這在當年左翼思潮氾濫的中國知識界堪稱遠見卓識。

我們首先看他與政治權力的關係。

傅斯年雖然與當時中國的執政黨國民黨有很多淵源，但他終其一生不肯加入國民黨，非但不加入，還鼓動他的老師胡適採取跟國民黨保持距離的態度。傅斯年與蔣介石有私交，蔣介石曾寫信給傅斯年，希望傅斯年幫忙請胡適入閣從政，而傅斯年卻在寫給老師胡適的信中說：「蔣介石想借重你胡適先生的權威，大糞堆上插朵花，牛糞上插

朵花，這朵花就是胡適，要借重你的聲望來給國民黨美化天下。」所以，傅斯年說：「胡老師，你可不能幹。」他說：「蔣介石這個人，表面誠懇，其內心是上海派，上海的流氓嘛，我跟蔣介石八、九年的經歷，我太瞭解蔣介石了。」

1946 年蔣介石曾任命傅斯年為國府委員，他堅辭不就，並說自己乃一介書生，世務非其所能，並說：「如在政府，於政府一無稗益，若在社會，或可以為一介之用。」書生本色，昂然而顯。

1947 年 1 月 15 日，蔣介石請傅斯年吃飯。席間蔣介石提出要當時任北大校長的胡適出任國民政府委員兼考試院院長。傅斯年極力反對，說：「北大亦不易辦，校長實不易找人，北大關係北方學界前途甚大。」蔣說可以兼著，傅回說不方便，且不合大學組織法，但蔣卻說不要緊，可見蔣的法治觀念甚微。後來胡適也沒有答應。這件事也體現了傅、胡二人要維護大學獨立與自由的共同信念。

傅斯年自己原本也有機會入閣，但他始終相信只有站在政府之外，保持一個知識分子的獨立性，才能充分發揮輿論監督的作用。他曾寫信給胡適說：「我們自己要有辦法，一入政府即全無辦法。與其入政府，不如組黨；與其組黨，不如辦報。」「我們是要奮鬥的，惟其如此，應永遠在野，蓋一入政府，無法奮鬥也。」

傅斯年在蔣介石統治的歲月裡，代表那種無黨無派的真正自由主義路線的人。他們要發揮知識分子對權力的批評制衡作用，不被國民

黨同化。鑒於一般人都被政權吃掉了，或者沒有地位了。而胡適、傅斯年他們還有那麼一點點地位，所以他們孤軍作戰的情勢和勇氣就顯得特別受矚目，具有某種悲劇色彩，這也象徵了二十世紀中國自由主義者整體上的悲劇命運。

二、

　　在履踐自由主義理念方面，傅斯年最主要貢獻是在教育學術領域，是在大學校園裡極力伸張學術獨立和思想自由。

　　傅斯年教育思想的核心，一是維護學術自由、教育，特別是大學獨立；二是力促大學以學術為重心，維持高度的學術水準。
　　臺灣大學——現在國際上的學術排名超越中國大陸的北大清華——正是傅斯年實踐自己自由主義教育理念及其制度設計的主要基地。台大，凝聚了傅校長的非凡的夢想和心血。有學者評論所說：「台大校史上。孟真（傅斯年）先生雖非創校校長，但在常規及制度之設立上，恐無人能出其右。」

　　早在二十世紀三十年代，面對國民黨的黨化教育或所謂三民主義教育，傅斯年尖銳地指出：「教育如無相當的獨立，是辦不好的。官治化最重之國家，當無過於普魯士……當年以德皇威廉第二之專橫，免一個大學校長的職，竟是大難……其用人行政，一秉法規，行政官是不能率然變更的。」

　　1949 年國民政府遷移臺灣後，國民黨從反面總結在大倫失敗的教

訓，強化了鎮壓異議的恐怖氣氛，大學獨立和學術自由遭遇更為嚴酷的政治環境。當局推行聯保制度：一人因政治思想「不純正」被判罪，其他人要連坐。

傅斯年面對這種高壓，仗義而起：一面不准軍警隨意入校逮人，一面對當局聲明，台大師生由他一人擔保，發生問題，他負全部責任！從而迫使這個聯保制度在台大無法推行。在當時的恐怖氣氛下，這樣做是需要極大的道義勇氣和崇高的擔當精神的。

維護大學獨立和學術自由的又一重要方面，是革除權貴子弟降格入學的陋習。為此，他特地在校長辦公室門上貼上一張字條：「有為子女入學說項者，請免開尊口。傅斯年！」即便因此而得罪權門也在所不惜。

傅斯年在去世前不久致友人信中談到臺灣大學時，不無欣慰地寫道：「這一年半大學有驚人的進步……學校在一切環境下，尚能維持其應有之 liberal tradition of universities（大學的自由傳統）。雖然不是沒有麻煩。」在當時的情勢下，這一成就更加值得大書特書，勢將載入史冊。

學術自由是大學不可或缺的條件；但僅止於此是不夠的。傅斯年關注大學的另一焦點是如何保持高度的學術水準。為此，他提出了台大辦學的基本宗旨：

1 辦學思想上不能以功利主義為主宰。他說：「不但清末的教育以富強之目前功利為主宰」，而且「直到民國初年，大學只是一個大的學堂。」「今之大學制度仍不能發展學術，而足以誤青年、病國家。」如此狀況，必須改弦更張。他強調通才教育，高深學術。

2 嚴格挑選校長和教授，不能讓政客和不學無術之輩混跡其間。「做校長的必須教員出身，否則無直接的經驗、切近的意識，其議論必成空談，其行為當每近於政客。」而「大學以教授之勝任與否為興亡所繫，故大學教育之資格及保障皆須明白規定，嚴切執行。」

3 嚴格區分大學和中學的教學方法。「大學教育是則是培養一人入於學術的法門中的。」「大學生之訓練正是研究室之入門手續也。」「不能將大學化為中學」！

　　傅斯年的這些辦學方針與蔡元培、胡適一脈相通。這是一縷自由主義的教育脈絡，它影響了中國在二十世紀上半葉的大學教育，從而使大學在當年中國社會的混亂局面中，相對獨立，相對乾淨，與國際社會主流教育界的差距在日益縮小。然而，自從 1949 年之後，中國大陸的大學盲目追隨蘇聯，強行實施所謂「院系調整」，把原有的已經建成體系的中國教育降格為黨的「馴服工具製造廠」，以培養「革命的螺絲釘」或「技術文盲」一類的「專家」、「工程師」相標榜，毀了幾代中國青年，至今後遺症仍然嚴重。以此對照傅斯年當年對中國教育界的告誡及其深謀遠慮，人們不能不佩服他的超絕卓識和博大胸襟。

三、

　　傅斯年廣為中國大眾所知，主要來源於他石破天驚地直言批評政府，無畏地挑戰政治權力的道德勇氣。由此，他當時被稱為「老虎」——自由之虎。

　　1947 年 2 月 15 日的南京，春寒料峭，政局沉悶。突然，一篇爆炸性的政論〈這個樣子的宋子文非走開不可〉赫然出現在《世紀評論》週刊上。這篇炮轟當時行政院長的執筆者，竟是一介書生、著名史家傅斯年，遂引起春潮湧動。已過知天命之年的傅大炮開篇就直言：「古今中外有一個公例，凡是一個朝代，一個政權，要垮臺，並不由於革命的勢力，而由於他自己的崩潰！」其實，宋子文初上臺時，傅斯年還寄予希望，曾在《大公報》發表評論說過宋的好話，以為他和孔祥熙不一樣。但事隔不久，傅斯年透過觀察宋子文的黃金政策、工業政策、對外信用、辦事作風、中國文化修養和態度，看清了宋的真面目。於是，他拍案而起：

　　「我真憤慨極了，一如當年我在參政會要與孔祥熙在法院見一樣，國家吃不消他了，人民吃不消他了，他真該走了，不走一切垮了。」

　　在中國，一位著名學者如此直言不諱，抨擊政府首腦，異常罕見。因此，一文既出，議論蜂起，「各地報章紛紛轉載，舉國注目。」據那天的胡適日記，成舍我主辦的《世界日報》當日甚至用了〈傅斯年要革命〉這樣聳人聽聞的標題。

該文發表後，不到半天時間，這一期《世紀評論》在上海市面上就見不到了。是《世紀評論》的發行量空前迅猛地增加所引發？非也。而是有人從報販手裡將刊物全部收買去了。有好事者憤懣不平，即刻前往鼓動《大公報》重行發表，頓獲同意。於是次日早晨，這篇文章又出現在《大公報》上了。後來。儲安平主編的《觀察》週刊將刊載傅斯年文章的刊物搜買一空的策略，稱之為「寓買於禁」。

　　一星期後，傅斯年在《世紀評論》第八期再發一炮：〈宋子文的失敗〉，直言：「自抗戰以後，所有發國難財者，究竟是那些人？……（孔、宋）二人雖不睦，但禍國的事，卻也『蕭規曹隨』。」

　　說到工商貸款，他痛心疾首：「今天的工貸都成了商貸，而且都成了投機貸。……惟有權門、霸戶、豪勢、或與這些人有關係的，才能得到貸款。孔宋二氏……使全國財富集於私門，流於國外！」

　　3月1日，傅斯年在《觀察》週刊（第二卷第一期）再接再厲，發表第三篇檄文〈論豪門資本之必須剷除〉，從國家資本、官僚資本、權門資本出發，條分縷析，將當時中國的狀況講得清清楚楚，他不是經濟學家，卻說出了很多經濟學家不敢說的真相。

　　他指出包括鐵路、銀行、航運等在內的國家資本被各種惡勢力支配著（自然不以孔宋為限），豪門把持著，於是乎小官僚資本托庇於大官僚資本，大官僚資本托庇於權門資本。小官僚大官僚資本有些是以「合法」方法聚集的，有些則由於鼠竊狗偷。無論如何是必須依靠

大勢力的，尤其是豪門資本。

權門資本一方面可以吸收、利用、支配國家資本，一方面可以吸取、保護（因保護而受益）次於他的官僚資本。為所欲為，愈受愈大。

「今天的官僚資本當然推孔宋二家，二家之外，有些在滋長中。……我想，他該告我誹謗罪了，我卻有事實證明。……所以他如以我為侮辱，必須告我於法院，我很願對簿公庭。」

從電廠到煤礦，說是「國營」，實為「宋營」。由准許私人投股之國營，一下而入於中國銀行，又由中國銀行而姓了宋，這中間，也許有他的「合法」手續，凡創朝代都是合法的。……古人說「化家為國」，現在是「化國為家」。

「在今天宋氏這樣失敗之下，他必須走開，以謝國人……」

儲安平在《觀察》的編輯後記中說：「傅孟真先生一連寫了三篇抨擊孔宋豪門資本的文章。他的文章是爆炸性的。」當年，正是像傅斯年、儲安平那些良知未泯的知識分子說出了千千萬萬老百姓的心聲，從而噴發為感動時代的文字。親歷過那個時代的何廉說，傅斯年的文章和宋子文的辭職，是有很大關係的。

四、

除了對當局表現出知識分子的獨立性外，傅斯年在政治上的清醒

和睿智,特別更表現在他對中共的認識,對毛澤東的透視力上。他是一個少見的對毛澤東其人的認識深刻、洞悉其姦的人。有人甚至認為,在中國真正對毛性格、為人瞭解深刻者,無人能及傅斯年。

1945 年,抗戰勝利後,傅斯年被國民參議會推舉為訪問延安代表團的五名代表之一。在延安訪問期間,他發現延安的作風純粹是專制愚民 的作風,也就是反自由、反民主的作風。傅斯年和毛澤東當年曾在北大相識,他們單獨在一起聊了一夜天。天上地下都談開了。談到中國的小說,傅斯年發現毛澤東對於坊間各種小說,連低級小說在內,都非常之熟悉;傅斯年得出結論:毛澤東從這些材料裡去研究農民心理,去利用國民心理的弱點,所以至多不過宋江之流。

毛澤東陪同傅斯年來到禮堂,傅看見裡面密密麻麻掛滿了錦旗,是各地獻給偉大領袖的,便諷刺說:「堂哉!皇哉!」毛感覺到了諷刺的意味,默然不能出聲。在代表團中,傅斯年是唯一的清醒者,他痛斥同行的人沒出息,說:「章伯鈞是由第三黨歸宗,最無恥的是黃炎培等,把毛澤東送他們的土織毛毯,珍如拱璧,視同皇帝欽賜飾終大典的陀羅經被一樣。」傅斯年當面對他們說:「你們把他看作護身符,想藉此得保首領以歿嗎?」傅斯年的估計相當準確,當年向毛送上諛詞的章黃等人,在中共建政之後,都沒有逃脫毛澤東布下的反智主義天羅地網,沒能躲開踐踏知識界尊嚴的毛式暴政,最後的結局都是斯文掃地且死於非命。傅斯年這門大炮火力雖猛,卻是一門準星極準、彈無虛發的大炮,他當年所說的,可謂不幸而言中了。

名垂青史的傅斯年，代表了激烈批評時政，同時深刻洞察共產主義危害的一代中國自由知識分子。正如吳稚暉對他的輓聯說形容的：「成學派自由，五四君千古；是真正校長，子民外一人。」何謂孔子真精神？傅斯年書生報國的一生，堪稱典範。那就是：用「百無一用是書生」的匹夫之志，來迎戰「勝者王候敗者賊」的強盜邏輯。

3.4.2 獨立報人張季鸞

一、

　　張季鸞，陝西榆林人，近代中國最富自由獨立色彩的報紙《大公報》首任總編輯和主筆，民國時期最具聲望的報人。在他主持筆政期間，1941年5月15日，《大公報》榮獲美國密蘇里大學新聞獎，這是當時國際新聞界極富聲譽的獎項。

張季鸞（1888年3月20日－1941年9月6日）

　　張季鸞早年留學日本，並創辦《夏聲》雜誌，1911年歸國，任《民立報》編輯。1912年元旦，孫中山先生在南京就任大總統，成立了中華民國。因其文名，經于右任推薦，張季鸞任孫先生秘書，曾為中山先生起草《臨時大總統就職宣言》。

張季鸞先生處世頗有稜角，仗義執言，以致曾兩度入獄。袁世凱任大總統時，他對於宋教仁被刺殺案，秉筆直言，遭到無理逮捕，囚禁三個月之久。袁世凱死後，他出任《中華新報》總編輯，又因揭露段祺瑞政府與日本訂立滿蒙五路大借款合同消息，致他再陷囹圄，後經各方營救獲釋。一介書生，兩度落難，兩次獲救，大落大起，預示了其一生的坎坷與輝煌。

　　張季鸞染有中國文人的文風餘韻，又有現代學人的廣博知識，像梁任公一樣，筆起波瀾，引領風潮，掀一時之氣象，成輿論之重鎮。

　　1926 年 9 月 1 日，張季鸞與胡政之、吳鼎昌（吳出資 5 萬元使報紙經濟獨立）合作接手大公報，這是其一生的轉捩點。張季鸞在主持《大公報》筆政後，先聲奪人，提出著名的「不黨、不賣、不私、不盲」四不主義辦報方針。

　　論及「不黨」，他說：「不黨云者，特聲明本社對於中國各黨閥派系，一切無連帶關係已耳。惟不黨非中立之意，亦非敵視黨系之謂，今者土崩瓦解，國且不國，吾人安有立袖手之餘地？而各黨系皆中國之人，吾人既不黨，故原則上等視各黨，純以公民之地位發表意見，此外無成見，無背景。凡其行為利於國者，吾人擁護之；其害國者，糾彈之。勉附清議之末，以彰是非之公，區區之願，在於是矣。」

　　論及「不賣」，他說：「欲言論獨立，貴經濟自存，故吾人聲明不以言論作交易。換言之，不受一切帶有政治性質之金錢補助，且不

接受政治方面之入股投資是也。是以吾人之言論，或不免囿於知識及感情，而斷不為金錢所左右。」

論及「不私」，他說：「本社同人，除願忠於報紙所固有之職務外，並無私圖。易言之，對於報紙並無私用，願向全國開放，使為公眾喉舌。」

論及「不盲」，他說：「不盲者，非自詡其明，乃自勉之詞。夾隨聲附和是謂盲從；一知半解，是謂盲信；感情衝動，不事詳求，是謂盲動；評詆激烈，昧於事實，是謂盲爭。吾人誠不明，而不願自陷於盲。」

「不黨、不賣、不私、不盲」，寥寥八字，擲地有聲。「四不主義」一旦公諸天下，就界定了《大公報》的堂堂報格，並付諸公眾明鑒，天下監督。

這八個字，並非心血來潮，並非靈感驟湧，而是淵源有自，思有所本的。

張季鸞為文坦承：「我們這班人，本來自由主義色彩很濃厚的。人不隸黨，報不求人，獨立經營，久成習性。所以在天津、在上海之時，往往與檢查機關小有糾紛。」「中國報人本來以英美式的自由主義為理想，是自由職業者的一門。其信仰是言論自由，而職業獨立。對政治，貴敢言；對新聞，貴爭快。從消極的說，是反統制，反干涉。」（1939

年 5 月 5 日《大公報》香港版社評〈抗戰與報人〉)

　　事實上，張季鸞的確也與中國自由主義的象徵性人物胡適相交相契。1933 年春，張季鸞、王芸生、胡適之在北平一同吃小館子。季鸞先生品評適之先生說：「適之先生好比龍井茶，總是那麼清新。」王芸生則品評季鸞先生，認為他好比新泡的龍井茶，清新之外還有熱。以胡適之為人為文的平實理性、寬容厚道和冷靜淵博，以張季鸞為人為文的理路清晰、見解獨到和熱情洋溢來看，上述品評，絕非文人之間的互相吹捧，而是知人論世，一語中的。誠如吳鼎昌贈給張季鸞的詩所說的：「深交孰能忘其厚，久交孰能忘其舊；我何與君兩忘之？日見百面如新覯！」

二、

　　1941 年 5 月 15 日，《大公報》獲得美國密蘇里新聞學院獎章這一世界性榮譽。張季鸞先生在〈本社同人的聲明〉中說：「而中國報原則上是文人論政的機關，不是實業機關。這一點。可以說中國落後，但也可以說是特長。……假若本報尚有渺小的價值，就在於雖按著商業經營，而仍能保持文人論政的本來面目。」

　　應當注意他所指的《大公報》「文人論政」的特點。即，《大公報》雖然具有國際媒體通行的商業經營的性質，但同時，它還擁有中國文人論政的深厚傳統。所謂「文人論政」，就是「鐵肩擔道義，妙手著文章」，就是蘊含深重的倫理擔當，即「對於國家社會負有積極的扶助匡導之責任」。這是從中國士大夫「先天下之憂而憂」的習性中傳

承下來的道統，這就使《大公報》獲得了一種在中國征服人心的力量，從而在形形色色的商業報刊中脫穎而出，臻於化境，被國際社會視為東方最優秀的報紙之一。

就張季鸞自己的為文風格而言，他是「以鋒利之筆，寫忠厚之文；以鈍拙之筆，寫尖銳之文」，這既是張季鸞對自己社評技巧的概括，也是其為文的基本宗旨。

有鑑於此，他的政論，不偏激褊狹，不任性使氣，其論事析理，穩健明達，不溫不火，如沐清風，如飲濃茶，娓娓道來，入木三分。他不靠筆走偏鋒、嘩眾取寵來奪人耳目。而是以分析的透闢，說理的犀利名世。他有一副永遠清新的頭腦，活潑綿密而又提綱挈領的思路，更有高人一籌的見解；而一流的學識經驗與文字技巧，使他不但面對國際國內紛至遝來的新聞事件，能夠迅即作出反應，幫助公眾瞭解事件背景，作出平實可靠的分析評論，甚至能在紛紜繁複的難局中，預測事件進展，指明一線出路。有時，他也不惜違逆眾意，壁立萬仞，只爭一線，給出化解難局的應對之方。當時有人評論說，張季鸞為文如昌黎（韓愈），如新會（梁啟超），無僻典，無奧義，以理勝，以誠勝，故感人深而影響遠。這種風格，播灑於萬千社評之內，如春風化雨，潤物細無聲，有助於造就社會上健全的判斷力，有益於公眾非情緒化的理性思維能力，有助於邁向一個健康的公民社會。

張季鸞為文為人是厚道的。但是，他的厚道，並非鄉愿，並非無原則捧場。當為了公義，他認為必須批評時，他的筆鋒又是很銳利的。如他曾撰寫過三篇被人們稱之為「三罵」的社評，曾經膾炙人口，風

行國中。一罵吳佩孚，是 1926 年 12 月 4 日的《大公報》社評《跌霸》，文中說：「吳氏之為人，一言以蔽之，曰有氣力而無知識，今則並力無之，但有氣耳。」酣暢淋漓，一語中的。二罵汪精衛，於 1927 年 11 月 4 日發表社論〈嗚呼領袖之罪惡〉，指斥汪精衛「特以『好為人上』之故，可以舉國家利益，地方治安，人民生命財產，以殉其變化無常目標不定之領袖欲。」三罵蔣介石，1927 年 12 月 2 日發表的〈蔣介石之人生觀〉社評，針對蔣介石因剛與宋美齡結婚而「深信人生若無美滿姻緣，一切皆無意味」，並「確信自今日結婚後，革命工作必有進步」的說法，以犀利尖銳的筆觸指出「蔣氏人生觀之謬誤」：「夫何謂革命？犧牲一己以救社會之謂也。命且不惜，何論婦人？」「兵士殉生，將帥談愛；人生不平，至此而極。」社評責問，以蔣氏的結婚後革命工作必有進步的說法來論，南京政府軍隊有數十萬，國民黨黨員也有數十萬，蔣氏能否一一與謀美滿之姻緣，俾加緊所謂革命工作？

張季鸞罵吳、罵汪、罵蔣之時，確實保持著不偏不倚的超然態度和立場。他是無欲則剛，獨立不羈。惟因如此，蔣介石亦敬重他的這一氣度，在張季鸞後半生一直與之保持良好的私人關係。事實上，也正因其超然姿態，以致《大公報》同時受到當時中國政治舞臺上兩大對立主角的青睞。蔣介石在他的辦公桌、起居室、衛生間各放置一份；而毛澤東說，他在延安經常讀的報紙就是《大公報》。

張季鸞一生的文章議論，鑄成了他那個時代的活歷史。而當年的《大公報》，則構建了中國百年言論史上的重要篇章。

3.5 自由主義思想重鎮

3.5.1 自由派哲學家——張東蓀

重個體 尊自由

張東蓀，中國現代哲學家，浙江餘杭人。他早年留學日本，畢業於東京帝國大學。辛亥之後，曾主編《時事新報》等，迻譯西書，傳播新學。二十年代之後，專門從事哲學研究，任燕京等多所大學教授，著述頗豐，廣有影響。

作為一位對東西方哲學有相當造詣的哲學家，張東蓀之進入自由主義，是通過比較哲學而獲得啟迪的。他的哲學洞見使他直指不同政治理念的哲學本體論差異：個人（個體）主義和集體（整體）主義。

張東蓀（1886 年 12 月 9 日－1973 年 6 月 2 日）

通過論述中西的社會本體觀念的差異，他指出中國政治上沒有民主的癥結在於思想上不重個體：

「故我說中國沒有『個體哲學』（individuality philosophy）。這一點卻又影響給予政治社會。就是中國人自始至終注眼於職司相配，

上下有別的秩序，而不側重於個人的『人格』。所以中國人沒有個體的思想，即不認宇宙是一個大群，其中分子都是一個獨立的精神。因此中國人在學理上不瞭解甚麼是『自由』。須知西方的『個體』、『人格』、『自由』等概念不是單純的政治思想，乃是一套哲學。倘沒有哲學上的根底，絕不會那樣深入於西方人心中。

反之，中國人卻始終有『整體』（integral whole）的思想，即主張萬物一體。我們卻不可把整體即認為是『本體』。須知西方人所謂本體（即本質）即是指宇宙的原本材料（ultimate stuff or substratum）而我們中國卻不注重於這個材料本身與材料所造者之分別。因此我們中國人所追求者不是萬物的根底，而是部分如何對於整體的適應。這就是所謂天與人的關係。

根據中國思想上不重個體之故，所以中國政治上沒有民主。」（《百年中國哲學經典》，1928 − 1949，179 − 180 頁）

張東蓀在分析中國傳統政治思想與西方傳統的區別時，敏銳地注意到了西方的教會與政府的二元對峙制衡結構與中國式的政治上的「天人合一」的一元論權力結構之差異。他提出：

「總之，儒、道、墨三家的政治論，都是把天列為貫通於治者與被治者之間的第三者。且皆以此第三者之性質以決定那二個的性質……。

有人說這是和西方的神權政治相彷，我以為不盡然。西方中古時代的人，如 Augustine 聖奧古斯丁、Thomas Aquinas 多瑪斯 · 阿奎那

所講的政治理論。如《City of God》等書卻總是主張在政府之外尚有『教會』（church）。這乃是根據實際的狀態，教會直接代表上帝，政府至多不過助理而已。所以後來方能演變為政府與教廷的分離而對抗。

中國不然，中國的天直接為天子所代表而沒有教會。因此中國的神權政治後來只有退步到實際政治。而西方的情形卻因為有教會，教會對人民直接可以教化。故政府有暴政，教會有時亦可率人民出來抵抗。並且在最初是政權反在教會之下，故政權比較上易於清明。所以西方的『人權』思想未嘗不是得力於政教分開，而『人格』的思想亦有這裡造出來。所以中國在古代雖亦如西方在古代一樣，同樣是以神權為政權的基礎，但其情形卻並不相同。以致後來的推演卻就大大不同了。」（《百年中國哲學經典》，1928－1949，182頁）

上述兩點，是理解生發於歐洲的自由主義的關鍵。這使張東蓀的思想在當年中國自由派營壘中別具一種深度，得到國內外相當程度的公認，並賦有學院派的色彩。

坐言起行

作為自由主義者，張與大多數中國自由派一樣，屬於帶社會主義傾向的左翼。但他的思想來源主要不是費邊派的拉斯基等人，而是深受基爾特社會主義的影響，同時也受了美國哲學家杜威的實用主義思想薰染。他是在中國傳播實用主義杜威思想的最早的哲學家，並撰寫了《實用主義的真理觀》一書。

作為基爾特社會主義（Guild Socialism）和杜威實用主義

（Pragmatism）籠罩下的自由主義者，他對中國自由主義的思想背景貢獻了多元的色調。然而，不必諱言，由於當時時代總體氣氛的影響，張東蓀的思想也難免有某種歷史發展階段論的成分，他只是把自由主義主導的社會看成通往社會主義的必經之途。他說：「就人類言，最理想的是一個民族經過充分的個人主義的陶養以後，再走上社會主義或共產主義之路」。「中國沒有經過個人主義文化的陶養而遽然來到二十世紀是一個遺憾。」

中國的自由主義者，一方面是清醒地意識到資本主義發展的不可避免，另一方面，又不可抑制地對社會主義懷有偏好，這一兩難思想困境，在二十年代初的社會主義論戰中，在張東蓀身上已經表現得相當充分。為解決這一困境，張東蓀後來的理論策略是提出一種階段性的妥協主張（即首先發展資本主義，然後再實行社會主義原則），暫時排解了內心的困惑。但當年中國的自由主義者很少能夠抗拒「既要英美自由主義國家的政治自由，又要蘇聯社會主義所宣傳標榜的『經濟平等』」這樣一種完美主義的誘惑。有鑑於此，帶左翼色彩的自由主義成為相當多的有西方學術背景的中國知識人的選擇，就不難理解了。

「五四」之後，在梁啟超、張東蓀與馬克思主義者之間發生過一場關於資本主義、社會主義的論戰。梁、張的主要觀點是，當時中國受帝國主義壓迫，經濟窘困，目前最為迫切的問題是發展資本主義，先解決人民的生計問題；現時還不配將社會主義革命，還不需要社會主義思想、社會主義的黨，這些等將來才有用。論戰中，陳獨秀等雖

然反駁了梁、張的觀點，實際上並沒有駁倒他們。只是說社會主義比資本主義好，中國可以跨越資本主義去實現社會主義。但怎樣跨越資本主義這一問題，陳獨秀們並沒有回答，也無法回答。

雖然有較深的理論涵養，但張東蓀也並非一個侷限於書齋中的學人。他有興趣於政治活動，亦有個性，敢冒風險。

1934 年，他與張君勱等發起組織國家社會黨，後來張東蓀於 1946 年退出。在中日戰爭期間，曾被日本人逮捕，入獄達兩年多。

張東蓀當年在上海光華大學做教授時，每次開校務會議，主席都要恭讀《總理遺囑》，張說：「下次再讀遺囑，我就不來了。」遂奪門而去。

國共四十年代內戰時期，他曾做國共雙方之間的調人。特別是，張東蓀作為當時北平守將傅作義與中共談判的代表，對和平解決北平的對峙局面是立了功的。1948 年 4 月 27 日，毛澤東曾給劉仁寫信說：「請經妥人告訴張（東蓀）符（定一）兩先生，我黨準備邀請他們兩位及許德珩、吳晗、曾昭掄及其他民主人士來解放區開各民主黨派各人民團體的代表會議。」

但是，中共建政後，五十年代初，北京政府很快就變臉了，這位曾經有功於中共的人，居然被毛澤東誣為「美國特務」，而慘遭迫害，其次子和三子也先後自殺。一代自由主義哲學家、學者張東蓀，於

1973 年，在文化革命的淒風苦雨中去世，時年 87 歲。

　　這與中共在 1949 年後以武裝暴力奪取政權後所實施的反智主義式洗腦運動息息相關。

　　前面我們講了中共建國初期開展的土改、鎮反肅反、三反五反這三大運動，這些運動都是有特殊內容和具體時間限制的。這裡要講的，則是常規性的無時間限制的，就是所謂知識分子思想改造，即「洗腦」。當然在這種經常性的洗腦中，時時也插入一些具體的有時間限制的小運動，如：交心運動、批判胡適、批判武訓、批判紅學家俞平伯、批判北大校長馬寅初的《新人口論》、鎮壓胡風「反革命集團」等等。它們是對中國憲政民主的精神資源和載體的摧毀。

　　大家知道，在 1949 年以前，中國的知識階層，除了追隨共產黨和國民黨的左右兩翼以外，還有一批人是所謂「第三勢力」，他們大部分是受到西方自由主義的影響，對國共兩黨都持批評態度，是對民主憲政最為渴求的一批中國人，即毛澤東所說的「民主個人主義者」。例如，當時儲安平辦的《觀察》雜誌的特約撰搞人，著名的如胡適、羅隆基、潘光旦、費孝通等等。這些人當時批評國民黨專制都很激烈，為什麼後來留在大陸的都失去了獨立性和鋒芒，沒有聲音了呢？

　　這就涉及中共的體制。它的極權統治比國民黨的威權統治嚴酷且有效得多。

．首先是在經濟基礎上。過去批評國民黨，損失常常不過就是當不成官，不受政權青睞而已，但你還有退路，你可以當記者，甚至報紙被封了你還可以到私立大學、中學、小學去教書，還可以到私人企業去當職員，甚至還可以像陶淵明一樣，靠老家的幾畝薄田維生，「不為五斗米折腰」。

但是在共產黨統治下，你的一切生計都捏在它手裡。你想當陶淵明？沒門！你家的田地在土改中已經被沒收，你回去就是地主，只有挨鬥的份；你要經商擺個小攤，不行，資本家是要被逐步消滅的對象。當時，中國知識分子要想憑一技之長謀生，只有向黨政機關、學校、國營工廠、企業商店求職，但所有這些單位全都是共產黨控制的。真正是「普天之下，莫非王土；率土之濱，莫非王臣。」也就是說，當時全國只有一個大「老闆」，就是共產黨，別無分店。除了服從中共或者餓死之外，別無選擇。因此，為了五斗米，所有人都得折腰。否則，就是死路一條。在這種體制下，過去那些自由派知識分子怎麼還可能發出獨立的聲音呢？當然，接受洗腦就是唯一出路了。

中共的洗腦，第一個方法是所謂「政治學習」。無論哪個單位，所有員工都得參加這種政治學習，內容是學習馬克思主義和毛澤東著作，具體包括官方統一的社會發展史、哲學和政治經濟學，以及各次政治運動發下來的文件和黨報社論。政治學習不分文化程度，不管是教授還是清潔工，都是同樣的材料與學習方式。由於這一強制性的學習，無休止的灌輸，鸚鵡學舌，眾口一詞，長期的重複與積累之後，人們的思想逐步僵化，被一種官方語言所支配，成了一台留聲機，對

任何事物都有一套社論語言應對，陳詞濫調，千篇一律。學習的後期階段往往是批判自己過去的思想：「脫胎換骨，重新做人。」實際上就是喪失自我，消滅自我。

洗腦的第二個方法是使人告密、揭發合法化，並建立整人害人的「檔案制度」。

告密即中共所說的「向組織彙報」，為了控制每個人，它鼓勵人們互相告密，互相揭發，利用人性的弱點，利用人的求生和向上爬的本能，鼓勵他們定期「打小報告」，揭發他人的言行乃至私生活，使這些人幾乎成了專業密探，無孔不入，如影隨形。這些「小報告」往往斷章取義，甚至歪曲捏造，而單位領導常常不經對證，實行「有罪推定」，把這些材料裝進人事部門的個人檔案袋中，跟隨你一輩子。你的入學、求職、升遷、工作調動，都與此緊密相關。而你自己一輩子都看不到它，不知道你的檔案裡裝了些什麼「黑材料」！有些人一輩子不順、挨整，至死搞不清原因，原來是檔案中的一條密告毀了他一生！

這種制度實際上是一種最嚴酷的特務政治，而中國就逐漸變成了一個員警國家，人權保障離它已經越來越遠了。

3.5.2 自由儒家——徐復觀

一、

在一般中國人印象中，中國文化傳統，特別是其主流——儒學，與西方主流價值，特別與自由主義分處兩極，是兩種相反的形態，相互衝突，截然對立。在文明演化中，二者將呈現「零和」遊戲的特徵：一方的成功，就是對方的失敗。不可能有「雙贏」的局面出現。

徐復觀（1904 年 1 月 31 日－1982 年 4 月 1 日）

但是，徐復觀先生，卻是異數。他的學術和社會實踐，，打破了上述定見。徐先生堪稱中國現代史上的「稀有品種」。作為一位新儒家，1958 年他與牟宗三、張君勱、唐君毅一起，發表了著名的《為中國文化敬告世界人士宣言》（亦被簡稱為《中國與世界》），成為新儒學的代表人物之一。在另一方面，他又是一位民主鬥士，認同發源於西方的自由主義，徐復觀於 1949 年在香港創辦著名自由主義刊物《民主評論》，並擔任該刊主編。《民主評論》還在臺北設有分社。在傳播民主自由方面，在當年中國的紅色風暴不可一世的時代氛圍下，《民主評論》中流砥柱，對於抵抗共產主義意識形態，做出過令人矚目的貢獻。

徐復觀，名秉常，字佛觀，1904 年生於湖北省浠水縣，1982 年卒於香港九龍。早年曾在湖北省立第一師範上學，後到日本留學。回國後，投身軍旅乃至參與高層樞機，介入政治活動多年。40 歲以後，毅然轉軌，走上學術之路，潛心於國學，特別是儒家學說的研究。著書十餘種，三百多萬字，主要有《兩漢思想史》三卷，《學術與政治（甲、乙集）》、《徐復觀雜文》六集、《中國藝術精神》、《中國思想史論集》及續集、《石濤之一研究》等。其《兩漢思想史》已成為經典著作。

　　徐復觀對國學的研究，在政治文化的層面著力最多，也最有創獲。特別在在中國政治思想史研究中，他相當深入地挖掘了專制政治的歷史根源，提出了秦代「典型專制政治」說以及自秦迄清二千年沿襲專制政治的判斷，揭露了專制體制下社會全面異化和長期停滯的史實。與此同時，與其批判精神相對照，他又對中國傳統文化、特別是儒家文化有很深的溫情與敬意，給予了同情的瞭解和理性的認識，對儒家文化與專制政治進行了細緻的分疏。因此，徐復觀對於古今專制政治的批判並未導致他走向「全盤反傳統」，而是大體上能夠實事求是，清醒評判，有褒有貶，平衡務實。

　　譬如，他曾提出「中國文化的層級性」的命題。所謂「層級性」，「是指同一文化，在社會生活中，卻表現許多不同的橫斷面。在橫斷面與橫斷面之間，卻表現有很大的距離；在很大的距離中，有的是背反的性質，有的又帶著很微妙的貫通關係。」對應於專制政治與儒家傳統來說，徐先生認為：「中國歷史中的政治，和由孔子所傳承、創造的學說，是兩個不同的文化橫斷面，在歷史中盡著正反兩種不同的

作用，二者固然存在著『互相滲透，無形中形成一種合理與非合理的混雜地帶』的現象，但是，僅從中國的政治史來斷定中國整個文化的性格，固然是荒唐；即就政治橫斷面中的某一事項，而一口斷定其是非善惡，也常易流於武斷。」（徐復觀《中國文化的層級性》）。這便運用系統模型方法，從學理上對專制政治與儒家傳統進行了分疏（甚至對歷史政治本身也進行了分疏）。

而徐復觀的這一系列判斷，又並非在書齋的學術象牙塔裡冥思苦想達成。他早年參與國民黨高層樞機的實際經歷，使他對於通過最高統治者所體現的現代中國政治的專制本質有著深刻的認識和實際的感受，這就增加了他的研究成果的可信度、本土性和客觀價值，令學界政界另眼相看，難於忽視。

二、

1956 年，已經離開政權系統在東海大學任教的徐先生，發表了一篇轟動臺灣的文章——〈我所瞭解的蔣總統的一面〉（載《儒家政治思想與民主自由人權》）。本來，徐復觀與蔣介石有很好的私人友誼，在該文中，雖然對蔣的措辭客氣恭敬，但實質上對於蔣氏的政治性格進行了十分嚴厲的批評。徐先生首先認為，蔣氏存在著主觀意志與客觀情況相違背而以主觀的直感欲望強制客觀事物就範的問題。其次，徐先生認為蔣氏存在著不遵守作為自己的主觀意志之客觀化的典章法制的問題。其三，徐先生認為蔣氏在受言納諫的藝術方面修養拙劣，致使「一般聰明才智之士，則只能竭盡其聰明才智，作『臺詞』的準備，以便必要時在蔣公面前背誦舞臺上的臺詞。而臺詞的最大要點，便在

防止不致因刺激感情而碰上釘子。所以這種臺詞，只對蔣公的感情負責，而不敢對客觀問題負責，並常常增加與客觀問題的距離。」其四，在用人問題上，徐先生指出，蔣氏「對於情意上的要求，在不知不覺之間，常重於在事實上的考察。一個幹部，若作了一件合乎蔣公情意的事，則不論因此而受到多大損失，蔣公內心還是喜歡。……於是常常因為一人的『暗惡叱吒』，而使政府內的『千人皆廢』」。徐先生認為，主要是由於蔣氏這種政治性格，導致「國家是整個底失敗了」。這是在當時臺灣的政治氣氛下，對國民黨威權獨裁統治所公開進行的最嚴峻的批判。

他的上述批判來自他對二千年來專制主義的黑暗統治和傳統社會、傳統士人的痼疾和流弊的深入研究，來自他對現實政治專橫黑暗的切身感受，來自他中國傳統士大夫的凜凜風骨，來自他絕不曲行媚世的狂狷性格，來自他飽讀詩書所薰染的憂患意識和批判精神，也來自他對西方自由民主法治理念的誠摯認同和身體力行。雖然，他對儒學與自由主義的協調貫通仍有一些主觀牽強的痕跡，他對現代政治的理解仍有熱烈情感重於冷峻理智之偏頗，但是，作為一個洗盡了鄉愿庸人習氣、襟懷坦白的性情中人，徐復觀在現代中國知識分子中確實是罕見的異數。

徐復觀所處時代，是所謂五四後的時代，中國知識界已經身處西方文化影響的大潮流下，已經無法迴避其挑戰了。徐先生以一種獨特的方式回應西方文明對儒家文化的嚴峻挑戰，走的是某種特殊的「中庸之道」。在徐復觀看來，中國以儒家為代表的「道統」，徒有個人

道德，缺乏制度化的組織。在政治之外，沒有社會的立足之點。因而，他肯定了西方民主政治所依據的自由主義的制度性功能，提出現代知識分子必須在知識和人格的基礎上重建社會的立足點。這一觀點，賦有傳統主義因素而又超越了傳統主義，並吸收了自由主義的重要養分。

儒學和自由主義這兩重精神資源，在徐復觀那裡，並非水火不容，不共戴天。誠然，二者是有其內在的緊張，但也並非處處對抗。徐復觀更傾向於也致力於尋找二者間的並行不悖之處，甚至可以協調之共識。尤有甚者，他甚至相信在中國古典思想中蘊蓄著相當多的自由主義資源，值得開掘發皇。當然，他也敏銳地看出指出基於原子式個人主義的自由主義由於個人與社群之間的緊張而導致的一系列困境（應當指出，以海耶克為代表的當代自由主義並不認同原子式個人主義，指出那是一種假的個人主義）。他認為儒家兼顧個體與全體的中庸之道對此將有所貢獻。

徐復觀這一打通傳統儒學與民主政治的意志和超絕的努力，不由得不使中國知識界滿懷欽敬。徐復觀的上述理念，被人稱之為「儒家自由主義」或「自由儒家」。鑒於徐先生的基本安身立命之所在是儒家，筆者以為「自由儒家」這一稱謂更為貼切。他與殷海光先生的令人注目的關係：在思想傾向上——亦敵亦友，先敵後友——戲劇性地象徵了他們一生的精神趨向。

3.5.3 自由的悲劇象徵——殷海光

殷福生（1919 年 12 月 5 日－1969 年 9 月 16 日），筆名殷海光

一、

殷海光本名福生，湖北黃岡人，他自稱「後五四時代」（a post May-fourthian）人，是上世紀下半葉中國自由主義的中流砥柱，一位特立獨行不見容於世的悲劇思想者。

殷海光早年即對邏輯與哲學深深著迷，高中二年級十七歲時即翻譯了《邏輯基本》一書。1937 年「七七」事變後，殷海光於次年進入昆明西南聯大就讀，師從金岳霖，1949 年到臺灣，在台大哲學系任講師，幾年之後升任教授。殷海光演講邏輯透徹，廣博清晰，激情洋溢，富於魅力，以至他在台大的演講總是擠滿了聽眾。學生們之所以喜歡他，「是因為他不但有學問，而且有自己的思想，同時待人又非常熱誠坦白」。自此，台大哲學系遂成為中國自由主義在五、六十年代的思想重鎮，他成為二十世紀五、六十年代臺灣青年最崇拜的精神領袖、抗暴旗手、民主鬥士、啟蒙大師，哺育了一批英才，對臺灣的思想變遷乃至社會、政治變遷都產生了奠基性的影響。

1949 年 11 月，殷海光與胡適、雷震等人在臺北創辦影響巨大的綜合性半月刊《自由中國》，任編委兼主筆。這個雜誌的發行人雖為胡適、雷震，因胡適不在臺灣，雷震以負責行政事務為主，靈魂人物卻是殷海光。每有文章，人皆矚目。他用言論、思想給《自由中國》雜誌導航，使該雜誌聲望日隆。在這段時期，殷海光對於現實政治極為不滿，不斷與國民黨威權政治發生激烈的言論衝突。在雷震因組黨被捕、《自由中國》被查封的「雷震案」爆發不久，為減輕其發行人雷震先生的所謂「罪嫌」，殷海光不顧個人之安危，與友人共同發表了轟動一時的〈《自由中國》言論撰稿人共同聲明〉，大義凜然，共同承擔言論責任，在黑雲壓城的危急時刻，凸顯了他的嶙峋風骨與道德勇氣。

　　殷海光對自由主義的理解最初是從邏輯實證主義切入的。在求學於金岳霖期間，他對數理邏輯、分析哲學、科學哲學以及社會學理論下過相當大的功夫。因此，對於羅素一脈的自由主義曾經相當服膺。同時，他以五四的傳人自詡，也曾是反傳統主義的中堅人物。這是他大半生信奉的思想主軸。

　　但是這一思想傾向，在其晚年，有了一些轉變。他在回答他人自己何以致此時說：「人的思想是有階段的，而且是會轉變的。我之所以轉而喜歡中國文化，有四個原因：（一）從思考反省中所得的瞭解：中國文化對於生命層域的透視，對於人生活動的安排，我漸漸地有較深的認識；（二）從生活的經驗中體會出來的：回味以前的鄉居生活，這種生活給人帶來清新、寧靜、幽美、安然、自在──這才是人的生活，才是人所應過的生活，這種生活是產生中國文化的根源；（三）我受

了 Eisenstadt（以色列社會學家什穆埃爾‧諾厄‧艾森施塔特 Shmuel N. Eisenstadt）、Parsons（美國社會學思想家塔爾科特‧帕森斯 Talcott Parsons）等人影響；（四）最近受了張灝和徐先生的刺激，引起我對於中國文化的一番思考。」（《春蠶吐絲》，陳鼓應編，增訂版，頁86）

　　殷海光臨終前，東海大學的徐復觀去看望他，他對徐承認自己以前的某些說法不對。後來甚至在信中對徐復觀這樣說：「相識二十多年來，先生常為海光提到時厭惡的人物之一，但亦為海光心靈深處所激賞的人物之一。」這一自白，呈現出殷海光為人的坦蕩胸懷以及服膺真理的氣度。

　　殷海光對於中國自由事業的影響，與其說是思想理念方面的，不如說更重要是在其人格風範和道德勇氣上。他的政論發言權被剝奪，專書被禁，出國權利遭褫奪，但他的凜凜風骨，他的悲劇抗爭，他的責任擔當，他的滿腔熱誠，使他在臺灣成為自由主義的殉道者和理想標竿。

二、
　　在某種意義上，殷海光與徐復觀之間的戲劇性關係，象徵了中國現代自由主義與中國傳統價值（特別是儒學）之間的分分合合的戲劇性關係。

　　由於自我認同為五四傳人，在很長一段時期內，與胡適、魯迅等

人一樣，殷海光對中國傳統是持激烈批評態度的。但是，離開了書本，殷海光通過自己一生的經歷，深切體驗到：「中國的自由主義者先天不足，後天失調。」

　　他指出，中國版的自由主義與西方原版的自由主義不可能一樣。像西方自由主義者那樣的自由主義者，在中國真是少之又少。一個真正的自由主義者，至少必須具有獨立的批評能力和精神，有不盲從權威的見解及不依附任何勢力集體的氣象。他批評胡適本人及胡適以降的知識分子，思想根基淺薄，心智麻木，失去了獨立思考的判斷力，缺乏道德勇氣、擔當精神和批判精神。殷先生為什麼要對賦有浩然之氣的孟子倍加讚揚，原因即在於此。

　　殷海光晚年愈來愈認定：孔仁孟義所代表的道德價值，是傳統儒學與自由主義重要的相契之點。所謂中國自由主義者如殷先生舉出的嚴復、譚嗣同、梁啟超、吳虞、胡適、吳稚暉等，先天不足，後天失調，乃在於他們得了資源匱乏症。

　　殷海光晚年思想轉向最重大的意義，是啟發後人思考自由主義與傳統思想資源的關係問題。他說：「中國的傳統和西方的自由主義要如何溝通？這個問題很值得我們的深思。」這雖是他在臨終前正式提出的，然而關於類似問題的反思，我們亦可追溯到 1965 年。殷先生在《中國文化的展望》中批評五四以來影響甚巨、附和甚眾的陳獨秀的議論──「要擁護那德先生便不得不反對孔教、貞節、舊倫理、舊政治；要擁護那賽先生，便不得不反對舊藝術、舊宗教；要擁護德先生又要

擁護賽先生便不得不反對國粹和舊文學。」殷先生說，類似影響大的言論不一定正確。

「一種言論如因合於一時一地的情緒偏向和希望而形成了所謂『時代精神』而被普遍接受，那麼錯誤的機會可能更多。這類『時代精神』式的言論，等到時過境遷，回顧起來，加以檢討或分析，往往發現是『時代的錯誤』。我現在要問：如果說必欲倒孔才能實現民主，那麼西方國邦必須掃滅基督教才能實現民主。但是，何以西方國邦實行民主和信奉基督教各不相傷呢？我現在又要問：如果說必欲反對舊文學和藝術才能提倡科學，那麼現代西方國邦科學這樣高度發達，是否同時停止究習古典文學和藝術了呢？」殷指出這種非此即彼、二元對立的思考在邏輯上完全不通。

他又說：「也許有人說，基督教義與孔制不同。基督教義涵育著自由、平等和博愛，所以容易匯出民主政治。孔制裡沒有這些東西，所以無從匯出民主政治。因此，中國要建立民主，必須排除孔制，另闢途徑。我現在要問：孔仁孟義，再加上墨氏兼愛，為什麼一定不能匯出民主？」這是對整個現代中國知識界的天問！

中國自由主義者的現代課題，不是對中國傳統的全面否定，而是對傳統創造地改進。就民主政治所需要的公共空間、道德社群而言；就消極自由層面的分權、制衡、監督機制和積極自由層面的道德主體性而言；儒家和傳統諸家都有可供轉化和溝通的豐富的精神資源。

1966 年 12 月 1 日，殷海光在給林毓生夫婦的信中無不悲傷地說：

「你知道我在這個島上是島中之島。五四以來的自由知識分子，自胡適以降，像風捲殘雲似的，消失在天邊。我從來沒有看見中國的知識分子像這樣蒼白失血，目無神光。他們的亡失，他們的衰頹，和當年比較起來，前後判若兩種人。在這樣的氛圍裡，懷抱自己的想法的人之陷於孤獨，毋寧是時代的寫照。生存在這樣的社群裡，如果一個人尚有大腦，便是他不幸之源啊！」

這是殷先生個個人悲劇，也是中國自由主義的時代悲劇。

3.5.4 從「坐而言」到「起而行」
——雷震與《自由中國》

一、

雷震，字儆寰，生於浙江長興，學生時期即加入中華革命黨，畢業於日本京都帝國大學政治學系，主修行政法與憲法。1926 年返國。曾任國民政府法制局編審、教育部總務司長，抗戰時期擔任國民參政會秘書長，1946 年出任政治協商會議秘書長，負責同各黨派（包括共產黨）和無黨派社會賢達聯絡溝通。雷還是黨中央監察委員，並獲選為制憲國大代

雷震（1897 年 6 月 25 日－1979 年 3 月 7 日）

表,親身經歷了 1946 年中華民國憲法制憲的全過程。

1949 年底,國民政府敗退臺灣後,11 月 20 日,《自由中國》半月刊創刊,時在赴美國途中的胡適應邀為刊物擬定了四條辦刊宗旨,並擔任名義上的「發行人」,雷震任社長,毛子水任編輯部總編輯。編委包括毛子水、王聿修、申思聰、李中直、杭立武、金承藝、胡適、夏道平、殷海光、許冠三、崔書琴、張佛泉、黃中、雷震、戴杜衡、瞿荊洲和羅鴻詔等人,為自由派學人的一時之選。刊物由雷震負責實際運作,主旨在傳播民主自由,未幾,即成為銷量最廣的政論雜誌。

開初一年餘,被稱為「各黨各派之友」的雷震由於在政府內外的廣泛人脈,故當局與《自由中國》基本上相安無事。但是,自 1951 年 6 月,因刊出夏道平執筆的社論〈政府不可誘民入罪〉一文,針對政府金融管制引起的一宗情治人員貪污枉法情事加以抨擊,雜誌開始遭到黨政軍三方面的壓力。該期出刊第三天,情治人員就闖入雜誌社,逮捕一編輯,並留下三名特務予以監視。雷震遂與多位黨政要員商討,他們建議再發一篇社論加以平衡,雜誌便以〈再論經濟管制的措施〉為題又發了一篇社論,其觀點基本又退回到金融管制的原點。

但這時遠在美國的胡適見到這兩期刊物後,大為不滿。1951 年 8 月 11 日,他致函雷震:「……論〈政府不可誘民入罪〉,我看了此文,十分佩服,……以說是《自由中國》出版以來數一數二的好文字,……忽然來了『四卷十二期』的〈再論經濟管制的措施〉,這必是你們受了外力壓迫之後被逼寫出的賠罪道歉的文字……我正式辭去『發行人』

的銜名，一來表示我一百分贊成〈不可誘民入罪〉的社評，二來是表示我對於這種『軍事機關』干涉言論自由的抗議。」雷震本來就憤懣在心，胡適的來信正好成反擊的利劍，他將信的全文刊發在《自由中國》上。這再度引起了情治單位的不滿。自此事件開始，《自由中國》於當局的關係開始連鎖演變，一發而不可收了。

接踵而來的，是執政黨對教育界控制與反控制的衝突。當年在臺灣，當局不僅在校園內散發黨部宣傳讀物，還要求每個學生背誦「三民主義讀本」、「總理遺訓」、「總統訓詞」，其強制灌輸的「黨化教育」激起反彈，學生、家長無不怨聲載道。1954 年 5 月底，三位家長投書《自由中國》，對「黨化教育」嚴重干擾學校的正常教育，提出激烈批評：

「……真正的課業，反而丟在一旁……我們的教育應該是自由的教育，而不是任何一黨包辦的黨化教育……全省的公立學校，都是用納稅人的錢來辦的。教育當局和救國團不可借教育之名而行黨化之實……」（《自由中國》，1954 年第 11 卷第 12 期）

此舉終於令當局勃然大怒。1954 年 12 月，蔣介石以「不守黨紀，影響國民黨名譽」為由，下令開除雷震的黨籍。「骨鯁之臣」終於與當局分道揚鑣了。

此後，《自由中國》的言論節節升高，不僅於 1956 年 10 月，傾力推出了由胡適、徐復觀、毛子水、夏道平、陳啟天、陶百川、王世傑、

雷震等人的 16 篇文章組成的對蔣介石的「祝壽專號」，忠言直諫，反對蔣氏三連任總統的違憲意圖，勸告蔣介石儘快結束獨裁專制，逐步實施憲政民主。如此祝壽，撼動人心，酣暢淋漓，連銷九版，一時洛陽紙貴，造成政界學界轟動。自然，緊隨而來的，就是當局的經濟封鎖和政治圍剿了。

二、

　　從 1957 年 7 月開始，《自由中國》連續 8 個月推出「今日之問題」的 15 篇社論系列，全面檢討了上世紀五十年代臺灣「白色恐怖」時期從政治到經濟的各方面問題與癥結，並在最後直達問題的總關鍵——反對黨問題。

　　「反對黨問題」的出刊表明，雷震不僅透過《自由中國》發揮知識分子的言責，更企望以行動結合臺灣的本土精英，他計畫於 1960 年準備籌組一個反對黨——「中國民主黨」，以組黨的實踐活動召喚政黨政治。於是，雷震從「坐而言」走向了「起而行」。這一行動，終於徹底開罪了當局。1960 年 9 月 4 日，國民黨當局以「知匪不報，為匪宣傳」的罪名起訴雷震，並處以十年徒刑，此即轟動一時的「雷震案」。《自由中國》編輯傅正、經理馬之驌、會計劉子英等一同被捕。

　　其時遠在美國的胡適，驚聞雷震被捕，痛心疾首，立即在九月四號當天，向當時的行政院長陳誠發出電文，指責國府「必將蒙摧殘言論自由之惡名」。專電曰：「臺北外交部請轉陳兼院長辭修兄：九〇〇號電敬悉。今晨此間新聞廣播雷震等被逮捕之消息，且明說雷是主持

反對黨運動的人，鄙意政府此舉甚不明智，其不良影響所及可預言者，一則國內外輿論必認為雷等被捕，表示政府畏懼並挫折反對黨運動，二則此次雷等四人被捕，自由中國雜誌當然停刊，政府必將蒙摧殘言論自由之惡名，三則在西方人士心目中，批評政府與謀成立反對黨皆與叛亂罪名絕對無關，雷儆寰愛反共，適所深知，一旦加以叛亂罪名，恐將貽笑世界，今日唯一挽救方式，似只有專電所謂遵循法律途徑一語，即將此案交司法審判，一切偵審及審判皆予公開。」

在臺灣，由於雷震的被捕，《自由中國》實際上已無法再辦下去了。《自由中國》半月刊總共存活了 10 年 9 個月又 10 天，前後共出刊 260 期。而出刊這 10 年，正好橫跨上世紀整整一個五十年代，這也是國民黨自大陸退守臺灣後，在政治上風聲鶴唳、危機四伏的最初 10 年。

1960 年 10 月 22 日，胡適曾對記者表示：「外傳《自由中國》的編委們有意請他擔任發行人主持復刊，他從未接過相關信函，也無人和他談過此事。」（《胡適先生年譜初稿長編》，3343 頁）。不過，胡適先生又說：「一種雜誌為了爭取言論自由而停刊，也不失為光榮的下場……」唐德剛說，雷案之後，胡適好像一下子老了 30 歲。1961 年陰曆 5 月 26 日雷震 65 歲生日，胡適想念獄中的雷震，手書南宋詩人楊萬裡的詩〈桂源鋪〉贈予雷震：「萬山不許一溪奔，攔得溪聲日夜喧。到得前頭山腳盡，堂堂溪水出前村。」第二年的 1962 年 2 月 24 日，胡適就因心臟病而去世了。

對臺灣民主憲政發展來說，雷震，是一位承前啟後的人物。直至上世紀八十年代，臺灣所有重要的政治議題都是根據《自由中國》的

言論來闡述或界定的。「《自由中國》半月刊對臺灣政治體制和社會關係所引起的問題，在出刊 10 年期間幾乎都曾論及……從思想史的角度來看，臺灣新一代不見得都讀過《自由中國》這份刊物，但所使用的語文、基本概念和陳述方式，都是從這份刊物出來的。」（錢永祥語）

回望臺灣政治的風雨之路，《自由中國》所傳播的自由民主理念，已經結成「正果」。

宏觀而言，臺灣的民主之路，民間的政治力量，有兩條基本的成長線索：「辦刊議政」與「參選組黨」。一條側重理念，另一條側重實踐。一條走菁英化路線，以自由主義知識分子為主；另一條則是走草根路線，以有志實際從政者為主。不過，二者都對志同道合者的起了精神和組織凝聚的作用，一為理念的凝聚，一為人員的凝聚。

雷震，在這一歷史進程中，可謂一身而二任。他先是辦《自由中國》，發揮言責；1960 年，又以行動籌組反對黨，以實力制衡。也就是說，中國士大夫的「立功、立言」他都在身體力行。最後，雷震身陷囹圄，以自己忠於良知的堅毅信念和道義形象，昇華到了「立德」的境界。

七十年代初，雷震先生出獄後，自購墓地，除預留其夫婦二人的墓穴外，另有三座，就是專為安葬亡兒、移葬早逝的《自由中國》社同仁羅鴻詔、殷海光而建。墓園被命名為「自由墓園」。

1979 年 3 月 7 日雷震病逝,享年 83 歲。而早在 1977 年,時年 81 歲的雷震,就已自題碑文為:

自由中國半月刊發行人
中國民主黨籌備委員雷震先生之墓
生於一八九七年六月十五日
歿於一九七九年三月七日

殷海光早在 1969 年就已去世,雷震也把他安頓在「自由墓園」。殷海光的墓碑是由雷震親筆題寫的:

自由思想者殷海光之墓
雷震敬題一九七七年四月
時年八十一歲

《自由中國》的英魂,棲息在「自由墓園」中,應是得其所哉了。

3.5.5 中國憲政理論的先驅——蕭公權

一、

蕭公權,生於南安(今江西大庾),字恭甫,號跡園。在中國現代政治思想史上,他融會中西方學術,卓然自成一家,在中國政治學領域享有聲望與影響,是在思想學術界推進憲政理論和自由觀念的卓越人物。

蕭公權（1897 年 11 月 29 日 — 1981 年 11 月 4 日）

蕭公權早年就讀清華學堂，1920 年夏季赴美留學，先後就讀於密蘇里大學和康乃爾大學，至 1926 年夏季在康乃爾取得博士學位。當年回國後，歷任南開大學、燕京大學、清華大學教授，講授政治學、比較政府以及法理學。1937 年抗日戰爭爆發，蕭先生南下成都，在光華大學、燕京大學、四川大學任教，並兼職於國立編譯館。1948 年，被選作中央研究院第一屆院士。四十年代末再度赴美，在華盛頓州立大學任中國歷史和思想史教授，名譽教授。1981 年在美國去世。

蕭公權先生的主要著述有《政治思想史》、《憲政與民主》、《翁同龢與戊戌維新》、《19 世紀中國鄉村的政治控制》、《近代中國與新世界：康有為變法與大同思想研究》以及早年（1927 年）他的博士論文《政治多元論》（Political Pluralism：A Study in Contemporary Political Theory）作為國際心理學、哲學及科學方法叢書（International Library of Psychology Philosophy and Scientific Method），由倫敦和紐約的出版社同時出版，去世後則有《蕭公權全集》九冊出版等等。

《中國政治思想史》是蕭先生的代表作，傳播廣泛，常被用作大

學的教材和主要參考書。全書從先秦年間講述到民國初年，按政治思想的歷史背景，共分三部分：

  1 封建天下之政治思想
  2 專制天下之政治思想
  3 近代國家之政治思想

　　蕭先生游走於中西文化之間，以西方文化為參照系，對中國傳統政治文化進行了全面深入獨到的研究，對中國傳統的政治思想，既見異同，又論優劣，條分縷析，脈絡清楚，既是思想史作品，又是政治分析論述，全書娓娓道來，頗見功力，已成為中國政治思想學界的經典，是在學術領域梳理和批評中國傳統政治思想的系統性奠基著作。

　　縱觀中國政治，蕭公權在《中國政治思想史》中指出，秦漢至清末，以君道為中心，「專制政體理論之精確完備，世未有逾中國者。」（見蕭著下冊，第 947 頁）按蕭公權的看法，這二千餘年，中國政治體制和政治思想「多因襲而少創造」。

　　對於部分國人津津樂道的中國固有「民本」思想，蕭先生以他所受的嚴謹的學術訓練，指出了它與民主的區別。公權先生說：「孟子民貴之說，與近代之民權有別，未可混同。簡言之，民權思想必含民享、民有、民治之三觀念。故人民不只為政治之目的，國家之主體，必須具有自動參預國政之權利。以此衡量，則孟子貴民，不過由民享以達於民有，民治之原則與制度皆為其所未聞。」（蕭公權：《中國政治思想史》）表面上看，民主只是比民本多一「民治」而已，似乎民本

與民主很接近。其實，細較之下，兩者完全不同。從政治的角度而言，「民治」的權利居於核心地位。所謂「民治」，就是由民眾自己管理自己的公共事物。

　　蕭先生並不侷限於學院高牆內研究政治思想，他也積極投入現實的政治論爭，並用自己堅實的學養，用平易的語言為民主自由背書：「什麼是民主？我們簡單的答覆是：人民有說話的機會，有聽到一切言論和消息的機會，有用和平方式自由選舉生活途徑的機會，有用和平方式選舉政府和政策的機會──而且這些機會，不待將來，此時此地，便可得著，便可利用──這就是腳踏實地的起碼民主。假使這種起碼的民主尚且辦不到，卻明唱玄虛的高調，暗用武斷的方法，那絕不是民主，而是民主的蟊賊。」（《說民主》）

二、

　　蕭公權通過有說服力的分析，不贊成當年國府所劃定的中國政治發展須經的「軍政－訓政－憲政」三階段，而主張立即實施憲政。他指出：「我個人也相信憲政是一種政治的生活方式，並不是高遠玄虛的理想。我覺得較妥當的說法似為：憲政是過程也是目標，而目標即是過程的一部分。」「千里之行，始於足下。」要達目標，須經過程。要實現較圓滿的憲政，只有從較幼稚的憲政做起。張（佛泉）先生說我們不能在達不到完美憲法理想的時候，「先過幾天黑暗的政治生活」，真是十分明快透闢之言。《大學》：「未有學養子而後嫁者也（沒有先學會撫養孩子而後再去嫁人的）」，這句話，也可以做一切「訓政論」的答覆。

（一）憲政隨時可以開始，但比較完美憲政的實現需要經過相當時日的推廣與進步。

（二）由低度憲政到高度憲政實行的過程，在實質上包含一個學習的（也可以說教育的）過程，而且學習的過程和實行的過程融為一片，不容分割為先後的段落。

（三）憲政是過程，也是目標。

蕭公權特別清楚地論述了——憲政本身就是訓政的過程。不能在憲政之外求訓政。「我再確切的聲明，我對於張（佛泉）胡（適）兩先生隨時可以開始憲政的意見是同情的。我認為除實行憲政外，別無其他訓練憲政能力的方法。我們不能再蹈襲前人『訓政論』的錯誤。然而我們也不要輕視了我國人民的弱點。我們雖不可於實行憲政之外求訓政，卻必須於實行憲政之中努力『養成民治氣質』知識階級應時時注意提高自己『參與政治的資格』，以為一般後進民眾的先趨和榜樣。」（《憲政的條件》）

「什麼是民主？我們簡單的答覆是：人民有說話的機會，有聽到一切言論和消息的機會，有用和平方式自由選舉生活途徑的機會，有用和平方式選舉政府和政策的機會，——而且這些機會，不待將來，此時此地，便可得著，便可利用——這就是腳踏實地的起碼民主。假使這種起碼的民主尚且辦不到，卻明唱玄虛的高調，暗用武斷的方法，那絕不是民主，而是民主的蠹賊。」（《說民主》）

從早年起，蕭公權就對政治多元論下有很大功夫，並也卓有建樹。

他指出該理論把有關個人自由（individual freedom）的憲法保障這一古老的觀念置於更廣泛、積極而堅實的基礎之上，這是一元論者應該吸收的重要政治理念。雖然蕭討論的政治多元論後後來的政治學者達爾（Robert A. Dahl）不同。但在筆者看來，蕭氏的更古典的略帶張力的政治多元論述，更具有理論力量。蕭寫作《政治多元論》固然與當時美國學術與政治熱點相關，當時政治多元論恰好是美國政治理論界的重要話題，同時對於這位元生於清末民初，曾熱心閱讀《民報》，並親身參與五四運動的沉思型青年，用政治多元論來對比觀照中國的現實政治，顯然是富於挑戰性的課題。這種政治多元性對於緩解在美國憲法基地上的政治一元論，提供了理論和實踐的契機，對蕭公權本人思想中的某種黑格爾色彩，是一種平衡。

　　蕭公權先生既是二十世紀學貫中西的大學者，同時又是一位穩健的「老派」人物，他不贊成「打倒孔家店」，主張把孔子的思想與專制帝王所利用的「孔教」區別對待；他認為傳統蒙學雖有戕害人性的一面，卻也未始不是一種基本功的有效訓練；他認為「新文化」對舊式家庭的攻擊過於偏頗，因為「新家庭不盡是天堂，舊家庭也不純是地獄」。當代臺灣學者林毓芳嘗言：「知識分子的一個角色就是拉車與剎車。社會太保守，你要把它往前拉。太冒進，就要幫它剎車。」蕭先生在那個急遽變化的時代所承擔的，主要是一個剎車者的角色。

　　從外部觀察，蕭公權的學術世界，呈現以下幾個特徵：一、中西文化的折衷；二、舊學與新知的貫通；三、情感與理智的交融。這三大特徵與蕭氏所處的歷史背景有密切關係。而蕭氏思想的內部特徵，則

有三個突出的面向：對道德優先性的肯定、基要主義（Fundamentalism）的取向，以及對民族文化生命的關懷。這三個方面都與近代中國人文學術的發展息息相關，而蕭氏的歷史地位，也由此益為彰顯。

從學術立場來看，蕭氏畢生關切的問題，正是中國歷史的變與常，他正是站在這一個基本關切點之上，來從事對中西文化的折衷與融會。在這種舊學與新知的融會，以及中西文化的折衷之中，蕭氏在近代中國人文學術史上，樹立了一個「治道征前史，多方論折衷。人如秋水淡，詩與夕陽紅」的典範與人格，永為後世所緬懷追念。

蕭公權的學術生涯雖然是研究、傳播和發展在西方成長起來的政治思想，但他也賦有很深的國學修養，這不僅表現在他嘔心瀝血的著作《中國政治思想史》等有關中國政治源流的開創性研究，同時也表現在他的中國格律詩的造詣中。他寫了大量詩作，常與吳宓唱和。僅在在成都的幾年，他就寫了九百多首詩。抗戰年間在成都的燕京大學，有所謂「四大名旦」：陳寅恪，蕭公權，吳宓，李方桂。這幾位教授學貫中西，博古通今，吟詩作賦，酬唱應和，是為一時佳話。這種人文景觀，幾成絕響，很難復現於後世了。

3.5.6 曠達雅致自由的文學家——梁實秋

一、

上世紀下半葉生活在大陸的中國人，知道梁實秋其人者，泰半是

梁實秋（1903年1月6日－1987年11月3日）

由於魯迅。因為魯迅一紙斥罵梁實秋為「喪家的資本家的乏走狗」的文章，被國家教育主管當局選進了中學課本，於是梁實秋先生借魯迅之筆，搖身而變成了非人。但梁實秋自己，在魯迅過世後，仍口口聲聲稱之為「魯迅先生」，並推舉魯迅的雜感文字當代無人能及。他雖然反擊魯迅對自己的挖苦，卻承認「一個能寫好文章論戰的如魯迅先生是不可多得的。」他曾說：「魯迅死前遺言『不饒恕人，也不求人饒恕。』那種態度當然也可備一格。不似魯迅那般偉大的人，便在體力不濟時和人類容易妥協。我僵臥了許多天之後，看著每個人都有人性，覺得這世界還是可留戀的。不過我在體溫脈搏都快恢復正常時，又故態復萌，眼睛裡揉不進沙子了。」語中半帶同情理解，半帶揶揄無奈（《雅舍小品‧病》）。

梁實秋原籍浙江杭縣，生於北京。1915年秋考入清華學校。1919年時積極參加了五四運動。他回憶說：「我那時候在清華學校讀書，學校在北京郊外，我們只能在週末進城一次。我記得第二天全體學生集合在操場上體育館前面……上和城裡的學生不一樣，平時都是布衣一襲，但是列隊外出則頗為整齊嚴肅，高等科的學生一律著兵操軍服，中等科的學生一律著童子軍裝。我們列隊進城受到盛大歡迎。天安門

前集會，被軍警包圍，拘送北大法學院，清華的同學亦在其列。以後我們逐日派隊進城參加遊行，作街頭演說鼓舞民眾抗議政府。這時候有一輛汽車駛了過來，不知是誰喊了一聲打，我們一湧而上，用旗竿打破了汽車玻璃，汽車狼狽而逃，我們不知道汽車裡坐的是什麼人，我們覺得坐汽車的人大概挨打不算冤枉。……這個運動由學生掀起，是自動的，沒有人指使，也沒有人操縱，只是愛國的熱情表現。所以等到學生運動擴展而為商人罷市，由北京而及於上海，這運動的目標初步達成之後，這運動也就消歇下去了。但是影響所及，學生們醒起來了，五四運動一變而為新文化運動。一方面學生們的組織力加強，學生會紛紛成立。以清華的學生會而論，其組織是頗為民主的，評議會的成員由各級選舉，幹事會為執行機構分組工作。我們的學生會因為和學校當局齟齬，一連發生三次風潮，把校長三人逐出校外，其基本原因是當局的官僚作風未能因勢利導。全國其他各校也是事變迭起，秩序大亂。但是在另一方面，學生們的思想開放，求知若渴。對舊有的不能一律滿意，乃歡迎外來的新的思潮，諸如政治學說、經濟理論、文學、藝術的思想，紛至遝來。」栩栩如生的回憶表達了他對那一時期氣氛的憧憬。（《我參加了五四運動》）

在清華高等科求學期間他開始寫作。梁實秋的第一篇翻譯小說〈藥商的妻〉1920 年 9 月發表於《清華週刊》增刊第 6 期。第一篇散文詩〈荷水池畔〉發表於 1921 年 5 月 28 日《晨報》第 7 版。1923 年畢業後赴美國哈佛大學留學。1926 年回國任教於南京東南大學。第二年到上海編輯《時事新報》副刊《青光》，同時與張禹九合編《苦茶》雜誌。不久任暨南大學教授。

若論及梁實秋與魯迅在一些嚴肅觀念方面的論戰，譬如，當年魯迅與梁實秋對盧梭的不同看法——魯迅讚美居多而梁實秋批評居多——以及二人對「人性論」的觀點等諸方面爭論中，在筆者看來，梁實秋的看法其實更經得起歷史的考驗。

　　他曾正面談到自己對魯迅的看法：

　　「前幾天陳西瀅先生自海外歸來，有一次有人在席上問他：『你覺得魯迅如何？』他笑而不答。我從旁插嘴，『關於魯迅，最好不要問我們兩個。』西瀅先生和魯迅衝突於前（不是為了文藝理論），我和魯迅辯難於後，我們對魯迅都是處於相反的地位。我們說的話，可能不公道，再說，魯迅已經死了好久，我再批評他，他也不會回答我。他的作品在此已成禁書，何必再於此時此地『打落水狗』？所以從他死後，我很少談論到他，只有一次破例，抗戰時在中央週刊寫過一篇〈魯迅和我〉。也許現在的青年有些還沒有見過那篇文字，我如今被催逼不過，再破例一次，重複一遍我在那文裡說過的話。」

　　魯迅本來不是共產黨徒，也不是同路人，而且最初頗為反對當時的左傾分子，因此與創造社的一班人齟齬。他原是一個典型的舊式公務員，在北洋軍閥政府中的教育部當一名僉事，在北洋軍閥政府多次人事遞換的潮流中沒有被淘汰，一來因為職位低，二來因為從不強出頭，頂多是寫一點小說資料的文章，或從日文間接翻譯一點歐洲作品。參加新青年雜誌寫一點雜感或短篇小說之後，才漸為人所注意，終於捲入當時北京學界的風潮，而被章行嚴排斥出教育部。此後即側身於

學界，在北京，在廈門，在廣州，所至與人衝突，沒有一個地方能使他久於其位，最後停留在上海，鬻文為生，以至於死。

　　魯迅一生坎坷，到處「碰壁」，所以很自然的有一股怨恨之氣，橫亙胸中，一吐為快。怨恨的對象是誰呢？禮教、制度、傳統、政府，全成了他洩憤的對象。他是紹興人，也許先天的有一點「刀筆吏」的素質，為文極尖酸刻薄之能事，他的國文的根底在當時一般白話文學作家裡當然是出類拔萃的，所以他的作品（尤其是所謂雜感）在當時的確是難能可貴。他的文字，簡練而刻毒，作為零星的諷刺來看，是有其價值的。他的主要作品，即是他的一本又一本的雜感集。但是要作為一個文學家，單有一腹牢騷，一腔怨氣是不夠的，他必須要有一套積極的思想，對人對事都要有一套積極的看法，縱然不必即構成什麼體系，至少也要有一個正面的主張。魯迅不足以語此。他有的只是一個消極的態度，勉強歸納起來，即是一個「不滿於現狀」的態度。這個態度並不算錯。北洋軍閥執政若干年，誰又能對現狀滿意？問題是在，光是不滿意又當如何？我們的國家民族，政治文化，真是百孔千瘡，怎麼辦呢？慢慢的尋求一點一滴的改良，不失為一個辦法。魯迅如果不贊成這個辦法，也可以，如果以為這辦法是消極的妥協、沒出息的，也可以，但是你總得提出一個辦法，不能單是謾罵，謾罵腐敗的對象，謾罵別人的改良主張，謾罵一切，而自己不提出正面的主張。而魯迅最嚴重的短處，即在於是。

　　我曾經寫過一篇文字，逼他攤牌，那篇文章的標題即是〈不滿於現狀〉。我記得我說：「你罵倒一切人，你反對一切主張，你把一

切主義都褒貶的一文不值，你到底打算怎樣呢？請你說出你的正面主張。」我這一逼，大概是搔著他的癢處了。他的回答很妙，首先是襲用他的老戰術，先節外生枝的奚落我一番，說我的文字不通，「褒」是「褒」，「貶」是「貶」，如果不作為貶用，貶字之上就不能加褒，（魯迅大概是忘記了紅樓夢裡即曾把「貶」字連用，作吹毛求疵解，北方土語至今仍是如此。）隨後他聲明，有一種主義他並沒有罵過。

我再追問他，那一種主義是什麼主義？是不是共產主義？他不回答了。不要以為魯迅自始即是處心積慮的為共產黨鋪路。那不是事實，他和共產黨本來沒有關係，他是走投無路，最後逼上梁山。他從不批評共產主義，這也是不假的，他敞開著這樣一個後門。所以後來共產黨要利用他來領導左翼作家同盟時，一拍即合。事實上，魯迅對於左傾分子的批評是很嚴屬的，等到後來得到共產黨的青睞而成為左翼領導人的時候，才停止對他們的攻擊。（《梁實秋評魯迅》）

雖然魯迅曾經刻薄地咒罵過梁實秋，但是，1949 年以後，在臺灣威權統治的白色恐怖下，當有人把魯迅形容成赤色怪獸時，梁實秋仍有胸懷與勇氣站出來客觀地品評魯迅，他在上文中就公開說：「我首先聲明，我個人並不贊成把他（魯迅）的作品列為禁書。我生平最服膺伏爾泰（Voltaire）的一句話：『我不贊成你說的話，但我拼死命擁護你說話的自由。』我對魯迅亦復如是。我寫過不少批評魯迅的文字，好事者還曾經搜集雙方的言論編輯為一冊，我覺得那是個好辦法，讓大家看誰說的話有理。我在一個大學裡兼任過一個時期的圖書館長，書架上列有若干從前遺留下的低級的黃色書刊，我覺得這是有損大學

的尊嚴，於是令人取去註銷，大約有數十冊的樣子，魯迅的若干作品並不在內。但是這件事立刻有人傳到上海，以訛傳訛，硬說是我把魯迅及其他左傾作品一律焚毀了……其實完全沒有這樣的一回事。宣傳自宣傳，事實自事實。」

梁的這番話，白紙黑字，有案可查，坦坦蕩蕩，在當時的恐怖氣氛下，應當說是是難能可貴的。

二、

在思想傾向上，梁實秋的自由主義的基本要素是不能迴避的。概括言之，梁實秋是在中國文學領域的自由主義、人道主義代表性作家。他獲得這種聲譽當然應歸諸其寫作成就，但也應當看到，這與他的罵名是由魯迅和毛澤東所賜不無關係。其實，在大多數時候，他對自己的政治傾向都並未太多著墨，該傾向只是零散地流落在自己的散文和文學批評中。關於梁對政治的態度，他自己曾有一段自白：「我對政治並無野心，但是對於國事不能不問，所以我辦了一個週刊，以鼓吹愛國，提倡民主原則。」這方面，他像與他一起創辦新月書店，主編《新月》月刊的好友徐志摩、聞一多等人都是一樣的。他們都寧可被人稱作文學家，而不是思想家。雖然如此，但他們相互之間的個性風格還是很不相同的：聞一多的方式是詩人式的、感性的、火山爆發似的，岩漿噴湧完畢後，灰飛煙滅。而梁實秋的方式則是散文式的、理性式的，由絢爛趨於平淡，優雅從容，雋永沉鬱，幽默綿長。

在文學上，梁實秋最初崇尚浪漫主義，發表不少詩作。在美國哈

佛大學研究院學習時受新人文主義者白璧德（Irving Babbitt）影響較深。他的代表性論文〈現代中國文學之浪漫的趨勢〉1926 年在《晨報副鎸》發表，他認為中國新文學存在浪漫主義混亂傾向，主張在理性指引下從普遍的人性出發進行文學創作。1930 年，楊振聲邀請他到青島大學任外文系主任兼圖書館長。1932 年到天津編《益世報》幅刊《文學週刊》。1934 年應聘任北京大學研究教授兼外文系主任。1935 年秋創辦《自由評論》，先後主編過《世界日報》副刊《學文》和《北平晨報》副刊《文藝》。

　　梁實秋 40 歲以後著力較多的是散文和翻譯。散文代表作《雅舍小品》從 1949 年起 20 多年共出 4 輯。30 年代開始翻譯莎士比亞作品，持續 40 載，到 1970 年完成了全集的翻譯，計劇本 37 冊，詩 3 冊。晚年用 7 年時間完成百萬言著作《英國文學史》。

　　梁實秋在文化立場上表現出在東西融合基礎上眷顧東方文化的特色，在民主與浪漫的時代表現出一種唯美的、貴族的傾向，他充滿了後起的焦慮，與主流文壇對抗。這種文化傾向一直延續下來了。梁實秋是在「五四」新文化運動產生廣泛影響的語境下，中國現代文學的發展道路發表不同的意見，他利用了白璧德的新人文主義，希望重建「道」，重建摻揉了西方精華的現代中國的文化精神。

　　梁實秋畢生追求一種唯美而雅致的生活品味，以至於當年梁實秋在重慶北培的書齋——雅舍的聚會上，常常是高朋滿座，談詩論文求道飲酒。作家謝冰心經常到場。有一次冰心給梁實秋題詞，寫道：「一

個人應該像一朵花，不論男人或女人。我的朋友之中，男人中只有實秋最像一朵花⋯⋯」 這很典型描畫出了梁實秋的某種略帶陰柔、重情重義的雅潔的文人學者形象。

後來，在大陸文革時期，梁實秋忽然在1968年11月臺灣的《作品》上。看到謝冰瑩寫的《哀冰心》一文，裡面講「冰心和她的丈夫吳文藻雙雙服毒自殺了」。梁實秋悲情寫下《憶冰心》。1972年春天梁實秋接到凌淑華信後，才知冰心健在。很久以後冰心看到了《憶冰心》，感慨又感動。

3.5.7 自由的卓越闡釋者——張佛泉

一、

張佛泉，上世紀二、三十年代北大政治系教授，是胡適等主辦的《獨立評論》的主要撰稿人之一。作為中國自由主義的重要理論家，他所撰寫的專著《自由與人權》實際上已成為臺灣以及中國大陸知識界的經典。

五十年代初葉，中國大陸被共產赤潮吞沒，除了二戰後的國際大格局及國民黨的腐敗等原因外，中國知識界的普遍左傾化對此悲劇的降臨亦難

張佛泉（1908年－1994年1月6日）

辭其咎。當時，為數不多的有識之士深感，為中國的思想界建立起一套自由主義的理論體系，實為國民精神的緊急需求。於是，張佛泉先生於 1953 年 5 月寫成了《自由與人權》這本極有份量的著作。

書中他先於以賽亞・伯林而提出「積極自由」（Positive Liberty）與「消極自由」（Negative Liberty）之區分。伯林以「消極自由」的概念來反對「積極自由」的概念，除了承襲英、美自由主義的傳統之外，還有第二次世界大戰之後東西「冷戰」的歷史背景。自從雅各布・林博・托曼（Jacob Leib Talmon，又譯各布・塔爾蒙）把極權民主（Totalitarian democracy）與自由民主制（Liberal democracy）作出區分後，英、美政治思想史學者一般都承認近代西方民主思想有兩個傳統：其一是由盧梭開其端，經法國思想家之鼓吹而導致法國大革命，其後由德國唯心論（尤其是黑格爾）承其緒，再延伸到馬克思、恩格斯而衍生出共產主義革命；其二是由洛克開其端，經英國自由主義思想家與美國開國之父鼓吹，奠定了英、美兩國之民主憲政。海耶克把這兩個傳統分別稱為「法國傳統」和「英國傳統」，亦可稱為「歐陸傳統」和「英國傳統」。「歐陸傳統」與「英國傳統」的分歧點之一正是在於它們對於「積極自由」與「消極自由」的不同看法。而張佛泉很早就抓到了這一關鍵點，聯繫到其一生對民主憲政一以貫之的堅守，不難發現，他擁有極其難得的準確政治直覺。

張佛泉在其《自由與人權》中寫道：「『形式的』和『消極的』自由乃是民主或極權的鑒別點。積極自由論在今日世界可稱是風靡一時。它是極權世界的口號，它也是社會主義者的口號。這些人懷疑到

『消極的』自由或『除礙』原則，不過只是頭痛醫頭，腳痛醫腳；而今日的急迫需要，卻是一個全盤計畫，和一套徹底的辦法。讓我指出，這只是受了極權主義催眠之後，才講出的話。人說此話時，他心目中的全盤計畫，便是以一個超人計畫億萬人的生活、計畫億萬人的內心；他心目中的徹底辦法，便是打開一切屏障，讓億萬人供大獨裁者任情蹂躪。原來這些積極自由論者並不是在批評已有的自由方法之未能貫徹，或已有的自由項目正有待增減。他們所倡的實質自由，卻只是帶了『欽定』內容的權利。但這種實質自由的苦味，在近幾十年來極權制度下，人們實已嘗試過了。」

這些論述，顯示了張佛泉過人的歷史洞察力和對未來具有穿透性的判斷。

簡言之，「消極自由」的概念強調人不受外在阻礙而行動的範圍，「積極自由」的概念則是指人不依靠任何外在力量而自作主宰的自由。因此，前者主要是指行動的自由，後者則涉及內心的自由，甚至道德意義的自由。自由主義學者之所以提倡消極自由，而反對積極自由，其主要理據在於：消極自由因只涉及行動，而在價值抉擇上保持中立，故其涵義明確，而可以「基本自由」或「權利清單」的方式加以一一列舉，不易被歪曲；反之，積極自由必須涉及價值內涵，甚至因而涉入形上學問題，這使得極權政治有可乘之機，可藉意識形態的理由來干涉人民的行動自由。

二、

　　上世紀三十年代以後，中國自由派內部發生「民主與獨裁」的著名爭論。由於德義法西斯主義和蘇俄共產主義的興起，由於它們對國家力量的一時凝聚的顯著功效，導致其國力尤其是軍事力量的迅速增強，由於當時日本虎視眈眈，中國國難當頭，於是，中國相當一部分過去的自由主義者放棄了自由主義的立場，轉變為「新式獨裁」的宣導者。有些人（如馬季廉和何浩若）根本對民主心存懷疑，反對以憲政代替黨治。另一些人（如蔣廷黻和梁漱溟）雖不反對民主憲政，但認為中國的經濟和教育條件尚不足以言憲政，與發展這些條件相比，民主憲政並非當務之急。但是，張佛泉、胡適、張奚若、胡道維、陶孟和、陳之邁等「自由民主派」卻毫不動搖，堅守自由主義理念。他們實際上成為催生 1940 年代的《觀察》自由主義知識分子群體的中流砥柱。

　　在三十年代爭論中，中國自由主義者認為，中國憲政道路之所以曲折，重要原因在於政治當局沒有誠意。張佛泉曾說：「我們以為中國到今日所以還未能起始憲政的原因，有若干是由於當局沒有誠摯的誠意，主要的則是因為對憲政沒有正確的理解。」（張佛泉《我們要怎樣開始憲政》，《獨立評論》第 240 號）。胡適、吳經熊、張奚若、陳之邁等，也都有與張佛泉同樣的懷疑。

　　張佛泉指出，推行憲政的大障礙不在低程度的人民，反倒在政治、文化精英對憲政的高程度的完美理想。把民主理想看得太玄妙高遠，便自然在現實中看不到實行的可能。在張佛泉所舉的高程度人士中，

梁啟超是第一例。梁氏先立下一個全民「躬親政治」的理想，所以他認為必先實行開明專制，「增進國民程度」，才可以談憲政的實行。孫中山先生是第二例，因為他立下了一個人民運用四權的理想，所以他認為在施行憲政之前，必須有訓政之階段。梁漱溟先生是第三例，因為他的理想是鄉村社會中「各分子皆有參加現社會，並從而改進社會之生活能力」，所以他承認「中國此刻尚不到有憲法成功的時候」。張佛泉認為，這幾種見解都是錯誤的。因為憲政「應是個生活的過程，絕不是個死的概念」，我們不能在達不到完美憲法理想的時候，「先過幾天黑暗的生活」。

國民政府撤退到臺灣後，1954 年，張佛泉提出「諸自由即諸權利」，從此臺灣自由主義走向民權和憲政的訴求。這是自由概念的權利化在中國的開始。而中國大陸 80 年代走出極其黑暗的毛時代極權洞穴，重新經歷了一個個性張揚的時代。90 年代末自由主義重新浮出水面之後，大陸自由主義的政治學和法治主義維度開始迅速凸顯。近年來，中國大陸法學界和政治學界湧現出一批以憲政為鵠的的自由主義人物，自由的權利化表達開始成為大陸自由主義的主流。當前這一過程，非常類似於張佛泉等先賢三十多年前在臺灣所啟導的思想運程。有鑑於此，人們完全有理由把張佛泉等啟蒙者看作整個中國的自由思想先驅。

張佛泉的觀點，比較而言，在中西文化論戰中也是最富於理性和智慧的。在近一個半世紀的文化討論中，眾聲喧嘩，曾經粉墨登場過許許多多極端或折衷的中西文化觀，然而無論那些觀點有多少表面上

的不同，然而卻有一個不言而喻的前提：能否導致國家的富強成為判斷文化優劣的尺度，然而他們卻把這一功能尺度與文化自身客觀的價值標準混為一談了。在這裡，「國家」作為一個政治上的實體，首先等到了無保留的認可，作為這個政治實體的代表人與象徵物的當局政府，也同時獲得了它生存的合法性，因而這些文化比較論者或多或少都存在著某種「國家主義」的思想特性。

然而張佛泉的觀點與此不同，他透過透徹的分析指出：

「我們既非喪心病狂，何以非主張從根上西化不可？為回答這個問題，我不敢隨從陳序經先生對西洋文化作無保留的稱讚。東西文化到底哪個真好，這是內在的價值問題，而不是可以用功用名詞（Functional terms）來做滿意回答的。但只用功用名詞卻可以回答我們的為什麼須從根本上西化的問題，而無須冒險牽涉到文化內在價值問題。

然則為什麼我們主張要從根上西化？

因為我們四萬萬如想繼續在這世上生存，便非西化不可，而欲求西化則只從根上西化才足以生效！……我與主張保存國粹以圖立國的人正正相反，我深信從根上西化才是我們民族的出路。這已是一條很有力的理由，如果西洋文化在價值上也是優越的，那自然更好。」

之所以說張佛泉的上述見解比較富於理性，就是因為在理論界對西化與傳統的爭論過程中，很少有人能像他這樣明確地認識到必須迴

避中西文化何優何劣這個簡直無法回答的問題，而將文化價值問題放諸一邊，直接提出西化的功用目的，指出在當時，主張西化的人與主張保國粹的人具有一個最根本的共性，也即為了尋求「我們民族的出路」，用當時人的說法就是為了「保國」、「保教」。他的見解讓我們直捷接觸到了問題的核心——四萬萬人的生存問題。

　　他這裡所說「四萬萬人」，絕不是四萬萬個作為生物學意義上的人類個體；它所指稱的當然就是作為一個政治實體的「中國」。因而無論是曾國藩李鴻章的洋務運動、康有為梁啟超的維新運動、孫中山的改良運動、五四以來的新文化運動，還是共產黨長達七十多年的革命運動，都可以被稱之為「愛國主義」，因為從這些運動所提出的口號而言，從出發點而言，都是為了同一個目的——拯救處於即將亡國危機狀態中的「中國」，並且使它走向繁榮富強。在某種意義上來說，他們之間唯一的區別就是通過什麼道路來使國家得到拯救，以及由誰來領導這場拯救古老中國並使之重新富強的鬥爭。從這個意義上看來，除了清末提倡「驅逐韃虜，恢復中華」的部分革命黨人之外，所有的「救亡圖強」論者都不是民族主義者，而是「國家主義」者，而且包括那些提倡「驅逐韃虜，恢復中華」的革命黨人，他們也沒有真正想到過要動搖「中國」作為一個政治實體的完整性和合法性。

　　世界上諸種文化自身的客觀價值究竟優劣如何，是一個難有共同判准的形而上問題。張佛泉拋棄這一似是而非的假問題，把真正如何有利於國人生存與自由的功用性問題點明，廓清了紛擾不休的文化根本價值優劣的爭論，為自由思想的傳播掃清了一些迷霧環繞的感情障礙，這是他為近代中國思想的重要貢獻。

第四部

1949 年至 1979 年——潛水期

4.0 引論——中國大陸的自由殉道者

中共在 1949 年建政開始，就展開了對知識分子的思想改造，即「洗腦」。當然在這種經常性的洗腦中，時時也插入一些具體的、有時間限制的小運動，如：交心運動、批判胡適、批判武訓、批判紅學家俞平伯、批判北大校長馬寅初的《新人口論》、鎮壓胡風「反革命集團」等等。它們是對中國憲政民主的精神資源和載體的摧毀。

如前所述，在中共建政之前，中國存在所謂「民主個人主義者」，被稱為「歐美自由派」，以民盟為代表，還有一些無黨無派的知識分子，統稱為國共之外的「第三勢力」，受自由主義的影響，對國共兩黨都持批評態度，渴求歐美式的民主政治。譬如，當時儲安平辦的《觀察》雜誌七十多位特約撰搞人，就是這樣一股知識界的清流。

但是這批人中於 1949 年後仍然留在中國大陸者，他們的生命姿態與 1949 年前判若兩人。先前傲然獨立鐵骨錚錚者，後來則變為唯唯諾諾俯首聽命者。

何以至此？

正如我們先前談到的，這裡涉及共產黨的極權統治和國民黨的威權統治的根本區別。

中共極權統治如水銀瀉地如天羅地網般控制社會。它真正實現了

列寧所謂的「不服從者不得食」。而國民黨的威權統治，不服從者要在社會上生存還是有一定的空間的。

中共按照極權主義原則，在中國這個幾億人口的大國進行了清理和重新組織。中國原有的民間社會在這一過程中逐步消失了，而以黨為中心的「黨－國」體系像一個巨大無邊的蜘蛛網，籠罩了一切。在中國這樣一個人口眾多、地域遼闊的國家，消滅了中層的結構，消除了大大小小形形色色的中間組織，只剩下一個單一的控制中心全權獨攬。「黨即國家，國家即黨」，社會已經不存在了。

毛澤東共產黨利用垂直性的各級政權機構，特別是富於中國特色的政教合一的「單位制」、「公社制」和「戶口制」，「一竿子插到底」地包管了中國的廣袤疆域和龐大人口。其嚴酷程度，可謂「空前絕後」。

這種控制，建政之初主要是通過「單位制」及「戶口制」進行的；1958 年之後，在農村，則通過「人民公社」這一組織形態進行控制。

中國大陸的「單位」與一般國家的企業、公司等經濟組織是很不相同的。它實質上是政權體系的延伸，它對在職或退休職工及其家屬進行的包管和監控，從經濟、政治、思想灌輸、行為管束、道德訓導、文化教育、婚姻、生老病死，包羅萬象，無所不至。它是代表國家機器垂直監控個人的最基本的執行機構。在毛時代，國家的意志，實際上就是各個單位的意志。

中共發明的「戶口制」，則是政權對全社會所有人口進行監督、限制和劃分等級的對於「單位制」的補充性體制。特別是，「戶口制」對中國人口作了等級森嚴的劃分，劃爲「農村戶口」（非商品糧戶口）和「城市戶口」（商品糧戶口）兩大類，二者幾乎是世襲的。「龍生龍，鳳生鳳，老鼠生兒打地洞」。農民實際上成了現代中國的「賤民」，受到嚴重的盤剝，其地位十分卑下，且世世代代沒有指望。

　　建政不久，中共就開展了一系列運動：土地改革（沒收地主富農的土地與財產）、「鎮壓反革命」（鎮反）、「肅清反革命」（肅反）、抗美援朝運動、三反、五反、知識分子思想改造、交心運動、批判胡適、鎮壓胡風「反革命集團」、合作化運動、人民公社運動……等等，通過這些運動，中共已經系統地控制和操縱了社會各階層，制定了統一的模式，指定了統一的思想方式，形成了某種肅殺的定於一尊的氣氛，奠定了中共極權統治的基礎。

　　獨立的新聞媒體逐步被取消了，所有報刊雜誌都成了共產「黨的喉舌」。大學及其他教育科研機構一步步落入軍管會以及之後的共產黨黨委的管轄下，甚至連街道也被中共派人管理了起來，監視著居民的一切行爲；可以說，整個中國，社會的各個層面，沒有共產黨的觸角伸不到的角落。

　　在這樣的密不透風的極權體制下，任何公開的異議或批評都意味著喪失自由，甚至喪失生命，在共產中國，自由派知識分子已經根本不可能像 1949 年前一樣發出自己的聲音了。正如儲安平意識到的，在

國民黨統治下，自由是多少的問題；而在共產黨統治下，自由是有無的問題了。

1957 年，是一個重要的轉捩點，它開啟了人類歷史上規模空前的文字獄。

一、1957 反右——思想國有化

1956 年，在中國，農村的合作化運動和城市的工商業改造，完成了生產資料的國有化。

在共產黨統治的脈絡裡，在唯物主義的邏輯下：由經濟而政治，由物質而思想，接下來的運動箭頭，將直指精神領域，那就是——思想的國有化。

1957 年，中國大陸發生反右派運動。作為一個歷史性標記，它是中國的思想國有化的完成禮。

這場運動是如何發生的？它的國際國內背景是什麼？它是毛澤東預謀已久的精心策劃，還是面對未必充分估計的嚴重挑戰而緊急實施的鎮壓？

從根本的意識形態情勢來看，在政治上剷除自由主義者及其組織，消滅潛在的政治對手，是中共領袖毛澤東的基本政治直覺。根據蘇聯解體後的秘密檔案可以發現：實際上，差不多在反右十年之前，在中共取得政權之前的 1947 年，毛澤東就已暗露殺機，想要拋棄盟友，獨

霸山頭了。

1947 年 11 月 30 日,毛致電史達林說:「一旦中國革命取得最後勝利,按照蘇聯和南斯拉夫的經驗,除中國共產黨之外,所有政黨都應該退出政治舞臺了,這樣將會加強中國革命的勢力。」

史達林不贊成毛的這個意見,他在 1948 年 4 月 20 日的覆電中說:「中國各在野政黨,代表著中國居民中的中間階層,並且反對國民黨集團,所以應該長期存在,中國共產黨將不得不同它們合作,反對中國的反動派和帝國主義列強,同時保持自己的領導權,即保持自己的領導地位。可能還需要這些政黨的某些代表參加中國人民民主政府,而政府本身也要宣布為聯合政府,從而擴大它在居民中的基礎,孤立帝國主義及其國民黨代理人。應當考慮到,中國人民解放軍勝利後建立的中國政府,就其政策而言,還是民族革命的,即民主政府,而不是共產主義政府。目前還難以預料這將持續多長時間,至少在勝利後會是這樣。」

這也就是說,暫時還不能實現土地國有化和取消土地私有制,不能沒收所有大大小小的工商業資產階級的財產,也不能沒收大土地佔有者以及依靠雇傭勞動的中、小土地佔有者的財產。要等到一定時候才能進行這些改革。即使是南斯拉夫,除了共產黨以外,也還有其他政黨參加人民陣線。」(註 1)

從這裡可以知道,早在 1947 年的 11 月,那時國民黨還有強大兵力,

戰爭勝負未分的時候，中共還在向民盟等民主黨派大灌迷湯時，毛澤東就已經在籌畫拋棄民主黨派了。只是因為史達林的電報，因為毛當時還需仰賴史達林的軍事政治經濟支持，才未敢犯上，把這事推遲。

雖然推遲了，但是毛仍頑固堅持其反自由主義的主張，其基本目標始終未變。不久之後，在 1949 年毛寫的〈丟掉幻想，準備鬥爭〉一文中，他就已經敏感地把他所謂的「民主個人主義者」（即自由主義者）劃為美國人杜魯門（Harry S. Truman）、馬歇爾（George Catlett Marshall, Jr.）、艾奇遜（Dean Gooderham Acheson）、司徒雷登（John Leighton Stuart）們所矚望的和經常企圖爭取的人，從而已將他們打入懷疑和整肅的範疇中。在毛的詞典中，「民主個人主義者」通常就是指「自由主義者」（至於毛在延安發表的文章「反對自由主義」中的所謂「自由主義」，則與此處的自由主義是完全無關的）。毛的這一戰略，一方面出於他的意識形態需求，另一方面也出於毛本人反智主義的內在本性。

因此，順理成章，毛在進城後，很快就把自由派看作自己最主要的敵手。

中共取得政權後，大部份中國的自由派人士，分赴歐美與臺灣香港，除沈潛下來的極少數人外，經過建政初期的知識分子改造「洗腦」，自由主義在中國大陸一時悄無聲息，幾乎斷了香火。廣袤神州，一片沉沉死寂。

人所共知，以民盟為代表的自由主義左翼，當年基於其反蔣的歷史情結和費邊主義的思想淵源，曾經把政治同情轉向共產黨，在國共之爭中是為中共出了力的。然而，1949 年中共奪得天下，地位發生了變化，「人一闊，臉就變」，昔日的盟友，就像「王小二過年，一年不如一年了。」

　　自由在共產中國的最初啼鳴，以及自由主義所遭受的致命一擊，發生在 1957 年。

　　1956 年發生的匈牙利事件，極大地震撼了中國共產黨的領導人，特別是毛澤東。因為他們看到了社會主義國家內知識界和民眾的不滿情緒及其巨大力量。但是毛自視甚高，他認為自己與那些東歐的黨領導人不同，認為自己真正獲得了廣泛擁護，不會重蹈覆轍。他在尋思一條中國別出心裁、獨樹一格的道路與方法。

　　1957 年 4 月下旬，中共中央發出了整風運動的指示，毛澤東提出「百花齊放，百家爭鳴」的動人口號，邀請各民主黨派負責人參加運動，幫助中共整風。毛在一個講話裡呼籲知識分子大膽批評中共的官僚主義，他聲稱要形成一種更加生氣勃勃而活躍的政治空氣，以區別於東歐國家。

　　而 1957，那是留守中國的知識人之少年期。雖感乍暖還寒，但自認身處早春。開初，由於經歷過中共的「思想改造」，知識界心有餘悸，誠惶誠恐，不敢說話；然在中共的反覆勸誘下，耳聞目睹當局之

情辭懇切，求言若渴，在毛澤東再三承諾「知無不言，言無不盡；言者無罪，聞者足戒」的大鳴大放中，一批沉默鬱悶了多年的中國知識分子——老年的、中年的、青年的——經過反覆躊躇，終於鼓足勇氣，破土而出了。知識人被壓抑了七、八年的赤子之誠終於被觸動，仗著童真可鑒，他們披肝瀝膽，慷慨陳言，發出了自己的自由之聲，於是，出演了中國現代史上慘烈的一幕。

二、鳴放

著名自由主義者、原《觀察》雜誌總編儲安平先生提出「黨天下」之論，指出：中共「把國家當作共產黨所有，全國不論大小單位，甚至一個科一個組都要共產黨做頭，事無鉅細都要黨員點頭算數，成為共產黨一家天下。」

章伯鈞先生提出了成立「政治設計院」的構想，主張各黨各派應當「輪流坐樁」，都有權設計中國的政治道路和具體政策。

而自由派政治活動家羅隆基則提出了「平反委員會」的設想，實際上是要求中共對 1949 年之後打擊知識界、迫害中國人的歷次運動的冤假錯案進行平反昭雪。

還有很多知識分子，如潘光旦、費孝通、錢偉長、曾昭掄，以及一些年輕的黨內知識分子如劉賓雁、王蒙，以及更年輕的大學生如林昭、譚天榮、林希翎、張元勳以及北大的「五‧一九」運動湧現出來的青年知識分子……也對中共領導提出了各式各樣的批評，如拆除共產黨與群眾之間的高「牆」論、反對「外行領導內行」論、要求言

論出版自由等等，一時風起雲湧，議論紛紛，群情激昂。

在這一「百家爭鳴」的過程中，原來與共產黨聯手反對國民黨的、作為自由主義重鎮的民盟，起了先鋒與中堅的作用，其他民主黨派也發表了各種批評意見。

在1957年6月8日之前，人們看到的，是一片生氣勃勃，議論叢生，同時也是風和日麗，歌舞昇平的「政通人和」氣象。執政當局虛懷納諫，謙恭之態可掬……。

三、逆轉

然而，幾番言論下來，毛澤東卻日益驚恐不安，再也坐不住了。不難想像，在讀到中國那些上層知識分子的整風發言後，毛的頭腦裡呈現的是一幅布拉格「裴多菲俱樂部（Pet fi Kör）」裡嬉笑怒罵嘲弄共產黨的圖景。那是僅僅一年前翻滾在蘇聯、波蘭和匈牙利上空的政治風雲。

除國內「老右」們日益銳利的言論外，在國際上，先後有三樁事件是毛轉向反右決策的心理背景。

首先，在蘇聯，赫魯雪夫1956年2月24日在蘇共二十大上發表的〈關於個人迷信及其後果〉的秘密報告。這個令全球震驚的報告全面清算了史達林時期個人迷信、血腥統治、殘酷迫害的種種罪惡，開啟了非史達林化的關鍵一步，但卻成了毛氏晚年的一樁重大心結。

其次，在波蘭，借反思報告之風，1956 年 3 月，原來被打成「鐵托分子」的波共瓦迪斯瓦夫‧哥穆爾卡（W adys aw Gomu ka）及其同伴獲得平反，大批佔據領導層的史達林主義者被迫辭職。新聞界與民眾獲得了公開表達自己不滿的機會。於是，1956 年 6 月，波茲南市（Pozna ）成千上萬的工人走上街頭，舉行罷工，要求麵包、自由以及終結蘇聯的支配。10 月 19 日，波蘭聯合工人黨政治局會議決定結束蘇聯控制。會議期間，蘇共頭目赫魯雪夫（Nikita Khrushchev）帶了六人從莫斯科飛抵波蘭，要求把親蘇的波蘭黨與軍隊的頭目保留在政治局中。但是，波蘭黨蔑視蘇俄壓力，開除了親蘇頭目，並選舉哥穆爾卡為黨的領袖。此為東歐舉事之濫觴。

第三，在匈牙利，首都布達佩斯從 1956 年 10 月 21 日開始，爆發了大規模學生與工人的示威，呼籲威望很高的納吉‧伊姆雷（Nagy Imre）上臺組織政府，並強烈要求蘇軍撤出匈牙利。匈牙利工人黨於 10 月 24 日提名納吉出任總理，卡達爾（Kádár János）為黨的第一書記。在隨後幾天裡，納吉的新政府對街頭反叛者的要求作出了更多的讓步。10 月 30 日，納吉宣布放棄一黨制度，實行自由選舉；同時，他還要求蘇聯自匈牙利撤軍。31 日，蘇軍開始撤離布達佩斯和其他城市，11 月 2 日，納吉譴責了東歐共產國家的軍事防禦體系，並宣布匈牙利中立。此舉超出了赫魯雪夫改革所能容忍的限度。11 月 4 日，赫魯雪夫在毛澤東、周恩來等的支持下，悍然派遣蘇聯裝甲部隊開入布達佩斯和其他大城市，嚴酷地鎮壓了匈牙利的獨立運動，納吉也被處死。起義雖被彈壓，但毛氏的疑懼情結則愈發深重了。

毛的上述情結遲早會發酵的，並且，還將是翻江倒海似地發酵。

眾多的事實和研究都表明，從直接原因看，確實是鳴放中的一些言論促使毛澤東改變了決策。這點不可否認，有眾多史料為證，茲不贅述。但從長程的歷史追蹤分析，從毛澤東後半生的基本行為方式以及意識形態看：習慣性的朝令夕改，以及反史達林報告後毛的左傾意識形態和自保心理強化，恐怕才是最基本的根據。那些言論，只是導火索而已。而後面這一更基本的因素，長期地毒化了中國人的政治生活以及基本道德水準。

毛澤東感到匈牙利事件的陰影逐步逼近，他認為上述那些言論已經危及他和中共的領導地位。於是，背信棄義，拋開「言者無罪，聞者足戒」的承諾，決定反擊和鎮壓。

黑雲壓城。一場以言治罪的超級文字獄——反右運動，在中國大陸降臨。

他先發表社論，把自己的聲音稱作「工人說話了」，從而吹響了所謂「反擊右派進攻」的號角。然後親自寫了〈文匯報的資產階級方向應當批判〉等文章，聲色俱厲，直搗民主黨派的言論陣地。他利用中共控制的天羅地網——各級黨組織召開對右派的批判會，劃定各單位應揪出的右派比例。

頃刻之間，風雲驟變，霹靂擊地。1957 年 6 月 8 日，一場以國家

暴力為後盾的反智狂濤，自北京興起，掃蕩全國。當局遽然變臉，以言治罪，以文下獄。整個中國變成一個精神裁判所，黨、行政、立法各部頭目統統成為司法官，裁決言論，裁決文字，裁決思想。事實上，其時的中國，已經成為一座囚錮靈魂的大監獄。

於是，中國 100 萬以上的知識菁英、專業人才中箭落馬，被打入地獄；一大批從國外歸來或在國內受教育的高級人才，被打成「賤民」和「不可接觸者」，流放到邊遠的地方，20 年不得翻身；中國最優秀的一批知識分子，被打入「另冊」，不獲使用。中國等於被砍了腦袋，真正正直敢言聰明有才的人幾乎都從自己的專業崗位上消失了。這 100多萬右派的遭遇，個個都可以寫一部椎心瀝血的傷心史，很多人沒能熬到平反的日子而含恨死去，默默地消失在窮鄉僻野的塵土之中了。

反右派運動是迄今為止人類歷史上規模最大的一次因言治罪的文字獄。它也是中國現代史的一個重要轉捩點。從此，中國走上了一條對抗現代文明的反智主義的極權道路。它是中國之後一系列重大政治運動的濫觴。

其所以稱反右為人類史上最大規模的「文字獄」，其原因在於，那是一場極其典型的以言論文字入罪的迫害，同時，它涉及人數竟達一百萬之眾！每人皆僅僅因幾句話，幾行字，就墮入地獄，毀滅一生，萬劫不復。

中國歷史上何曾有過如此巨大規模的文字獄？世界各國上何曾有

過如此巨大規模的言論罪？

人們曾見識過秦始皇悍然實施的焚書坑儒，人們曾見識過明代朱氏王朝以文字入罪，戕害士人，人們曾見識過有清一代的 160 多起文字獄，誅人計達千餘之眾。人們也曾見識過西元四世紀羅馬皇帝一紙聖諭，焚燒了基督教《聖經》，人們還曾見識過德國希特勒的「焚書坑猶」—— 1933 年德國衝鋒隊員焚燒「非德意志精神」書籍的沖天烈焰，以及此後滅絕 600 萬猶太人的焚屍爐火……。古今中外，形形色色，反智主義暴政有如過江之鯽，罄竹難書。

然而，所有這一切，比起毛氏王朝的反右，小巫而已。

四、後遺症

反右，作為共產中國「一言堂」的奠基禮，它使中國只剩了一支筆——「毛」筆；只剩了一種文體——毛文體；只剩了一種聲音——中共中央電臺那高亢單調的「毛式社論」。

1957 年，國人智力萎縮，文明退化，使中國人在心智上蛻變成了嬰兒。

1957 年，國人廉恥不張，倫理退化，使中國人在道德上蛻變成了痞子。

從此，中國上下，鴉雀無聲，噤若寒蟬，這種政治氣氛，為一切

荒謬絕倫、殘酷暴虐的行為開了綠燈。從此，一系列政治運動連綿而至，中國進入暗無天日的時期。1957 年中共的毛澤東和鄧小平掌控的「反右」運動，是中國現代歷史的「大逆轉」，也是對世界自由和民主資源的一次大摧毀、大破壞。

從此，中國的「民主黨派」失去任何獨立性，成為政壇擺設的八個花瓶。多黨民主政治已成遙不可及的夢想了。

從此，中國進入所謂「迷失的 20 年」，從五四開始的自由主義思想及其人物被暴政掐滅，中國大陸進入一段自由傳承中止的斷裂時期和精神沙漠的荒蕪時代。

所以，把 1957 年中共的「反右」，稱為歷史的「大逆轉」，是有其充足理由的。它是對中國民主自由資源的一次大摧毀、大破壞。

人們注意到，1957 年四、五月，僅僅十幾天時間，毛的想法說法有了一個 180 度大轉彎。研究反右的朱正說：「這樣中途改變主意的事，以前和以後都有，只是這一回的改變似乎太快了一點。發布關於整風運動的指示，是 4 月 27 日，到寫這篇〈事情正在起變化〉的 5 月 15 日，才過了 18 天。」一個如此大國家的執政黨，僅僅十幾天，政治方向就全盤改變了。這是毛氏行為方式的一個縮影。中共此後的一系列做派在這十幾天裡作了一場經典的表演，淋漓盡致。此類出爾反爾朝令夕改而臉不紅氣不喘的本領，活脫脫地呈現了毛澤東及其黨的道德水準，成為垂範其整個統治時期的行為方式一個基本標竿。

這種反覆無常的作派，在其後的統治生涯中，屢次呈現。

譬如，他在依靠「彭大將軍」打天下，出朝鮮後，僅僅因為彭德懷在廬山上給他的信中說了幾句真話，彭就馬上變成「幾十年來反對毛的人」了。

陳伯達，被毛長期重用，在文革中甚至被任命為文革小組組長，然當其在政治上已無利用價值後，他馬上搖身一變而成為與毛「三十多年來從未合作過……」的文人。

……

此類當面說謊的例子，罄竹難書。

眾所周知，毛澤東很在意他的「導師」地位，他一直企圖「君師合一」：統治天下，教化子民。

中國歷史上統治者和上流階層對百姓的「教化」是：「君子之德風，小人之德草，草上之風，必偃。」這也就是即儒家的「德化」。被視為小草的老百姓必隨統治者其道德之「風」而倒，獲得教化。當然，實際的統治方式法家說得更直截了當──「以吏為師」。

然而，他帶給中國的是什麼樣的「教化」呢？

以吏為師──在這樣毫無信義、撒謊已成習慣的「君王」和「百官」

的「教化」下，一個宗教感相當薄弱的族群，就有了「水稻畝產十幾萬斤」，有了人人饑饉的「糧食吃不完」，有了全國大煉鋼鐵，普遍「放衛星」，有了餓殍遍野式的「鶯歌燕舞」，有了假酒假藥遍地的「繁榮昌盛」……人人習以為常，熟視無睹。幾乎是全體國人都陷入了道德淪喪，禮崩樂壞，文化崩頹的倫理沙漠地帶，對毛氏赤裸裸的謊言政治、言行不一的「上行下效」，使共產式政教合一的社會在價值規範方面呈現了全面分裂的境地：實際行為和宣傳口號的二元分裂，隱蔽行為和公開行為的二元分裂，上層標準和下層標準的二元分裂。這多重分裂，摧毀了它公開宣揚的道德規範，導致了「君師合一」的當代後果——「風行草偃」，天下糜爛！

這就是「五七後遺症」——道德倫理的廢墟，謊言氾濫的沼澤。今後國人以及各國公眾與政府都必須面對的中國精神荒野。

而 1957，成為中國自由主義的一次悲愴的絕響。經歷這一次對自由主義的大絞殺，反右之後中國有整整一代人與人類文明的主流——自由主義絕緣。後來的年輕一代中國人，不得不在淪為廢墟的精神土壤上，在沉沉暗夜中，默默潛行，自行探究，上下求索，幾乎是從零開始。直到七十年代末葉，自由的幼芽才頑強卓絕地重新破土而出，開始引領中國人精神生命的方向。

4.0 註釋：

(1) 邱路：《史達林特使密訪西柏坡——來自俄國檔案的秘密》，見《百年潮》1998 年第 1 期

4.0.1 中國的聖女——林昭

一、

林昭（1932 年 1 月 23 日－1968 年 4 月 29 日）

在 1949 年中國共產黨奪得政治權力之後，大部分中國的自由派人士，分赴歐美與臺灣香港，除沉潛下來的極少數人外，自由主義在中國大陸一時悄無聲息，幾乎斷了香火。廣袤神州，一片沉沉死寂。

自由在共產中國的最初啼鳴，是在 1957 年響起的。

1957 年，在毛澤東反覆承諾「知無不言，言無不盡；言者無罪，聞者足戒」的大鳴大放中，一批沉默鬱悶了多年的中國知識分子——老年的、中年的、青年的——終於破土而出，發出了自己的自由之聲。

在這次百鳥哀鳴的自由交響中，有一首最悲壯、最堅韌、最動人、最決絕的「天鵝之歌」，是由北京大學的一位女學生唱出來的。她就

是林昭——中國的聖女。

　　這是在中國極權主義牢籠裡沖天迸出而來的「天鵝之歌」，是中國本土自行生長出來的自由之果。

　　林昭，蘇州人。1954 年以江蘇省第一名成績考入北京大學中文系新聞專業。她才華出眾，受到游國恩教授的賞識。參加北大詩社，任《北大詩刊》編輯。後又擔任北大《紅樓》詩刊編委，是一位北大校園內公認的才女。

　　1957 年，北大發生五・一九學生民主運動，。一批學生隨即面臨迫害。當此之時，為抗議當局誘人發言，又陷人於罪的卑劣手段，林昭毅然參加了一個辯論會，當回答黑暗中不具名的發問：「你是誰」時，林昭錚錚而言：「我是林昭。雙木三十六之林，刀在口上之日的昭。」稍停，又說：「告訴你，刀在口上也好，刀在頭上也好，今天既然來了，也就沒有那麼多功夫去考慮那麼多的事！你是誰？還有你們是誰，怎麼也不敢報報你的家門？」這樣一種咄咄逼人的氣勢，來自對於真理和捍衛真理的信念。在反右大劫過後，大多數人檢討認錯，巴望儘早解脫。而聖女林昭，卻拒不認錯，「一意孤行」，我行我素。

　　1957 年秋，林昭與譚天榮張元勳等北大優秀學生一起被打成右派分子。林昭吞服大量安眠藥自殺抗議，被同學發現，搶救過來。

　　1960 年林昭以陰謀推翻人民民主專政罪被捕；1962 年保外就醫，

同年再次以擴充反革命罪收監，判刑 20 年。其父於林昭第二次被捕後
一月仰藥自盡。

在 38 年前的 1968 年 4 月 29 日，文革中的一個沉沉暗夜，林昭以「現
行反革命」罪被秘密槍殺。5 月 1 日，公安人員到林昭家收取了五分錢
的子彈費。之後其母精神崩潰，幾年後也自殺了。

研讀林昭的作品，細考林昭的言行，其實，她的精神演變的脈絡
是很清晰的：她本來是一位左傾理想主義青年，經歷五七之變，被毛
氏卑劣陰謀所震撼，遂走上對中共體制懷疑之道，在煉獄的煎熬中，
苦思苦索，昇華出了卓然芳華的自由思想，皈依了以身殉道的基督精
神，獲得了神聖性的精神救贖。

林昭在長詩〈普洛米修士受難的一日〉寫道：

……
燃燒，火啊，燃燒在這
漫漫的長夜，
衝破這黑暗的如死的寧靜，
向人們預告那燦爛的黎明，
而當真正的黎明終於來到，
人類在自由的晨光中歡騰。
……
還能忍受嗎？這些黑暗的

可恥的年代，結束它們，
不懼怕雅典娜的戰甲
不迷信阿波羅的威靈，
更不聽宙斯的教訓或恫嚇，
他們一個都不會留存。

這些滾燙灼人的詩句，直指毛澤東獨裁專制的黑暗王國，點燃了一燭卓然豔麗的自由之火，閃爍著一種人性甚至神性的焰輝。

林昭寫作長詩的 1960 年，她正保外就醫，那是中國大地饑荒蔓延，餓殍遍野之時。在甘肅農村勞改的一批右派學生和個別有良知的地方官員希望喚醒社會良知。蘭州大學歷史系右派學生張春元提出創辦刊物，傳播思想。物理系研究生顧雁、徐誠表示贊成。他們與在上海的林昭取得聯繫，決定合作編輯一種雜誌，取名《星火》。張春元等人湊錢買了一部油印機，油印了首期《星火》，其中就有林昭的這首長詩〈普洛米修士受難的一日〉。

1961 年入獄後，林昭一直寫作思想日記。在獄中，她遇到一位虔誠的基督徒俞以勒，她是因為因信仰問題而入獄的，一度她們被拘禁在同一室。據俞以勒講：「管理人員認為一個偏激的反革命和一個入魔的基督徒是沒有共同語言的。事實恰好相反，我們成了好朋友。當時呢，還約好用密碼通消息，用敲擊和停頓代表英文字母。不久呢，當局將我們分開。幾個月以後呢，又巧遇在鄰室。密碼就用上了。」俞以勒特別強調，林昭寫血書，一度紙筆都給沒收以後，她就更多的

寫血書，用牙刷柄在水門汀（水泥條）上磨尖後刺破血管，用血寫在白的被單上。俞以勒講：「林昭很勇敢，但是情況每況愈下。我不知道林昭什麼時候在獄中信主的。但是她在給《人民日報》編輯部信、跟日記中都寫了『主曆』。而且我在抄寫她的信的時候，她經常提到『我的路線，上帝僕人的路線，基督政治的路線』，還有『基督親兵』，還有『作為一個基督徒』等等⋯⋯。」這段經歷，是林昭的一個精神轉捩點。

1962 年初，林昭以保外就醫出獄，回到蘇州家中休養。出獄那天，林昭固步決絕，抱著桌腳不肯回家，對前來迎接的母親和妹妹說：「他們還要把我抓進來的，放我是多此一舉。」在保外就醫期間，她曾講了一些獄中情況，包括反銬一百八十天等殘酷非人道的待遇，家人不忍心聽下去，她語重心長地說：「你們會後悔的，喪失了一個機會瞭解二十世紀最殘酷的制度。」

在保外期的 1962 年 7 月，林昭致信北大校長陸平，呼籲效仿蔡元培校長，主持公義，營救被迫害的學生。在信中她自稱是右派群體的一分子，對反右鬥爭宣稱「要以最後一息獻給戰鬥」並譴責政府鎮壓反革命。她說「極權政治本身的殘暴骯髒和不義使一切反抗它的人成為正義而光榮的戰士。」

在獄中她先後三次給《人民日報》上書、寫血書、絕食抗議。

年 9 月，在蘇州與右派分子黃政、朱泓等人商量並起草了《中國

自由青年戰鬥同盟》的綱領和章程。是月，在上海市淮海中路與無國籍僑民阿諾聯繫，要求阿諾將〈我們是無罪的〉、〈給北大校長陸平的信〉等帶到海外發表。

1962 年 12 月，林昭再次被捕。在獄中，她曾寫〈絕食書〉云：「一息尚存，此生寧願坐穿牢底，絕不稍負初願，稍改初志。」後來她又吞食藥皂自殺，未遂。她的紙筆被獄方收繳後，無法書寫，此後一直用血書寫。以玻璃片割破左腕血管自殺未遂，是日起絕食 10 日。

1964 年 12 月，林昭第一次給《人民日報》寫信反映案情並表達政治見解，血書。無回音。1965 年 1 月底，林昭遭到獄卒施暴。

1965 年 2 月，第二次給《人民日報》寫信反映案情並表達政治見解，血書。無回音。此信附有一封呼籲書，要求轉給正在給非洲人效力的日本律師長野同治和智利記者羅哈斯（Manuel Rojas Sepulveda），希望引起國際正義力量對自己的事業和案情的關注。

然而所有這一切努力，在那個黑暗王朝中，如石沉大海，渺無回音。

而那最後的掐滅自由火種的魔掌，已經步步逼近了我們的自由聖女——林昭。

1965 年 3 月 6 日，林昭向獄方交上血寫的絕食書，獄方鼻飼流質，

直到 5 月 31 日，絕食共 80 天，此間她天天寫血書。

1965 年 3 月中旬，她血書「有事要求立即提審」，後來又開始血書〈告人類〉。

1965 年 3 月－ 5 月，足足一個半月，林昭沒有張口說話。

1965 年 5 月 31 日，再次開庭審判，林昭被判有期徒刑 20 年。次日，林昭刺破手指，用鮮血寫作〈判決後的申明〉：

這是一個可恥的判決，但我驕傲地聽取了它！這是敵人對於我個人戰鬥行為的一種估價，我為之由衷地感到戰鬥者的自豪！……我應該作得更多，以符合你們的估價！除此以外，這所謂的判決與我可謂毫無意義！我蔑視它！看著吧！歷史法庭的正式判決很快即將昭告於後世！你們這些極權統治者和詐偽的奸佞——歹徒、惡賴、竊國盜和殄民賊將不僅是真正的被告，更是公訴的罪人！公義必勝！自由萬歲！

林昭　主曆　一九六五年六月一日

1965 年 7 月－ 12 月，第三次給《人民日報》寫信申訴案情並陳述政治思想，重點批評「階級鬥爭」學說（戲稱為樓梯上打架的理論）和集權統治，呼籲人權、民主、和平、正義，長達 10 萬字。

林昭在獄中高呼口號，獄方指她「煽動在押犯人暴動」，她還寫

了《思想日記》、《牢獄之花》一百多篇、〈提籃橋的黎明〉和給母親的信等等；其所受的非人待遇罄竹難書，令人髮指。有關她的項目材料有一房間，她的檔案，包括她的作品，至少有四大箱，據說是屬於要封存五十年的絕密。

1966 年 5 月 6 日，剛剛刑滿釋放仍在監督勞動的林昭摯友和同學張元勳偷偷來到上海，以男朋友身份偕同林昭母親許憲民一同到上海提籃橋監獄看望林昭。可能是唯一一次得到同仁的看望。當時的林昭，衣衫破舊，長髮披肩，她的頭上頂著一方白布，上面用鮮血塗抹成一個手掌大的「冤」字！特別引人注目。林昭對張元勳說：「我隨時都會被殺，相信歷史總會有一天人們會說到今天的苦難！希望你把今天的苦難告訴未來的人們！並希望你把我的文稿、信件搜集整理成三個專集：詩歌集題名《自由頌》、散文集題名《過去的生活》、書信集題名《情書一束》。」又說：「媽媽年邁無能，妹妹弟弟不能獨立，還望多多關懷、體恤與扶掖。」

1967 年 5 月 1 日，正在監督勞動的張元勳再一次偷偷來到上海，偕同許憲民來到提籃橋監獄要求探望林昭。傳達室告曰：「監獄已經軍管，一切接見停止。」

1968 年 4 月 29 日，林昭接到由 20 年有期徒刑改判為死刑的判決書，當即血書「歷史將宣告我無罪！」當天被秘密處決。其時她還不滿 36 歲，尚是一位未婚青年。

林昭卓絕超然，的確不同凡響。她的犧牲，使億萬中國頭顱失去了重量。

　　她的精神歷程，昭示了中國自由精神的復興。她以普洛米修士式的受難，拯救了青年中國的靈魂，預示了毛氏王國的必然覆滅。正如她在〈普洛米修士受難的一日〉最後所描繪的：

> 人啊，
> 眾神將要毀滅而你們大地的主人，
> 卻將驕傲地永生，
> 那一天，
> 當奧林比斯在你們的千丈怒火中崩倒，
> 我身上的鎖鏈也將同時消失，
> 像日光下的寒冰。
> 那時候，人啊，
> 我將歡欣地起立，
> 我將以自己受難的創痕，
> 向你們證明我兄弟的感情：
> 我和你們一起，為著那，
> 奧林比斯的覆滅而凱歌歡慶……
> 在澎湃如潮的灼熱的激情裡，
> 普洛米修士翹望著黎明，
> 他徹夜在粗礪的岩石上輾轉。

4.0.2 學術獨立的中國典範——陳寅恪

一、

　　在上世紀九十年代中葉，由於一本傳記《陳寅恪的最後20年》在中國大陸一紙風行，中國社會對於已去世多年的著名史家陳寅恪的學術和人品產生了極大興趣。過去，陳寅恪雖然是一位蜚聲中外學界的大學者，但其聲名從未越出過學院的門牆之外。然而隨著該書以及其他有關陳寅恪的文集和相關文獻出版，他的聲名越出學院圍牆，廣為傳播。雖然北京當局的報刊所刊此類文章並不算多，但在知識界內部，學人交相傳閱，極口稱頌，出現了一種「舉國爭說陳寅恪」的熱烈景象。

陳寅恪 （1890年7月3日－1969年10月7日）

　　陳寅恪本人的魅力源自何方？「陳寅恪現象」的原因和意義究竟何在？它對中國知識分子發生了什麼影響？陳寅恪本人與近代中國自由主義的關係如何？這些都是筆者甚感興趣並試圖回答的關鍵問題。

　　陳寅恪祖籍江西義寧，出身世家。所謂「陳氏一門」，是指從祖父陳寶箴、父親陳三立到陳寅恪這三代人。陳寅恪的摯友、著名學者吳宓曾評價說：「義寧陳氏一門，實握世運之樞軸，含時代之消息，

而為中國文化與學術德教之所託命者也。」

陳寶箴曾任湖南巡撫。他與被稱做「全國最開明的一個人」郭嵩燾及黃遵憲等人相友善，他們突破陳腐的夷夏觀念，積極參與戊戌變法，學習西方文明。西太后發動戊戌政變後，參與維新的四君子在菜市口殉難，其中劉光第、楊銳為陳寶箴所舉薦，陳氏父子因此以「濫保匪人」罪而被革職還家，「永不敘用」。事後西太后意猶未足，又以密旨將陳寶箴賜死。人們現在已經知曉，在十九世紀末那場震動人心的中國流產變革中，除了有為改革而流血的譚嗣同等人外，還有在南昌幽暗的靖廬中被迫自盡的陳寶箴。

陳寅恪的父親陳三立，與譚嗣同等人被並稱為清末「四大公子」。他嗜讀西方社會政治理論書籍，與梁啟超等人經常在一起「講學論文」；慨然思維新變法，以改革天下。未嘗一日居官也。

陳寅恪本人早年赴日本留學，清光緒三十一年（1905）歸國，後入上海吳淞復旦公學學習，宣統二年（1910）赴歐洲留學，先後在德國柏林大學和瑞士蘇黎世大學學習語言學。次年歸國。1913年赴法國巴黎高等政治學校經濟部留學。1914年歸國，一度任蔡鍔秘書，參加討袁之役。1918年赴美國，入哈佛大學，從朗曼（Robert Alexander Farrar Thurman，又譯羅伯特・瑟曼）習梵文和峇里文。1921年轉往德國柏林大學研究院梵文研究所習東方古文字。1925年歸國，應清華學校之聘，與王國維、梁啟超、趙元任同為國學研究院導師；清華改制後，任中文、歷史、哲學三系合聘教授。1939年被英國牛津大學聘為導師，

其後又先後在西南聯大、嶺南大學、中山大學等校執教。陳寅恪有精深的學養，作為中國近代史學的創始人之一，他的原創性和深刻性成雙峰並峙，罕有匹敵。被人譽為「全中國學問最大的人」、「教授的教授」。如吳宓所說：「合中西新舊各種學問而統論之，吾必以陳寅恪為全中國最博學之人。」

除了其淵博學識及其創造性成就外，更重要的在於，陳寅恪代表了中國近代的、相容中西的文化保守主義和自由主義。它是中國文化面對現代世界的挑戰而誕生的一種新人文道統。

「陳寅恪現象」所彰顯的文化意義在於：他對中西文化所持立場——一方面吸收輸入外來之學說，一方面不忘本來民族之地位——這是一種對中西文化皆有深厚學養的「文化保守主義」。此外，陳寅恪屬於借鑒西方文化的「歷驗世務」派。這派以郭嵩燾以及陳的前輩陳寶箴、陳三立為代表，有實際經世致用的歷練。他們在借鑒外來事物時，也尊重自身歷史中自然生長發展出來的東西（另一派則是「附會」派，即空想派，康有為是典型。主張全盤設計，推倒重來，具有烏托邦色彩）。陳寅恪在上述兩方面的主張，與自由主義在精神上都是息息相通的。

二、

在陳寅恪的晚年，中國文化天崩地裂，陷入深重危機；傳統價值化成遊魂，無所附麗；中國知識人遭遇史無前例的暴政，身家性命無處安頓。作為留守禁苑的冷眼旁觀者，陳寅恪以替中國文明招魂為志

業，心繫歷史生命，成為文化託命人。

陳寅恪雖然多次聲明不過問政治，但這句話的全部含義，只有在政治無所不在的極權主義體制下才能真正讀懂。陳寅恪晚年的生存狀態和心態，在他贈吳宓的一聯詩句中表現得淋漓盡致：「讀史早知今日事，看花猶是去年人。」其實，作為專門研究中國中古政治史的學者，作為一家三代「在清季數十年間，與朝野各方多所關涉」，並且祖父因戊戌變法而被慈禧賜死的世家後代，飽讀史書的陳寅恪不僅洞悉中古政治，而且熟知晚清的朝章國故世情民隱，因而能洞察近代中國數十年政治社會興廢的關鍵。他深知「歷史就是昨天的政治，政治就是今日的歷史。」仔細研讀他在 1949 年以後所寫的大量隱晦的詩文，不難發現，他的政治洞察力蘊藏其中，富於遠見卓識。實際上，陳寅恪並非高踞象牙塔中不諳世事的學者，而是一位身居書齋睥睨天下的臥龍式的人物。

1948—1949 年之交，中共兵臨北京城下，正如馮友蘭所說的：「寅恪先生見解放軍已至北京，亦以為花落而春意亡矣。故突然出走，常往不返也。」他與胡適同乘一架飛機離開北京到南京，後又至上海。1949 年 1 月 19 日乘船由上海抵廣州成為嶺南大學歷史系、中文系教授，1952 年院系調整，嶺南大學與中山大學合併，陳寅恪遂成為中山大學歷史系教授。自此之後他就再也沒有返回北京過了。而胡適卻決定繼續去國流亡，他留下三句話作自己離開大陸的注解：「在蘇俄有麵包沒有自由；在美國又有麵包又有自由；他們來了，沒有麵包也沒有自由。」當時毛澤東曾帶給胡適的一個口信，說：「只要胡適不走，

可以讓他做北京圖書館館長！」但胡適聽後，只冷冷地回了一句：「不要相信共產黨的那一套！」但是，陳寅恪到廣州後，他沒有如胡適一樣繼續再出走，沒有聽夫人之勸赴香港，也沒有聽朋友之勸浮海赴臺灣。其原因在於，他認為自己素與國民黨無關，而在當年他深感「廣州既不能守，臺灣也未必足恃。」當時他把臺灣與廣州等地大體上是同等看待的。年老體衰的他已厭倦逃難，不想再遷移折騰了。他還因此與夫人發生過嚴重爭執。

但是，僅僅一年之後，陳寅恪就後悔了。而在這一年內所發生的最重大的事件，一是朝鮮戰爭，另外一個就是中共實施的知識分子改造等洗腦運動。他開初所以未能去國遠走浮桴於海，除了前面所說的意態消沉和避秦無地之外，也由於他對共產黨統治下的生活還缺乏實際的瞭解。但是一年之後他已深深地領略到其中滋味了。他有詩云：「金甌已缺雲邊月， 銀漢猶通海上潮。領略新涼驚骨透，流傳故事總魂銷。人間自誤佳期了，更有佳期莫怨遙。」至於他所領略的是何種透骨的「新涼」，而當時流傳的又是哪一類驚心動魄的「故事」，凡是經歷過當年事變的知識分子，以及瞭解中共建政初期的精神洗腦殘酷鎮壓的人士，是可以還原歷史圖景，而想像出來的。詩中所述的諸如海上潮通、佳期自誤等語，其所指也是相當清楚的。

他既留守廣州，命所註定，其學術獨立思想自由的原則勢將同「政教合一」的北京政權發生正面衝突。然而，也正是在這樣的人文困境中，陳寅恪迸發出了他一生最為奪目璀璨的精神光輝。

1953 年，中共控制的中國科學院設立歷史研究所。郭沫若任一所（上古史研究所）所長，範文瀾任三所（近代史研究所）所長，擬聘請陳寅恪擔任二所（中古史研究所）所長。為此，中國科學院特派陳寅恪過去的學生、時為北京大學歷史系副教授的汪籛前往廣州說服陳寅恪北上任職。

　　汪籛身揣中科院院長郭沫若、副院長李四光的兩封親筆邀請信赴廣州時，以為此事勢在必得。不料，陳寅恪看完郭、李二人信後，雖未回絕，卻提出了擔任中古史研究所所長的兩項條件：

一、允許研究所不宗奉馬列主義，並不學習政治。
二、請毛公（毛澤東）、劉公（劉少奇）給一允許證明書，以作擋箭牌。（註 1）

　　陳寅恪在〈對科學院的答覆〉中詳細闡明瞭自己的觀點，他說：「我認為研究學術，最重要的是要具有自由的意志和獨立的精神。……沒有自由思想，沒有獨立精神，即不能發揚真理，即不能研究學術。……獨立精神和自由意志是必須爭的，且須以生死力爭。……因此，我提出第一條：『允許中古史研究所不宗奉馬列主義，並不學習政治。』，其意就在不要有桎梏，不要先有馬列主義的見解，再研究學術，也不要學習政治。不止我一個人要如此，我要全部的人都如此。我從來不談政治，與政治決無連涉，和任何黨派沒有關係。怎樣調查也只是這樣。因此我又提出第二條：『請毛公或劉公給一允許證明書，以作擋箭牌。』其意是毛公是政治上的最高當局，劉少奇是黨的負責人。我

認為最高當局也應和我有同樣的看法，應從我說。否則，就談不到學術研究。」（註2）

陳寅恪提出的條件，擲地有聲，在當時中國可謂驚心動魄，膽大包天；但絕非率性衝動，頭腦發熱，而是深思熟慮後的坦蕩胸襟，也是「威武不能屈」的書生本色。此事有關學術自由，而無關個人意氣；有關立身處世的原則，無關黨派意識的好惡。從而凜然不可犯，彪炳青史。

在歷史轉折的關頭，陳寅恪最後未能去國避秦而滯留廣州，誠然，這使他個人後半生命運遭遇暴虐，陷入赤色王朝的血雨腥風之中。然而，中國歷史上殘酷荒誕的這一頁，也因此而獲得了一位身在現場的偉大史家的忠實記錄和嚴肅審判，並得以留存在了人類文明史冊上。

陳先生當年未曾浮海去國，以及當年一些與他有類似經歷和心態的知識分子留在大陸，有其可以理解的當時的歷史氛圍以及對國民黨政權的失望的原因，也由於某些無法預測的偶然歷史事件發生，加速了北京政權的全面閉關鎖國。事實上，中共加入韓戰，終於導致臺灣與大陸的長期分立是任何人事先都無法估計得到的。在陳先生撰寫《柳如是別傳》期間，這種分立局勢已完全明朗化了。他回顧當時未曾早謀脫身，不但不勝感慨而且更不免愧對陳夫人的膽識。

余英時先生在分析陳寅恪1953年所寫的一首詩時指出：「試讀〈葵巳（1953年）六月十六夜月食時廣州苦熱再次前韻〉一律的前半段：

墨儒名法到陰陽，閉口休談作啞羊。屯戍尚聞連滇水，文章唯是頌陶唐。滇水指朝鮮，此時韓戰尚未結束（停戰協定要到同年七月才簽字），中共對知識分子的控制已加緊到了無法透氣的地步。他們無論屬於何家何派，都變成了閉口的『啞羊』，除了歌頌共產黨之外，再也不能發出別的聲音了。」這對於視思想學術自由為生命的極其敏感的學者兼詩人陳寅恪而言，其精神所受窒息的痛苦是難以言傳的。再加以他晚年「失明臏足，棲身嶺表」，更強化了其一生的悲劇色彩。正是所謂「奈何天地鐘美於斯，而摧辱至於斯極哉！」

但是，在如此心靈泣血的磨難中，陳寅恪並未放棄自己的文化使命，在文網森嚴、舉世滔滔、風雨如晦的險境中，他在一旁冷靜地觀察和預測國運的走向。並用詩文隱晦曲折但忠實嚴正作了歷史的記錄，其中他對世事的預感有時是難於置信的準確，從而為後世留下了寶貴的歷史文獻和精神遺產。這一驚天動地之舉動，這一泣血堅韌之精神，堪與司馬遷忍辱負重筆撰信史媲美，創造了人類歷史上罕見的奇蹟。

譬如，在 1965 年，剛剛從餓殍遍野的大饑荒熬出頭的中國，人們在慶幸當局總可與民休息，太平幾年了。然而何曾料到，毛澤東的意識形態卻日益膨脹，一個巨大的陰影正在潛然而至。先知先覺的陳寅恪已在為國勢危急而憂心如焚了。他於 1966 年〈丙午元旦作〉有句云：「一自黃州爭說鬼，更宜赤縣遍崇神」，五個月之後，一場浩劫突兀而降，他的預言竟成現實！

而陳寅恪自己，在這場大劫難中，並不屑於做策略性的閃避，而

是以他特有的的沉靜、雍容與堅韌，獨自堅守住了「獨立之精神，自由之思想」的尊嚴。最後，1969 年，一代中國文化大師，在舉國瘋狂焚燒文化的熊熊秦火中涅盤了。

這是中華文明的悲劇。這是中國現代史上最黑暗的一幕。

三、

陳寅恪先生的學品與人品在現代中國知識界標舉了卓越的風範。

陳寅恪的學品——獨立之精神，自由之思想，反對曲學阿世——這既針對個人，也針對民族和文化。這在他的身上是極其鮮明，絕無妥協的。

自他學成歸國後，真正能夠從容從事學術研究的其實只有在清華任教的十年。此後災難深重的中國，幅員雖大，竟不能給陳寅恪提供一張安靜的書桌。他盛年時期遭逢戰亂：「凡歷數十年，遭逢世界大戰者二，內戰更不勝計」，到處顛沛流離。正值學術創造的高峰之際，又由於營養缺乏而失明，這對於一位史學家的打擊幾乎是致命的。在他「失明臏足，棲身嶺表」的晚年，連綿不斷的政治運動和精神迫害，使他的身心陷於超乎常人想像的痛苦和孤寂之中。

1949 年之後，在有形和無形的壓力下，中國知識界不少學人降身屈節，臣服了官方的馬列主義，用毛澤東得意的話說，幾乎都「夾起尾巴做人」了。當年，舉世滔滔，然而陳寅恪卻傲然挺立，這一傲骨，

在〈對科學院的答覆〉中，在《論再生緣》中在在表現出來：「一切都是小事，唯此是大事。」在「政教合一」，嚴酷的思想專制下的中國，可稱驚天地、泣鬼神。

陳寅恪的人品——不降志，不辱身；貶斥勢利，尊崇氣節——這特別表現在他晚年所寫的《柳如是別傳》等論著中。「**每當社會風氣遞嬗變革之際，士之沉浮即大受影響。其巧者奸者詐者往往能投機取巧，致身通顯，其拙者賢者，則往往固守氣節，沉淪不遇。**」王朝更迭，社會動亂，文化遭劫。而文化寄託之文人又必然要首當其衝，尤其是這時文人的心靈，大多要在歷史的劇變中遭到其它時刻所沒有的拷問及權衡利害的煎熬，於是文人的持己處事，便關係了歷史的榮辱。感慨萬千的史家陳寅恪，於是起而撰寫明清之際文人的心路歷程，一部《柳如是別傳》，照出了時代變遷中士子文人的形形色色，生命百態。

在那個瓦釜雷鳴，黃鐘毀棄，斯文掃地的時期。陳氏周邊的同人，有的與他氣類相通，堪稱莫逆；有的老死不相往來，有如履薄臨深；他的弟子群中，既有像劉節教授那樣，挺身而出以替老師挨批鬥而感到自豪的，也有賣論求官，反戈一擊給他以致命傷害的。當我們看到在他門下一度從學的才子，一旦為私利所驅使，背叛師門，事後悔悟，竟然赴陳宅以伏地叩頭的大禮請求寬恕，而老師拄杖而立，失明的老眼遙望天際漠然不應的時候，內心不能不受到猶如怒濤震海驚雷破柱般的震撼。

陳寅恪晚年反覆吟詠的主調是：「**一生負氣成今日，四海無人對**

夕陽。」作為中國文化的代表和守護者，他以其深邃獨特的詩和文、言和行，在一旁嚴肅地審視和評判著北京政權的作為。他代文化立言立德，代歷史立言立德，記錄下了其身處之世華夏文化衰微的軌跡。

這一驚心動魄的歷史過程，也象徵了中國文化系統與政治系統的當代對峙。

也凸顯了他對中國大陸知識界的示範效應。

在風雨如晦，洪水滔天的中國，遺世獨立的陳寅恪風範，作為一種自由精神的遺產，為將來的中國文化系統，奠定精神獨立的基石。

作為儒家價值的人格化，他給中國知識界昭示了不朽的人格典範。儒家價值通過陳寅恪的身體力行而凸顯其特色，並顯示出在現代社會的精神生命力。同時，陳寅恪還向知識界展示了儒家價值經改造後如何可能與西方的「學術獨立」相協調，從而與自由主義相交融。

陳寅恪昭示給我們的正是一條相容中西的文化方向。

他的命運，既象徵了中國文化的現代命運，也象徵了中國文化的不朽生命力。

4.0.2 註釋：

（1）引自陸鍵東《陳寅恪的最後 20 年》，生活、讀書、新知三聯書店，1995 年版
（2）引自陸鍵東《陳寅恪的最後 20 年》，生活、讀書、新知三聯書店，1995 年版

四、

　　眾所周知，作為一位文化保守主義者，陳寅恪在有關文化問題的觀點上，與胡適不盡相同。但是，兩人在根本問題上卻頗有默契，特別是在思想自由、學術獨立等價值立場上是心心相印的。在歐美，從根本上說，保守主義隸屬於自由主義大傳統。在洛克、亞當‧史密斯、休謨、福格森（Adam Ferguson）、阿克頓（Lord Acton）、麥迪遜和海耶克等代表的古典自由主義中，現代以自由為核心價值的文明是從傳統中歷史地自然的演化出來的。保守主義與自由主義雖然蘊含內在張力，但在一些根本立場上是協調的、相互支持的。唯其如此，我們才不難理解何以陳寅恪與胡適在一些重大問題上能夠互為援手，相互默契了。

　　如，1940 年 3 月 5 日蔡元培先生在香港逝世後，中央研究院院長繼任人選問題頗為中國知識界所矚目關心。陳寅恪當時就曾聲明，重慶之行只為投胡適一票。就在那次院長繼任人事件中，陳寅恪大發學術自由之議論，甚至明確表示：「我們總不能單舉幾個蔣先生的秘書吧！」無庸置疑的是，胡、陳二人對「思想自由、學術獨立」的拼死追求，他們對共產意識形態的清醒深刻的認識與拒不合作態度，他們對中國文化的生死以之的感情，無不令人動容，並使他們相互敬重，且足以成為自由主義與文化保守主義和諧共處的基石。

　　這是中國當代自由主義者和文化保守主義者的共同精神財產和象徵符號，考慮到胡適與陳寅恪在現代中國知識界的典範性與象徵性，他們之間的精神聯繫和深刻共鳴昭示了現代中國精神的整合方向——

自由主義與文化保守主義的合流。這也是他們給中國知識界留下的最主要的遺產。

4.1 文革中的萌動：地下自由主義

在文革期間的中國大陸，曾經萌生了一些自由主義的幼芽。這一概念與人們常說的文革中的異端思想有所不同。當年在中國大陸，即使是異端思想，絕大多數也屬於一般政治光譜的左半部分，意即在人類政治思想史上，它們多數應被歸類於左翼思想的範疇。這一點應當不難理解，思想的出現有其精神土壤，它與其時代的精神氛圍相關，具體在六十年代的中國，它與當年官方馬列毛主義的意識形態一統天下有關，也與那個時代全球性的社會主義思潮氾濫有關。有鑑於此，中國的思想者很難從非左翼的思想庫中攫取思想養料。在這方面，當時中國人賴以思索的精神資源是極為單一和貧乏的。

有鑑於此，應客觀看到，即使是當年中國的那些勇敢的異端思想，如湖南的「省無聯」思潮（代表作是楊曦光的〈中國向何處去〉）、武漢「北、決、揚」、北農大附中伊林・滌西的思想、五一六思潮、清華四一四、北京中學的四三派人物，大學中的「極左派」，上海反對張春橋和周恩來的紅革會和支聯站、山東魯大主義兵派中的「十月革命小組」等等，基本上都沒有逸出左翼思想的範疇，大多不屬於自由主義的範疇。

在當時的中國，自由主義固然是異端，但多數異端卻並非自由主義。

4.2 引論

本文要強調的是，即便在上述極為艱難貧困的精神環境中，自由主義的幼苗仍然在文革中的大陸萌動了。這是一椿精神的奇蹟，也是自由主義賦有超絕頑強生命力的見證。

文革中自由主義萌動這一精神事件的重要性在於，它是連接毛氏中國與後毛時代之間的鴻溝的精神樞紐。它是催化中國近二十多年來的變遷以及即將降臨 的更大變遷的精神動力。它是跨越 1976 年四五事件到 1989 年六四事件到九十年代自由派新左派之爭直到二十一世紀中國轉型的隱形橋樑。它是中國納入世界主流文明的精神軌道。

探索中國文革期間萌芽狀態的自由主義，受限於兩個基本困難，一是此類思想深埋於地下，未曾公開化，原始資料嚴重匱乏；二是在當時的資訊以及精神 條件下，浮出水面的此類思想往往隱藏在官方話語之中，殊難剝離、梳理與整合，大多是只鱗片爪，漫無系統。但是，即便如此，有心人倘若仔細抽絲剝繭，尋繹蹤跡，仍然可以看到一條時隱時現的自由思想潛行的脈絡。

文革裡萌芽的自由主義，淵源於自由主義與基本人性的契合，淵源於對中國當年物質與精神惡劣狀況的反應，淵源於外部思想的閃電擊中精神荒原產生的激盪。具體而言，是由於兩大基本因素的刺激，一是自發的因素，二是來自歷史的精神傳承和域外零星思想的傳入激發。

自發的因素，植根於對苦難現狀的懷疑和否定，植根於在人人自

危的政治環境下的個人利益的直覺，植根於在普遍恐懼下的換位思考，匯出妥協的需求和權利的覺醒。簡言之，源於人性本能的反彈。

歷史的精神傳承和域外零星思想的傳入，則因為以外來思想資源對照現實，引發了深度的心智共鳴，擴展為廣泛的理性思考，從而得出了自由主義或近似自由主義的思想成果。

這篇導引不可能全面討論文革中自由主義萌動的全貌，只擬從如下幾個關鍵性的脈絡和人物切入，描繪並闡述其概貌。

1 對等級制和血統論的反彈：
人的尊嚴與眾生平等——「個人」的發現；人道主義、人性論的破土而出——人權理念——遇羅克《出身論》（註1）的核心。
這部分的詳細內容請見下面專章「紅色中國爭人權的先驅——遇羅克」。

2 對失敗的公有經濟的反彈：
觸目驚心的懶人社會和赤貧狀況——從命令經濟到市場經濟、《從理想主義到經驗主義》（註2）；顧準的思考——楊小凱等（關於產權）的思考。
顧準和楊小凱等人的的思路，為二十世紀八十年代以來的中國的經濟體制變革開掘了思想的先河。
這部分的詳細內容請見下面專章「孤獨的先知——顧準」和「經濟學家的憲政理念——楊小凱」。

3 對秩序失範、對國家恐怖主義的反彈：
從革命民主主義到法治主義——法治觀念的萌動——〈李一哲大字報〉（註3）。

4 對政治迫害泛化的反彈：
人人自危、囚徒困境——權利法案（含產權問題）；憲政思想、普遍寬容——從楊曦光到楊小凱的心路歷程（註4）。

一、李一哲大字報：法治主義的濫觴

〈李一哲大字報〉是文革中第一篇對民主與法制的探討，在實質上，它主要涉及了自由主義關於法治的一些基本思想。這一思想成果，是在批判了中國共產黨的「無產階級專政」的觀念後獲得的。

李一哲大字報是批極左的，雖然其術語還帶有中共話語系統的特點，但其核心，是從西方民主法治觀念出發的。李一哲大字報是文革後期對紛紛亂世、對運動無休無止、對人人自危的社會狀況的厭倦情緒的反映，在當時頗得人心，流傳甚廣，影響很大。它為結束文革作了思想準備，也開啟了隨後的「四五運動」、「民主牆運動」的先聲。

七十年代是中國社會變化最關鍵的轉折時期。經歷了六十年代後期的政治社會動亂和經濟蕭條，特別是 1971 年震驚全國的林彪事件，許多當初文革的熱情參與者對現行的政治制度產生了根本性的懷疑。大規模的抗議行動和獨立的民主思潮實在是自那一時期產生。1979 到

1981 一年的民主牆運動不過是七十年代的運動從地下走向公開的結果。

　　下層人民政治反抗與上層領導政治鬥爭之間的關係，是個非常微妙但又十分重要的問題。箇中妙處，存乎一心，局外人極難體會。尤其是在七十年代，共產黨高層有意於改革或比較溫和的一派經常將下層人民的不滿情緒作為自己的政治籌碼，而下層運動的活躍分子在經歷過文革之後，總能透過某種方式與上層之間建立一定的聯繫，同時也不斷地利用上層之間的矛盾來爭取更多的活動空間。「李一哲事件」是個典型的例子。

　　王希哲描述了當時主政廣東的趙紫陽如何採取了迂迴的方式，以開展大規模批判李一哲的方式，使大字報廣為流傳，使作者們獲得意料之外的影響力。直至今日，這種上下層間的微妙關係，仍然在中國的民主運動的策略及發展中具有重要的作用。

　　人們對文化革命中大規模的政治迫害之憤怒以及對當時社會分配不公的不滿，成為了七十年代民主和抗議的基礎。這也是將「李一哲集團」結合在一起的因素。在 1979 年獲得平反之後，隨著共產黨上層路線的變化、改革的開展，「李一哲集團」便也出現了無法挽回的分裂，大字報的三位作者也各自走上了不同的人生道路。

　　然而，〈李一哲大字報〉所激起的思想波瀾，它對中國法治主義崛起的貢獻，將長久留在二十世紀中國的政治思想史上，成為該世紀

中國人的精神遺產之一。

二、從楊曦光到楊小凱：從革命民主主義到自由主義

　　1968 年，楊小凱的〈中國向何處去〉，橫空出世，風行全國，震動京華。不脛而走的異類文章，使他遭受了十年的牢獄之災。〈中國向何處去〉帶有南斯拉夫理論家吉拉斯（Milovan Djilas）的《新階級》思想烙印，也混雜有馬克思早期思想以及馬關於巴黎公社的原則等因素，是文革中革命民主主義的代表作。

　　但是，隨著他對文革反思的深入以及其他思想資源的影響，隨著楊曦光更名為楊小凱後，他後來寫道：「我在文革時寫的〈中國向何處去〉中推崇巴黎公社式的民主，包括直接選舉官員、取消常備軍、取消高薪等等；而實現這種民主的手段卻是激進的革命手段——『推翻中國的新特權階級，砸爛舊的國家機器。』」然而他經過長期苦思力索，成年後，他已認識到「革命民主主義與現代民主政治是完全不同，甚至是對立的東西」了。他的思想基地已然轉換到自由主義了。如果粗略地說，當年他關注的價值核心是社會平等和大眾民主的話，那麼，後來他的價值重心則變成個人自由，變成權力平衡了；換言之，如何實現憲政成為他政治思考的中心。這一轉折與他對西方政治史、中國歷史以及對文革的長期思考有關，同時，也與他對經濟學的研究有關。

　　作為一個文革的親歷者，他認為文革把「人民」的土匪本性一面暴露無疑，因此中國社會才在文革後期有一種「油然而生的反革命情

緒」。

　　文革中社會秩序蕩然無存，各種派別「你方唱罷我登場」，走馬燈似的崛起和衰落，恐怖氣氛蔓延全國，人人不能自保，任何人都無法享有「免於恐懼的自由」，最後就連寫進黨章憲法的毛主席接班人，天天被祝禱「身體永遠健康」的林彪也死於非命。這使絕大多數人醒悟到：反對對他人施加政治迫害，同時也是對自己人身安全的保障。於是，對制度性的人身權利保障成為健在的強有力社會心理。這二者，只有憲政制度，只有法治，才可能辦到。

　　在這方面，楊小凱領悟很早，他是宣導中國憲政最早也是最力者之一。他讚揚英國的光榮革命，強調權力分立與制衡，提出設立人身保護法案，取消反革命罪，禁止任何政治迫害，修改憲法，實現政教分離；他十分關心中國的政治改革，指出後發國家不應該只學先發國家的技術，也應該學習制度。楊小凱提倡憲政的兩大理由是：

　　第一、為了經濟改革，為了好的資本主義、避免壞的資本主義。
　　第二、專制制度是建立在不斷地政治迫害之上的，唯有實行憲政
　　　　　才能結束政治迫害。

　　楊小凱在之後談到政治秩序的重要性時，已經是典型的自由主義口吻了：「從中國孔子的學說到當代政治學都指出一個穩定的政治秩序比生產力發展的確更重要。英國的發達是因為自光榮革命建立代議制、兩黨制，內閣制後三百多年沒有政治動亂，美國的發達也是因為

她有民主制度保證其二百年長治久安。中國不要有二百年不斷政治動盪而中斷，不要任何政治家去強調經濟為中心，經濟一定會世界第一的。但政治要不動盪，非得有結社自由、政黨自由、自由選舉這一套民主制度不可。從這裡而言，唯生產力論是極端錯誤的。而建立一個公正和禁止任何政治迫害的民主法治社會才是長治久安和經濟發達的根本大計。」

　　他後來指出：「1966 年 8 月到 1968 年的文化革命是一種政治學中所說的革命，它的特點是，原有的社會秩序完全崩潰，原有的政府和共產黨癱瘓，社會處於半無政府狀態。政治是在軍隊，各派政治派別之間玩出來。由於共產黨的政治控制已處於半癱瘓狀態（除了軍隊以外），自由結社自然會發展出自由的意識形態。」

　　「這就是 1968 年初一種被稱為『新思潮』的非官方意識形態發展的背景。這種新思潮的代表人物有北京中學的四三派人物，大學中的『極左派』，上海反對張春橋和周恩來的紅革會和支聯站的人物，武漢三鋼派中的北斗星學社，山東魯大主義兵派中的『十月革命小組』，湖南省無聯等等。這些新思潮的代表人物雖還沒完全擺脫中共意識形態壟斷權的陰影，但他們宣稱中國的政體不民主，形成了特權階層。山東十月革命小組一位人物指出『炮打司令部』應該形成一種制度，群眾組織應該容許反對司令部，不論其是無產階級的還是資產階級的。這種新思潮的發展說明，只要結社自由成了事實，思想和言論自由就不可扼止。如果不是中共 1968 年用殘酷的暴力把造反派鎮壓下去，自由的思想就會從自由的結社發展出來。我認為結社和政黨自由比言論

自由重要得多。一旦結社自由，就會出現尾大不掉的局面。有了一個獨立於共產黨而共產黨又吃不下的政治組織，共產黨的專制政治就不可能存在了。」

三、突破時空的精神交流

1966 年以前，中共當局出版了大約 1,041 本專供高幹閱讀的圖書。這些「內部發行」的圖書分為兩類：一類是灰皮書，大都屬於政治、法律和文化的範疇，主要是西方作者或蘇聯東歐各國的「修正主義者」所寫；另一類是黃皮書，主要是文學讀物。由於這兩類書有特定的封面顏色，因此人們簡單地稱之為「灰皮書」和「黃皮書」。

在「文革」的動亂歲月裡，大量這樣的圖書散落到普通人手裡，它們很快就在學生中間成了「搶手貨」，這些書籍給地下讀書運動的興旺增添了素材。

下面列出的書是一份十分獨特的書目，不僅中國現在的大學生未必知道其中的書名，當時西方國家的知識分子也未必全都讀過，但文革時期中國地下讀書運動的活躍成員們卻十分熟悉它們。

灰皮書中有 10 到 20 本在地下讀書活動中特別受歡迎。其中包括：

- 威廉・夏伊勒（William Lawrence Shirer）：《第三帝國的興亡：納粹德國史》
- 特加・古納瓦達納（Mrs. Theja Gunawardena）：《赫魯雪夫主義》

- 安娜・路易絲・斯特朗（Anna Louise Strong）：《史達林時代》
- 托洛茨基（Leon Trotsky）：《被背叛了的革命：蘇聯的現狀與未來》
- 米洛萬・吉拉斯（Milovan ilas ido）：《新階級：共產主義制度分析》
- 弗里德利希・哈耶克（又譯：佛烈德利赫・海耶克）《通向奴役之路》
- 亞當・沙夫（Adam Schaff）：《人的哲學：馬克思主義與存在主義》
- 馬迪厄（Albert Mathiez，又譯阿爾伯・馬蒂）：《法國大革命史》
- 尼基塔・赫魯曉夫（Nikita Khrushchev，又譯赫魯雪夫）：《沒有武器的世界：沒有戰爭的世界》
- 拉扎爾・皮斯特列（Lazar Pistrau，又譯拉扎爾・皮斯特勞）：《大策略家：赫魯曉夫發跡史》……等。

黃皮書中最流行的有：

- 愛倫堡（Оттепель）：《人・歲月・生活：1891 － 1917 年回憶錄》和《解凍》
- 亞歷山大・索爾仁尼琴（又譯索忍尼辛）：《伊萬・傑尼索維奇的一天》
- 讓保羅・薩特（Jean-Paul Charles Aymard Sartre，又譯尚保羅・沙特）：《厭惡及其他》
- 阿爾貝・加繆（Albert Camus，又譯阿爾貝・卡繆）：《局外人》
- 約翰・奧斯本（John Robert Osborn，又譯約翰・羅伯特・奧士本）：

《憤怒的回顧》

- 薩謬爾·貝克特（Samuel Beckett）：《等待戈多》
- 傑羅姆·大衛·塞林格（Jerome David Salinger，又譯傑洛姆·
  大衛·沙林傑）：《麥田裡的守望者》……等。

　　仔細分析一下這個書目即可得出這樣的結論——這些書的大多數
作者，如托洛茨基、吉拉斯、赫魯雪夫、愛倫堡、西蒙諾夫、沙特和
索忍尼辛，實際上都是曾被共產主義運動稱為「革命的叛徒」或「修
正主義者」的人。他們曾經是激進的革命派，覺醒之後又開始反對革
命。這種轉變，在二十世紀思想史上，是一樁相當普遍的現象。

　　作為自由主義的精神源頭，上述精神養料中，以海耶克的《通向
奴役之路》影響最深，夏伊勒的《第三帝國的興亡：納粹德國史》傳
布最廣。它們促成了中國當年的少數先知先覺者對共產極權制度的深
度批判以及對現代民主憲政的基本認同。

　　筆者作為一個中國人，記得自己在中國大陸看到《通向奴役的道
路》的中文版時是 1969 年，其時正是「文化大革命」開始走向「復辟」
的階段。當時的一批「內部發行」的所謂「灰皮書」、「白皮書」和「黃
皮書」在極小的圈子內流傳，當然要靠極高的直覺極大的精力極廣的
聯繫網路才能搜尋到此類書籍。一獲此書，筆者竟然廢寢忘食，反覆
研讀，浮想連篇；對照當時中國之社會狀況，驚歎作者預見力之驚人；
同時猜測中國共產黨高層何人有此眼力和膽魄，竟然敢於在六十年代
批准中國境內出版此書？

這些書籍的傳布，像野火蔓延，影響了整整一代敏感、痛苦、尋找出路的年輕人。這些影響對於激發或強化中國這一兩代人的自由主義萌芽，有著不容低估的催化作用。這些人在 1977 年恢復高考制度後，相當一部分進入大學深造。八十年代以來在中國的經濟和社會領域變遷中，其中有相當一部分成為思想、學術和社會政商界的中堅力量，成為中國匯入世界主流文明的主要推動力。

因此，在文革「瓦釜雷鳴」的時代，自由主義的聲音，雖然若隱若現，纖細微弱，不成交響篇章，不為時流看重；然而，從後來的演變來看，說它是歷史的先聲，是未來中國的精神種子，是絕不誇張的。

4.1 註釋：

（1）遇羅克：《出身論》，載 1967 年 1 月 18 日《中學文革報》第 1 期；

（2）顧準：《從理想主義到經驗主義》亦凡書庫，1992 年出版；

（3）〈李一哲大字報〉：指 1974 年 11 月，在廣州街頭出現的署名李一哲的《關於社會主義的民主與法制》的大字報。李一哲是三位作者李正天、陳一陽和王希哲的合名；

（4）楊小凱：《中國憲政的發展》，是楊小凱 1999 年 11 月 18 日在哈佛大學費正清中心舉辦的中國憲政發展研討會上的發言。

4.1 參考文獻：

（1）宋永毅、孫大進：《文化大革命和它的異端思潮》，香港，田園書屋，1997 年；

（2）徐友漁：《形形色色的造反》，香港，中文大學出版社，1999 年；

（3）楊建利編：《紅色革命與黑色造反》，美國，二十一世紀基金會出版，1997 年；

（4）周倫佐：《"文革"造反派真相》，香港，田園書屋，2006 年。

（5）原載《文化大革命：歷史真相和集體記憶》，香港，田園書屋，2007 年

4.2.1 孤獨的先知
——顧準

一、

上世紀九十年代，在一個學術會議上，有海外學者向中國與會者提問：「文革十年浩劫裡，請問中國思想界還有什麼人在堅持思考？」舉座啞然。這時，李慎之先生從容起座，慨然應對：「有，有一個，那就是顧準，他洗刷了我們思想界的恥辱！」

顧準何許人也？

顧準（1915 年 7 月 1 日－1974 年 12 月 3 日）

顧準，一位經濟學家，一位比較思想史和文化史學者，一位在舉世昏昏的毛時代堅持獨立探索的思想者。他早年畢業於上海立信會計學校。因為家境的原因自 12 歲起到 1940 年離開上海，一直在立信會計事務所工作，從一個練習生成長為會計學專家、教授。

1949 年之前，顧準曾擔任過中國民族武裝自衛會上海分會主席、上海職業界救國會黨團書記等職。1949 年後，是上海第一任財政局局長。

1957 年，顧準發表了〈試論社會主義制度下的商品經濟和價值規律〉，那是中共建政後首次在中國提出了要實行市場經濟的公開論述。一年以後，他第一次被戴上右派的帽子，1965 年文革前夕，他再次被戴上右派的帽子。

　　1968 年 4 月，他的妻子汪璧因不堪迫害而自殺。顧準在遭受迫害期間，仍不改其志，堅持獨立思考，特別關注民主問題。他拖著低燒咯血的病軀，廢寢忘食，每天只帶幾個冷饅頭充饑，爭分奪秒地查找資料、做卡片、寫筆記，夜以繼日地寫作，終於寫出了《希臘城邦制度》、《從理想主義到經驗主義》這兩部專著。

　　1974 年 12 月 3 日，在中國北京，一個自然氣候和人文氛圍都異常寒冷詭異黑暗的冬夜，顧準因肺癌逝世。

　　在顧準去世多年之後，1995 年，中國終於出版了《顧準文存》，它在中國大陸學術界和民間引起非凡的反響，這一系列作品多是他同五弟陳敏之通信的產物，實際上，客觀環境真正容許顧準寫作的時間只有 1973 和 1974 年兩年，但他卻提出了許多與他同時代的中國人不敢提或不能提的問題，並嘗試作出了自己的解答。在這一思索過程中，他逐步疏離了貌似理想主義的共產主義教條，並日益逼近英美經驗主義基地上的自由主義。那是一個艱難痛苦的染有悲劇色彩的精神歷程。

　　顧準的思想貢獻，首先是在意識形態教條籠罩一切的時代第一個在中國提出實施市場經濟，今天看來，也許是卑之無甚高論，然而在

四十多年前的毛澤東中國，在毀棄私有制的信條籠罩一切的氛圍下，卻是石破天驚之言。這一貢獻昭昭在案，已經載入史冊。此外，他也是第一個在中國提出市場經濟必須要有上層建築法律體系相配套的人。他在研究葡萄牙、西班牙現代化起步早於英美，卻被英美遠遠拋後的歷史教訓時，已經內含現在人們常論及的「要好市場經濟，不要壞市場經濟」這一重要主張。換言之，對顧準而言，首先是一個市場經濟有與無的問題，其次還有一個市場經濟好壞的問題。

作為一個思想者，顧準對中國和世界歷史中的其他一系列重大問題提出了自己獨到的見解，在他那個時代封閉的中國，可謂言人所未言。這些問題，諸如中國為什麼沒有如同希臘羅馬那樣，發展出來作為歐洲文明濫觴的城邦共和制度，而是形成了幾乎牢不可破的東方專制主義傳統？中國的「史官文化」傳統是怎樣形成的？什麼是「史官文化」的本質以及應當怎樣對待「史官文化」？在革命勝利以前生氣蓬勃的革命理想主義為什麼會演化為庸俗的教條主義？中國共產黨奪取政權的革命取得成功、「娜拉走後怎樣？」要採取什麼樣的政治經濟體制才能避免失誤和贏得真正的進步……等等。所有這些，都是長期困擾中國知識分子的問題。顧準抓住了它們，陷入長期的孤獨的思考，並對它們一一做出了自己的解答。

二、

在《顧準文集》和《顧準日記》中，他討論了中國政治制度如何建立起制衡的機制的問題，他試圖將美國的兩黨制引進無產階級的政黨中來。這一設想，或許會被人譏為唐•吉訶德式的天真。但顧準是認

真的。中國知識精英以「天下興亡」為己任，是其綿延不絕的傳統。後來凝結成張載的著名「四立——為天地立心，為生民立命，為往聖繼絕學，為萬世開太平。」一部《顧準文集》，在精神上，就是在這種「四立」的最佳注釋。這是顧準留給現代中國知識界的重要精神遺產。

顧準為學，其原初並非從書本中獲得問題，而是從自己親身的體悟出發。顧準曾下放信陽。毛澤東及中共造成的大饑荒，在信陽就餓死二十萬人，息縣是這一災區的重中之重，幾乎家家都有長輩餓死的親身經歷。顧準觀此慘景，身心經受巨大煎熬，這一曠古悲劇，深深折磨了他，也從精神上成全了他。他能以那樣堅忍的毅力，反思中國這場人禍的歷史、思想根源，作為一個曾經的共產黨員，他走得很遠，一直至追尋到以 1917 為轉捩點的共產主義潮流進入中國後如何影響二十世紀的歷史進程。他的思索，是以耳聞目睹的息縣苦難為背景展開的，他的思想脈動是與中國民間苦難連接在一起。信陽餓殍二十萬，刺激顧準藉此得到中國思想界 1949 年後代價沉重的一份精神收穫。顧準以民間苦難為動力，知難而上、甚至迎難而上的為學境界和思想特徵，對當代中國思想界也將帶來巨大的刺激和啟迪，並藉其精神力量衝破思想與學術的牢籠以及吟風弄月的象牙塔趣味。

當然，由於顧準的思索與研究都是在一個全然封閉的黑暗孤室的獨立苦思，沒有任何現代世界開放環境下的自由學術研究的起碼的資料條件、自由討論與思想撞擊，因此，他當時的研究成果，如關於希臘城邦制，關於經驗主義等等概念和史實，用現在的標準來看，烙有

當年的時代印記，有些部分是不盡如人意的。但真正重要的是，那些是他在極端艱難條件下獨立思考的結果，是難能可貴地思考了他同時代人所不敢想，作出了他同時代人所不可能作出的結論的。那是當時中國極其稀有的精神事件和精神成果；同時，也為自由主義在毛時代中國的潛入，掘出了一條思想的通路。它促使了後來的一些中國人去思索，去反省。正如王元化為顧準的《理想主義與經驗主義》一書所作序言所說：「許多問題一經作者提出，你就再也無法擺脫掉。它們促使你思考，促使你去反省並檢驗由於習慣惰性一直紮根在你頭腦深處的既定看法。」

　　作為一個人，顧準與當時他身處的中國社會很不合拍，特立獨行、落落寡合：唐吉訶德式的身材，鶴立雞群，瘦骨嶙峋，在社會上以一片藍螞蟻服裝為革命保護色時，他卻身著二、三十年代在上海仕紳間頗為流行的吊帶西裝褲、西裝背心，配一副玳瑁眼鏡，眉宇間似有戚容，鬱鬱寡歡，甚不合群。雖不是因戒備而拒人於千里之外，但仍給人以視對方為無物之感。五十年代調京，他頂撞上司，不給面子，似是家常便飯，在當時上級訓示：「與蘇聯專家發生矛盾和口角時，不管三七二十一，中方無理要打一扁擔，有理也要打一扁擔。」顧準卻對此充耳不聞，我行我素。他在頤指氣使的蘇聯專家面前，絕無媚態，而是據理力爭。與其說他是有意識地要挫一挫那些指手畫腳者的傲氣，不如說，他生來就是一付「在真理面前人人生而平等」的意志，以及付諸實踐的勇氣和秉性。這些特質，預示了他未來的悲劇命運。

三、

一方面，顧準是一位頂天立地、威武不能屈的硬漢。如，他在明港時，不斷有外調人員武鬥逼供，要顧準作偽證誣陷一位與他有過個人嫌隙的人，雖然飽受皮肉之苦，他仍然嚴詞拒絕這種無理要求。在一次無端指摘他「偷奸耍猾」的「地頭批判會」上，他冒著雨點般襲來的拳頭高昂頭顱喊著：「我就是不服！」

在另一方面，對於在文化大革命的狂熱氣氛裏挾下揭發過他「罪行」的老同事和被迫同他「劃清界限」的親友子女，顧準卻又總是懷著體諒的態度，或者從社會原因來為他們辯解。例如在 1972 年回到北京以後，由於他的妹妹和妹婿（當時任公安部代部長）的阻止，顧準不能和年近 90 歲高齡的媽媽相見。當時大家對他的妹妹和妹婿這種不近情理的做法十分不滿。顧準卻說，他完全可以理解妹妹一家，因為他們只是一部巨大鎮壓機器的一個零件，身不由己，何況他們（妹妹和妹婿）全家「也是坐在火山上的呀！」有一位他的老朋友在「清理階級隊伍」時曾經用荒誕牽強的推理「揭發」顧準在二十世紀三十年代就是執行「右傾投降路線」的「內奸」，使他百口難辯。很久以後，隨著周揚的解脫，顧準的「內奸」問題才告解決。1972 年回到北京以後，顧準對他的這位老朋友卻多方照顧。考慮到這位老朋友的淒苦處境，逢年過節總是備下酒菜，約他共餐對酌。

一方面，顧準疾惡如仇。對於荀況、韓非為專制統治者鉗制輿論獻策的言論，雖然事隔幾千年，仍然嚴詞指斥，憤恨之情溢於言表。面對某些掛羊頭賣狗肉的「左」派理論家、政治家，他義正辭嚴地宣言：

「我自己也是這樣相信過來的。然而，當今天人們以革命的名義，把革命的理想主義轉變為保守的反動的專制主義的時候，我堅決走上徹底經驗主義、多元主義的立場，要為反對這種專制主義而奮鬥到底！」

可是另一方面，對於老百姓的苦難，顧準移情移性，感同身受，甚至在看雨果（Victor Marie Hugo）的《悲慘世界 Les Misérables》、狄更斯（Charles John Huffam Dickens）的《雙城記 A Tale of Two Cities》時，也潸然淚下，邊讀邊哭。目睹他人被強加上莫須有的政治罪名，他會忘記自己的「反革命」身份，站出來打抱不平。與顧準相濡以沫的夫人，文革期間與他雙雙在家中被隔離審查，各閉於一屋。其時，顧準將一個未被造反派抄走的銀行存摺，悄悄地從地板的板縫塞了過去，他滿心以為以此能聊勝於無地給夫人一點安慰，以激發其生存下去的勇氣；但誰知，在顧準塞存摺之前的某一天，他夫人已自殺身亡了。

後來，他在受到政治上更大迫害時，首先想到的不是怎樣維護自己，而是如何使他的子女少受一點牽連。文化大革命開始，他的子女受到中共統治思想的毒害和為形勢所迫，同他斷絕往來，「劃清界限」。顧準對此，心如刀絞。然而即使如此，他還是處處為他們著想，甚至不惜犧牲自己最珍惜、準備以生命來捍衛的東西。在他的病已經宣告不治的時候，經濟所「連隊」的領導考慮給他摘去「右派帽子」，但是有一個條件，就是要顧準在一份文字報告中做出「承認錯誤」的表示。這是顧準所萬萬不能接受的，但他最後還是簽了字，簽字時，顧準涕淚縱橫。他對友人說，在認錯書上簽字，對他來說是一個奇恥大

辱，但他之所以這樣做，因為這也許能夠多少改善一點子女們的處境。

　　經濟學家孫冶方曾說過，在文革初期他自己坐牢之前，曾與顧準一起住牛棚，一起勞改。顧準曾對他說：「**反正我是受了這麼多罪，再也不要連累你了。我的手上沒有血。**」在毛澤東統治下的中國，作為一個曾經當過高幹的人，能做到這一點，敢說出這句話，人們不難掂量其中的人格與道義的含金量。

4.2.2 紅色中國爭人權的先驅——遇羅克

一、

　　「龍生龍，鳳生鳳，老鼠生兒打地洞。」

　　「老子英雄兒好漢，老子反動兒混蛋。」

　　這是在文化大革命初期的中國流行的兩幅對聯，被稱為「血統論」。

　　在中國大陸，自 1949 年到 1979 年整整三十年間，共產黨實行著一種堂而皇之公然宣告的等級

遇羅克（1942 年 5 月 1 日－1970 年 3 月 5 日）

賤民制度——成分論：國家政權以階級出身對國民進行等級式劃類。這一劃分及其造成的社會氛圍，從五十年代至六十年代逐步強化，至文化大革命初期達到頂點，由半遮半掩的檔案內部劃類，走向赤裸裸的「紅五類（工人、貧下中農、革命幹部、革命軍人、革命烈士）、黑五類（地主、富農、反革命分子、壞分子、右派分子）、和麻五類」等公開的侮辱性分類。這種出身歧視導致的最極端後果，則是發生在北京大興縣、湖南道縣、廣西賓陽縣的對黑五類及其家族進行的大屠殺，甚至吃人。譬如，在當局慫恿下，紅衛兵在北京大興縣殺死300多位「四類分子」，最年長者80歲，最年幼者竟是38天的嬰兒！1967年，廣西誕生所謂「貧下中農最高法庭」，提出「斬草除根一掃光」，滿門殺戮「四類分子」及其子女。

在1966年北京的「紅八月」中，北京市第六中學的校舍變成審訊室，牆壁上就有用人血狂書「紅色恐怖萬歲！」整個中國，籠罩在一片瘋狂猩紅的恐怖之中。

在這種恐怖和高壓的氛圍下，一個孱弱而內向的青年，站了起來，戰勝恐懼，昂然揮筆，寫出了長篇文章〈出身論〉。該文筆鋒犀利，邏輯謹嚴，情感充沛，嚴正抗議並激烈批判出身歧視，激起了廣泛的反響。借助文革初期中共高層權力鬥爭的混亂，文章發表在《中學文革報》上，獲得長期受壓的「賤民」們深深共鳴與支持，一紙風行，洛陽紙貴，產生了某種雪球效應，激發出了被壓在社會底層的「賤民」們的權利意識。

這位青年作者的名字是：遇羅克。遇羅克，1942 年生，北京市人，家庭出身資本家，本人成份學生。他因為撰寫〈出身論〉於 1968 年 1 月以「現行反革命罪」被判處死刑，1970 年 3 月 5 日被槍決。年僅 27 歲。

　　遇羅克在〈出身論〉中，凜然指出：「**在表現面前，所有的青年都是平等的。**」「**任何通過個人努力所達不到的權利，我們一概不承認。**」在他的另一文章〈談鴻溝〉中，他更是明確宣稱「**無論什麼出身的青年，都應該享受平等的政治待遇。**」雖然在其文章中，他所使用的術語還難免帶有時代烙印和馬克思主義痕跡，但其文的核心宗旨，清晰明確，是呼喚平等與尊嚴，是籲求基本的人權。這在當時的中國顯然是離經叛道的。

　　因此，雖然當年毛澤東及其文革小組因為權力鬥爭的需要而批判了〈血統論〉，但那僅僅是權宜之計。他們是絕對不允許像〈出身論〉這種從根本上顛覆其階級鬥爭理論的人權思想流傳的。作為一個意識形態籠罩一切的極權國家，統治者是以（無產）階級的名義進行統治的。階級路線、階級鬥爭是他們竊取政權的理論基地，也是他們在統治權術上「一抓就靈」的通靈寶玉，萬萬動搖不得的。由於這個根本原因，〈血統論〉雖然遭到中央文革的批判，但那只是上層權力搏鬥中的權宜之計。有鑑於此，人們注意到，到後來，〈血統論〉的始作俑者，一律無事，全部豁免。但〈出身論〉的遭遇就完全不同了，文章很快被中央文革打成了「大毒草」，而作者遇羅克也終於因此而以身殉道。

在對待〈出身論〉的根本立場上，當時中共內部激烈權鬥的兩派
——文革派與反文革派——實際上並無二致。

二、

在共產黨統治中國的前 30 年時段裡，「出身」，像一個巨大的陰
影，籠罩在人們頭上，像一塊燒紅的烙鐵，燙在人們心上，陰霾、流
血永無止期。中國人，無論長幼，都在階級路線的名義下被分成了三、
六、九等。而那些先天的「賤民」，從識字開始，就對填寫各種與出
身有關的表格，有一種天生的抗拒與恐懼。在一生中，他們遭遇了無
數障礙：參軍、招工、「提幹（一般群眾提拔為幹部）」、求偶、進
大學……一代又一代，像一群吃草的動物，天性馴良、柔弱、離群索居。
在眾人面前，他們總是保守沉默，不願談說自己的親人，甚至迴避自
己。

滲透一切的國家意識形態，意識形態強力灌輸下的日常生活，學
校、單位，街坊……點點滴滴，早已教會了他們認明自己的身份即：
異類、卑賤者、準專政物件的下等身份。等到文化大革命起來，就又
多出了一個稱謂：「狗崽子」。他們的一生無所期待：沒有受高等教
育的權利，沒有愛與被愛的權利，沒有寫作發表的權利，沒有發展自
己興趣和施展自己才能的權利……只有絕望，只有看不到頭的黑暗的
隧道，漫長無盡。正義、平等、自由、良知、愛情、事業、幸福，對
他們而言，都是遙不可及的夢想。

是遇羅克，在文革混亂之際，終於，把那些人多年來憋在心裡的

話說出來了！當他在《中學文革報》上點燃野火時，其氣勢逆風千里，頃刻間，朝野震動。人們排著長隊購買它，如饑如渴地閱讀它，讀者來信從全國各地像雪片一樣飛去，以致郵遞員不堪重負，要他的夥伴蹬著三輪車到郵局自己領取郵袋；袋裡的來信，每天都有幾千封。

〈出身論〉——多少怯弱的心靈因它而猛烈地跳動！多少陰鬱而乾涸的眼睛，因它而淚水滂沱！多少繃緊的嘴唇因它而撕裂般地嚎啕不止……在那個瘋狂的年代，遇羅克難免要使用一種近乎狂熱的語言，表達屬於自己的思想。但是，他抨擊的目標是明確的，那就是中國式的「新的種姓制度」，中國式的「賤民劃分」。這是平等的訴求，這是抗議的聲音。他為他廣大的同類向社會籲求，從「階級路線的歧視」那裡要回來應有的權利：平等的權利，公正的待遇，參與政治生活的權利。

雖然，遇羅克用了一些當時流行的語言，但他與當時那些洋洋大觀的「理論體系」都不相同，它們之間在根本上毫無關係，他的思考帶有根本的性質，即：人道的性質，人權的性質，平等的性質，自由的性質。他思考的出發點與當時時髦的思想完全是南轅北轍，根本上不在一條軌跡上。在這個意義上，如果我們撥開其文章表面的文辭，撥開他自稱的馬克思主義的術語，我們有充分的理由說，〈出身論〉就是當年中國的人權論，就是赤色烈焰遍地炙烤的中國大地底下噴薄而出的清涼自然的自由主義言說。因此，雖然缺乏嚴謹的自由主義的學術語言包裝，但遇羅克，在思想上是當之無愧的應歸屬於 1957 年以及 1949 年之前的中國自由主義脈絡之中，他是他們的毫不遜色的精神

傳人。

　　這個孱弱的青年，內傾的青年，二十出頭就開始變得駝背的青年，他最主要的思想貢獻，就是在鐵桶一般的封閉中國大陸內部，開啟了當年的異端思想——人權意識。當大批的黑五類及其子女，在光天化日之下迅速陷入死亡，僅僅因為出身而死於無妄之災，當被槍殺的，被棍棒打死的，被捆綁了推到河裡淹死的，被活埋的，被害死後還不見屍首的事件如潮湧來，有如一場鼠疫時，當遇羅克自己也飲彈死去時，〈出身論〉的出現和傳播，在冥冥中已經開始向那場血腥的殺戮伸出了一支隱形的巨大的制止之手。

　　在這個意義上，遇羅克是為千千萬萬「賤民」殉道而死的，是為中國大地上的人權殉道而死的，是為未來的自由民主平等的中國殉道而死的。在這個意義上，遇羅克雖然只活了短暫的 27 年，但他已經不朽了。

第五部

1979 年至 2017 年——復興期

引論——
中國自由主義在二十世紀八十年代以來的復興之路

中國大陸在八十年代的經濟改革

二十世紀八十年代，比較而言，是中共自 1949 年執政以來僅有的一段相對開明的「黃金時代」。原因主要在於中共在經濟政策方面走出了毛澤東的陰影，從極權主義的統制型計劃經濟向市場經濟邁出了第一步，從而解開了向憲政方向移動的經濟束縛。

「以經濟建設為中心」恐怕是鄧小平最得人心的一個口號。胡耀邦與趙紫陽，作為鄧的左右臂，在八十年代構成了中國最高層的「鐵三角」。鄧聲稱，天塌下來，有胡趙撐著。三人之間，在對毛的主要遺產的反叛上，在經濟改革的理念上，是大體契合的。而胡的熱情誠懇，開朗豪爽，大刀闊斧；趙的精明能幹，思路開闊，厭惡教條，與鄧的務實主義，少說多做，乾綱獨斷，正好相得益彰。因此，八十年代前期的中國，在這一「鐵三角」的推動下，以「真理標準」問題為開山斧，撥亂反正，平反冤獄，權力下放，搞活經濟。長期沉悶窒息的神州，驟然風生水起，虎虎有聲。

中共經濟政策的核心，包括前面已提到的「包產到戶」和「經濟特區」等一系列措施，總起來看，可稱為分權化（decentralization）的改革，其方向實質是指向市場經濟。

所謂「分權化改革」，首先是針對原來中共高度極權的經濟體制，實行中央對企業的權力下放和利益下放，並逐步向「政企分開」的過渡。因此原來在毛時代不可想像的東西，如鄉鎮企業、合資企業、外資企業、私營企業、雇工、長途販運、農民大量進城、股份制、股票交易市場、「與國際市場接軌」、「參與國際經濟大循環」⋯⋯一系列在毛統治下的稀奇古怪之物、稀奇古怪之論，如潮湧現，紛至沓來。它們釋放了中國人長期被壓抑對財富的欲望，調動了被柴契爾夫人稱為「天生的資本主義者」的中國人的聰明才智，並使中國的經濟與老百姓日常生活息息相關，與國際經濟體系的關係日益密切。由於各種不同所有制的企業的出現，給中國人提供了選擇職業的空間，這就削弱了過去毛時代的國有化的「單位制」對人民的全面控制能力。

　　所謂「分權化改革」，另一層涵義是區域經濟自治的意思，是指中央對省市自治區等地方的權力下放，利益分成。並使各個地區相互之間出現體制性競爭，導致促進制度改革的目的。實際上，「經濟特區」政策就是區域經濟自治的措施之一。地方經濟實力的增強和獨立性的相對增加，使地方政府越來越成為區域經濟利益的代言人，而日益減弱了其作為中央的派出機構、代表中央利益的角色。它們與中央的經濟關係日益增強了討價還價的談判協商關係的成分，而越來越削弱了直接聽命於中央的上下級關係色彩。

　　在農村，經濟改革的一個顯著成果是鄉鎮企業的興起。這種農村辦工業、農民辦工廠的現象，構成了中國的八十年代區域性經濟發展的重要模式和景觀。一方面，它反映了中國大陸在城鄉戶口嚴格劃分

的制度前提下，農民只能「離土不離鄉」辦工業的客觀處境；另一方面，它又確實是中國在經濟起飛初期的一種促進農村發展、實現農村勞動力和人口就地轉移的創造性模式。它在八十年代帶動了中國整體經濟的快速發展。

就全國來看，國營經濟成分在國家經濟中比重的降低，是中國經濟改革的一個最基本的後果。在農村，本來就少有國營經濟，在改革前，農民的家庭收入 2 ／ 3 來自集體經濟，1 ／ 3 來自私人自留地、家庭副業和城市親戚的幫助。但自從實行包產到戶之後，從 1983 年起，農民收入中來自集體的部分竟然大幅度下降到了 1 ／ 10 ！在城市，改革前，國營經濟幾乎壟斷了全部經濟活動。但是改革之後到 1989 年，城市職工的收入結構發生了重大變化，其中一半以上是與市場掛鉤，而不是與國家計畫掛鉤了。同時，國營經濟在整個國民經濟中的比重在 1988 年也下降到了 56%。而國營經濟的衰落與民營經濟的崛起幾乎是同步發生的，這使中國大陸的經濟結構產生了具有深遠歷史意義的變化。

中國八十年代的政治風雲

在八十年代，鄧小平雖然實行「經濟放開，政治收緊」的政策，但作為文革的受害者，他對中國的政治改革的必要性並非毫無認知。在 1980 年 8 月 18 日，他曾發表了一篇有關民主法治的不錯的講話，指出類似史達林和毛澤東那樣的嚴重破壞法制的事件，「在英法美這樣的西方國家不可能發生」，並強調中國走上民主法治道路的必要性。實際上，他已經看到，阻礙中國發展的正是共產主義意識形態，但是

意識形態作為中共執政的合法性源泉，他又不能「砍倒旗幟」，只能「掛羊頭，賣狗肉」，在原有意識形態旗幟下改變其內涵。即是說，仍然使用馬列毛的話語系統，但是通過強調重心的移位，通過淡化意識形態，鄧為自己的經濟政策的轉向作了實用主義的辯護。

中共與鄧的兩難悲劇在於，他們必須用反對（馬列毛）意識形態的市場經濟方式才能挽救黨，而公開聲稱反對（馬列毛）意識形態又必定摧毀共產黨。因此，非毛化和非意識形態化只能做，不能說。

因此在八十年代，中共「逢雙反左，逢單反右」，左右搖擺，出爾反爾；理論界「批判 – 沉寂 – 活躍」、「再批判 – 再沉寂 – 再活躍」，即根源於中共政策的相互衝突的兩個基本點——「改革開放，四個堅持」。一路指向矛盾的方針，正如兩匹南轅北轍的奔馬，在撕裂北京領導層。

其中的關鍵在於，中共對政治權力的壟斷是不能放棄的。

但是，經濟體制改革必然突破中共意識形態的牢籠，必然導致某種政治後果。

因此，伴隨著經濟改革的進程，八十年代發生過幾次政治及意識形態爭論，影響到了中國的政局及其發展方向。

首先是 1978 年的「真理標準」的討論，實際上是擁毛派與擁鄧派

的一次較量，是鄧小平非毛化政策的起點。這次討論是務實派自下而上和自上而下的反覆醞釀後發動的，胡耀邦與鄧小平利用該討論，通過確立「實踐是檢驗真理的唯一標準」而取消了毛澤東作為真理裁判官的地位，從而削弱了毛澤東留在中共高層的代言人「凡是派」華國峰、汪東興等的權力，為鄧小平掌權掃清了道路。1978 年底，中共的十一屆三中全會正式確立鄧小平的務實路線。

我們在前面談過，鄧小平在黨內輿論以及民主牆時期的黨外民主思潮的氣氛中上臺後，立即提出「四個堅持」，逮捕異議人士，開始了他的「經濟放開，政治收緊」的左右搖擺的方針。

1983 年，鄧小平指責中國的理論界文藝界「存在著相當嚴重的混亂，特別是存在著精神污染現象。」他把知識界中流行的人道主義和異化論等作為「精神污染」，從而開展了所謂「清除精神污染」運動。不過這一運動在胡耀邦干預下，只持續了 28 天就夭折了。

「清污」結束後，中國出現了一段政治上寬鬆的時期。

然而好景不長，1986 年底從安徽合肥、上海到北京，爆發了學生運動，中共黨內的左翼頑固派趁勢發動「反資產階級自由化」運動，點名批判方勵之、劉賓雁和王若望三位知識分子，並把矛頭指向了黨內開明派領袖胡耀邦。

前已說過，鄧、胡、趙「鐵三角」本來是當時經濟改革最開明的

領導核心。然而其權力的結構有隱患，即：「名實不符，權責不一」。所謂名實不符，是指最高權力的名義與實際是分裂的。它們不是統一於一人身上，而是分處於兩個人身上。名義上的最高權力者是胡，實際上最高權力者為鄧。所謂權責不統一、不對稱，係指權力與責任分離，最高權力歸鄧，責任則歸胡、趙。這種結構性困難一旦遇到危機時刻，就會產生結構崩塌的效應。如在胡耀邦推行鄧式「新政」過程中，上述 1986 年底和 1987 年初的學運爆發，黨內保守元老趁機發難攻擊「新政」，鄧亦隱感胡「功高震主」，因此也就順水推舟，放開閘門。胡（為鄧路線的後果）承擔責任黯然下臺。

這種畸形的權力結構和矛盾的左右搖擺的改革方針，造成政局的劇烈振盪，而且還留給中國政局更大的隱患。

中國八十年代的社會和文化變遷

在社會與文化方面，中國的八十年代是一個比較鬆動活躍的時代。

過去，在中共嚴厲的文化專制政策下，中國大陸的文化系統是依附於政治系統的，並且被無所不包的意識形態網路所籠罩。極權政治的封鎖使中國的社會科學、人文學科和文學藝術各界極難從國外的精神資源和中國自身的精神道統中吸取養料。因此，自己沒有獨立的社會定位、精神定位和語言定位，喪失了獨立思考和抗爭的能力。

但從八十年代開始，上述情況有了重要的變化。國家能力的收縮，即政治系統對社會各行各業及各類團體的控制的削弱，社會自主性和

自治性的增長，國家和社會之間開始出現的某種對峙平衡，中央和地方之間互動制衡的加強、利益的分化、權力的分享，地區差距的拉大，利益傾斜的增加，各種群體對自身利益的覺醒，中間組織建立自身道統的努力受國家干預程度的下降，使國家全權控制的社會逐步溢出了一部分自由流動的資源：如農民耕種的自主權，城市中國家對資金和生產資料的壟斷減弱，外資的大量湧入，財政分灶吃飯，企業自留資金，市場提供的契約式就業機會，如此，個體、私營和「三資」、小集體等各類非公有制企業的出現，都是這類自由流動的資源。同時，社會上也逐漸出現了自由活動的空間：如農村多種經營「自由活動空間」，集市貿易和長途販運的自由空間，鄉鎮企業和私營企業的空間，農民進城做工的空間，城市中第三產業和零售業以及電子技術等高技術民營產業的自由空間，「三資」和「特區」的自由空間，知識界起伏不定的帶民間性質的自由組合空間：編委會、研究所、書院、函授大學、沙龍以及有外資入股的雜誌，以及國外和港、台流入的大眾文化⋯⋯等等。如此，人們正在體制的縫隙中一步步地擠出了一個社會和文化的中間層。獨立的文化系統正處於逐步成形的過程中。

自 1978 年到 1990 年，中國城市的社團組織增加了 24 倍！如果把它們劃分為官辦、半官辦和民辦三類的話，則官辦只占 6%，半官辦占 70%，民辦占 24%。按照上述趨勢發展下去，中國社會的橫向糰粒網路型結構的出現的壯大是可以預期的，它將與縱向的金字塔結構達成某種勢的平衡。這正是社會中間層的雛形。

在這樣的社會結構變化的背景下，從八十年代下半葉開始，在

中國知識界與文化界，興起了一股文化討論熱潮，即「文化熱」。與五四時期相似，「中國與西方，傳統與現代」，再次成為最基本的劃分方式和論戰焦點。它席捲了當時幾乎整個大陸知識文化界，並波及到大眾文化層面，人稱「第二次新文化運動」。

由於國門在某種程度上的開放，中國人特別是知識界如饑似渴地吸收古今中外的思想文化資源，尤其是當代西方的思潮。雖然其中難免有囫圇吞棗、標新立異和急功近利的弊病，但不可否認，當時的氣勢與規模實為近代所罕見，整個社會洋溢著一種多年未有的睜開眼睛看世界的勃勃生機，洋溢著一種全方位學習優秀制度和文化的緊迫心情。因此，不難想見，與五四相似，「文化熱」中，反傳統的激進西化派在氣勢上佔據了主導地位。

這一發展的高潮是在其後期的 1988 年，代表「文化熱」中主流觀點的電視政論片《河殤》兩度在中央電視臺播出，在全中國激起了巨大的迴響，並波及海外。「文化熱」摻雜著全社會普遍的騷動、不滿和憤懣，迅速家喻戶曉，從知識界擴展到了整個社會，從學術討論會和書刊進入了大眾傳播媒介，從菁英層面擴展到了大眾層面。這種情緒與當時中國錯綜複雜的政治經濟形勢交織在一起，產生了一種獨特的社會效應。應當承認，鑒於中國的輿論控制仍相當嚴酷，因此，「文化熱」借助五四靈感，使中國專制文化的弊端成為現實政治的替代靶子，一種特定的文化批判代替了政治批判，進入歷史，並帶來它未曾料到的巨大的政治後果。

天安門事變

1989 年，中國發生了震驚世界的事變。

前已談到，八十年代中國的經濟改革和對外開放必定會產生政治後果。

當時，中國民間，特別是知識界和青年學生，對制度變革的迫不及待和強烈要求；與中共高層的既得利益集團唯恐喪失權力壟斷的心態，形成了強烈的對比和巨大的緊張。二者之間利益衝突過於尖銳，觀念鴻溝既深且巨。這樣鮮明的反差，不攤牌是不可能的。訴諸中外各國改革和變法的先例，關鍵性的對決無可逃避。

如下種種因素，當年像火山噴發前隱隱運行的地火，促成了這一年舉世震驚事件發生。

首先，深層原因是鄧式「改革開放」與「四個堅持」的內在衝突；

其次，中共「闖物價關」失敗，加上貪污腐化氾濫，導致通貨膨脹，怨聲載道；又缺乏獨立自由的傳媒來揭露黑幕，抒解民怨；

第三、十年開啟國門後，對比外部世界，中國社會各階層特別是知識階層和學生得風氣之先，痛感中共極權體制的弊端，在傳統的理想主義感召下，知識界衝破禁忌，起而推進民主轉型；在年初連續發

表三封致當局的公開信，要求釋放已被關押十年之久的魏京生，這成了八九巨變的序幕；

第四、社會缺乏中間力量，缺乏緩衝機制和妥協精神，特別是在全球媒體聚焦注目下的「劇場效應」，雙方更難達成妥協；

第五、是中共高層的責權不統一的「垂簾聽政」式的政治結構；

總之，事件的爆發，根本上源於舊的一套體制與意識形態已經容納不下十年經濟改革所產生的內部張力了。

事變的直接導火線，是曾因學運被保守派藉機罷黜的中共原開明領袖胡耀邦，於 1989 年 4 月 15 日悴然去世。

北京的青年學子悲憤難抑，紛紛用大遊行的大字報表達自己的哀悼與對當局的憤懣之情。同時，公開成立了體制之外的獨立組織：首都高校學生自治聯合會，並要求與中共首腦對話。這是中共體制內前所未有的。

中共的頑固勢力利用這一態勢並誇張地向鄧小平作了彙報。鄧作了強硬的表態，這就是惡名昭著的人民日報的「四‧二六」社論，它要求中共「旗幟鮮明地反對動亂」。

面對中共的蠻橫，青年學生被激怒了。他們以更大規模的「四‧二七」大示威遊行來回答。這次遊行出人意料地成功把運動推向了高

潮。

隨之而來的，是中共內部兩派與學生、民眾之間的拉鋸戰式的較量。決定性的幾個轉捩點是：

5月13日學生在天安門廣場的大規模絕食，從此學運變為全民運動。

5月16日，在電視鏡頭下總書記趙紫陽對來華訪問的蘇共總書記戈巴契夫（Mikhail Sergeyevich Gorbachev）公開「透露」鄧小平的實際最高權力地位與責任。

5月19日晚，中共當局宣布對北京實行軍事戒嚴。

5月19至6月3日，來自全國的戒嚴部隊竟然被北京上百萬的民眾所攔截，難於進城實施戒嚴。

當時的北京城，一方面是市中心的全球最大的天安門廣場，高聳的民主女神像周圍，變成了帳篷遍地的和平絕食露營區，成為全球日夜關注的新聞焦點和民主訴求的舞臺；另一方面，城外幾十萬大軍壓境，步步進逼，北京百萬市民通宵不眠，四出勸退和圍堵軍人軍車。

一幅和平民主城市與武裝專制軍隊對峙的壯觀歷史畫面。

終於，6月3日晚到6月4日，中共軍隊冒天下之大不韙，悍然向

和平民眾開槍了。一輛輛坦克，一排排士兵，橫行在文化古都的大街上，數百上千的平民學生倒在了血泊之中。

六四，作為災難深重的近代中國的基本訴求和基本命運的象徵符號，已經篆刻在了歷史上。中國未來的任何政治家、思想家都不得不仔細地聆聽 1989 年天安門廣場的聲音，都不得不慎重地考慮六四亡靈的遺願。

六四，宣判了共產意識形態合法性的死刑。天安門事件之後不久，發生了二十世紀最重要的事變：柏林牆倒塌，蘇聯東歐陣營解體，共產主義失敗。

六四的遺產，不僅是中國的，也是世界的。

世紀之交中國自由派與新左派之爭

二十世紀八十年代的中國改革開放，直至 1989 年六四事件畫出的血腥句號，以及其後國家資本主義式經濟起飛，震動了中國思想界，產生了相應的精神後果。

在二十世紀和在二十一世紀之交，由於前述的在經濟政治各方面中國處於十字路口，由於中國經濟更大程度地與世界交流，產生了兩個基本後果，促動了知識界思考與良知。首先，是公正問題。由於貧富差距急劇擴大，貪污腐化愈演愈烈，社會公正問題困擾著知識分子的良心和思緒；其次，是民族主義問題。由於中國更多地更深刻地和

世界打交道，各國之間利益衝突浮上檯面；加上部分中國知識分子在
海外留學或被迫流亡海外，這就強化了中國人的「自我意識」，有關
中國與世界的關係問題，中國在世界的地位等問題，進入了思想界思
考的核心。

於是，中國知識界透過消化中國的現狀，包括對世界歷史的反思
之後，開始各自形成了自己的一些學術觀點，最後慢慢地形成了兩個
主要的群體。雖然實際上每個個體的思想脈絡都不盡相同，但是大略
上還是可劃為所謂的自由派和新左派兩大營壘。論爭從 1995 年甚至更
早即已開始。如 1995 年 4 月，在美國普林斯頓大學召開的「文化中國：
轉型期思潮及流派」研討會上，新左派的主要代表人物如王紹光、崔
之元、甘陽都在場，他們與其他觀點不同的學者如林毓生、胡平、陳
奎德、吳國光等都有過爭論。後來香港、中國大陸以及海外的刊物，
也發表過雙方部分學者以及李慎之、卞悟（秦暉）、徐有漁、朱學勤、
汪丁丁、劉軍寧、徐友漁、許紀霖以及汪暉、韓毓海等人論戰的文章。

更顯著的標誌是在 1998 年，李慎之先生當時在北大百年校慶時為
自由主義「破題」，他在為《北大傳統與近代中國——自由主義的先聲》
所作的序中，開宗明義指出：「**值此北京大家慶祝建校一百周年之際，
最要緊的是要弘揚北大的自由主義傳統。**」自此之後，自由主義和新
左派的爭論日趨激烈了。

概覽雙方爭論的四大焦點如下：

第一、對當今中國現狀的判斷：中國目前是已經進入了全球主流的經濟，政治，文化秩序，還是沒有？這裡我們不想用「資本主義」這個詞，因為它最多代表主流秩序的經濟側面，不能涵括政治、文化體系；況且即使用它來描述經濟體系，也不如「市場經濟秩序」準確，因而「資本主義」並不是一個有效的分析概念，同時本身還帶強烈的歷史遺留的褒貶色彩。

第二、焦點是，從價值選擇戰略上，中國應該進入還是應該對抗、或退出世界的主流秩序，或另行創造「第三條路」？這是一個根本的焦點。

第三、中國目前的社會公正問題是由於引進了市場經濟帶來的，還是新舊體系在轉軌時期政治權力未受到制約造成的？

第四、如何評估二十世紀冷戰的歷史？

　　首先，對中國現狀的事實性判斷應當是立論的基礎。新左派認為中國已經被納入了跨國資本支配的體系，因此知識分子的首要任務是反對西方資本的宰制。而自由派則認為這一判斷不合中國實際，在中國，仍然是不受制約的國家政治權力的的宰制是第一位的問題，而且這一政治權力已經全面侵入了遠未成熟的「半吊子的市場」，正使權力轉換為財富。

我們可以獨立判斷雙方何者更符合實際。

第二、中國是否應該進入全球主流政治經濟文化體系？一百多年來，中國最黑暗的時代，就是中國關門的時代。我們說毛澤東時代是最黑暗的，同時也是閉關鎖國最厲害的。鄧小平時代開始開放，公認是對毛時代的進步。所以從這個角度來講的話，進入全球化的政治經濟文化體系是符合中國人福祉的，相反，對抗國際主流體系將給中國人帶來災難。

這一問題還涉及民族主義問題。因為進入全球化的政治經濟文化體系，就意味著遵守其「遊戲規則」，其中最重要的是不可侵犯個人的基本權利，如生命、財產和言論自由等，這意味著對政府權力、對主權的某種限制。在中國國內的主導秩序與國際主流秩序的對峙中，大體上，新左派站在前者的立場，而自由派站在後者的立場。

第三、權力制衡與政治參與孰輕孰重？自由派認為，追根究底，中國目前的社會公正問題、腐敗問題是由於新舊體系在轉軌時期政治權力未受到制約才造成的，因此，限制政府權力，是目前是中國最該做的事情。這就涉及到政治參與是否更為重要的這一問題。而新左派認為限制政府的權力並不重要，政治廣泛參與才重要；但自由派卻覺得剛好相反。他們認為限制權力，分解一元化政治權力，形成權力的某種均衡或制衡，恐怕更重要更優先。

廣泛的政治參與當然也重要，但是倘若你沒有一個有限政府，缺乏制衡，缺乏人權保障的話，擴大政治參與可能造成更大的悲劇。在

毛澤東時代，你不能說政治參與不夠，政治參與是很廣泛的，但你看造成的是什麼樣的悲劇！

　　現況之腐敗與嚴重的貧富懸殊，只有透過政治權力儘量退出市場，輿論自由，司法獨立，在市場的基礎上擴大社會保障和福利制度，才有可能逐步解決。因而重點應放在憲政體系的建立上，而不是相反。

　　有些左派喜歡引用羅爾斯所述，他誠然是當代自由主義很重要的一家，但是在他的兩個「正義原則」中，羅爾斯還是強調自由原則第一優先，之後才談得上照顧最弱勢的人，才談得上公平原則問題的。他首先還是以自由原則第一；而且這種優先還是類似字典字母排列順序的那種絕對優先，即是說，要把這個第一與第二分得非常清楚，不容顛倒。

　　在這一波自由主義的知識群體中，李慎之、楊小凱、王曉波、陳子明等貢獻了其畢生的精力和智慧，成為該時期自由中國的標誌性傳人，我們將透過他們去理解自由主義的當代復興。

5.0.1 晚鳴的自由鐘——李慎之

一、

　　「很快就要到二十一世紀了。在這世紀末的時候，在這月黑風高已有涼意的秋夜裡，一個風燭殘年的老人，守著孤燈，寫下

李慎之（1923 年 8 月 15 日 — 2003 年 4 月 22 日）

自己一生的歡樂與痛苦，希望與失望……最後寫下一點對歷史的卑微的祈求，會不會像五十前胡風的《時間開始了》那樣，最後歸於空幻的夢想呢？」

這是 1999 年北京 50 周年「國慶」大遊行之後，一個叫李慎之的老人在北京所寫於〈風雨蒼黃五十年〉的最後一段話。不久，這篇文章傳遍海內外，李慎之也因此而名動天下。

三年多之後，2003 年四月，在 SARS 肆虐的北京城，李慎之先生溘然去世。消息傳開後，悼文蜂起，哀思潮湧，數百篇紀念文章在中國內外的紙媒與網路出現。

李先生的文章及其逝世，何以牽動如此之多人的心緒和情感？

重要的原因，除了文章本身的內容外，還在於作者其人——李慎之先生被視為中國當代自由主義的領軍人物。

李慎之，生於江蘇無錫，祖父是米店小老闆，父親以商會文書和報社記者為生，參加過辛亥革命。中學時期閱讀了大量文史哲類著作，包括胡適的《中國哲學史大綱》。1941 年至 1945 年，先後就讀於北京燕京大學經濟系、聖約翰大學經濟系和成都燕京大學，期間參加中國共產黨週邊組織。1946 年，進入新華日報社，後去延安，在新華通訊社國際部任編輯。1948 年 11 月加入中國共產黨。

1949 年起，新華社國際部編輯組組長、副主任，負責《參考資料》（即所謂「大參考」）和《參考消息》。曾參加板門店談判。1954 年至 1957 年，任周恩來外交秘書。反右期間，因為提倡「大民主」而被毛澤東親自打成右派，開除共產黨黨籍。1973 年回京工作。參加中共中央國際問題寫作小組。其間，陪同鄧小平出訪美國，擔任顧問。1980 年負責中國社會科學院美國研究所的籌建。1982 年任該所所長。1985 年後，兼任中國社會科學院副院長。1989 年六四後放言「絕不在刺刀下做官」而掛冠辭職。

李慎之在晚年，大徹大悟，潛心研究並廣為傳布自由主義，對中國近代以來歷史和政治進行了深刻反思，被譽為中國世紀之交自由派的領軍人物。

李慎之早年背叛殷實的家庭、棄置燕京大學所學之經濟專業，投奔共產黨的革命事業。他的革命生涯實可稱少年得志，中華人民共和國成立時未屆而立之年便官至新華社國際部副主任，分管編輯供最高領導層閱讀的《參考資料》（大參考）和供普通黨員幹部消費的《參考消息》，還作為國際問題的高參策士、經常接觸上至周恩來總理之類的上層人物。

· 既然少年得志，未免出言張狂，順理成章，李慎之糊里糊塗地受到飛來橫禍的嚴重打擊。因為工作關係，李慎之廣泛接觸有關蘇共二十大所揭露出來的史達林問題和 1956 年的波、匈事件素材，引發他對共產黨政權體制的思考，得出蘇聯東歐出問題的總根源是沒有在革

命勝利後建立起民主制度。並且，他當時還受到內部傳出的毛澤東批評新中國的「愚民政策」和「專制主義」激發，遂在 1956 年的鳴放運動中倡議「大民主」，要求「建立憲法法院」、「還政於民」、「開放新聞自由」等。結果因言罹禍，在反右運動中被開除黨籍、下放勞動。

李慎之比多數右派同胞想得更深入之處在於，他在六十年代就明白了真理在他手中，並以身為右派為榮。但在經受了反右的嚴酷打擊之後，他也喪失了挑戰黨國的少年之勇，用他自己的話說是「噤若寒蟬」了。而且，他在這一時期似乎還未完全認清所謂「新民主主義民主」和「無產階級民主」的反民主本質。後來，他 2000 年 10 月給舒蕪的信中說：「前兩年讀了陳獨秀在一九四二年逝世前的言論，我更是恍然大悟，根本沒有什麼資產階級民主和無產階級民主的不同，也沒有什麼舊民主與新民主的不同，民主就是民主。」

二、

李慎之的思想飛躍發生於 1997－1998 年。其自由主義言論始於 1997 年評論顧準的文章。從此，他一發而不可收，鑄成了晚年的輝煌。

他的自由主義轉向與中國文革後的戲劇性變遷是聯繫在一起的，李慎之在經歷了漫長的右派之災的煉獄之後，於 1973 年由周恩來點名從幹校解放，重回北京新華社工作。1979 年以外交顧問身份陪新主鄧小平出訪美國，1982 奉命參與中共十二大文件的起草，1985 年任中國社會科學院副院長。由於前面曾提到他的「噤若寒蟬」的精神狀態，因此，雖然上世紀八十年代的中國的「資產階級自由化」浪潮風起雲

湧，雖然這些自由化的頭面人物如蘇紹智等都是他的老朋友，但李慎之仍與他們保持著距離，隱忍不發，維持低調。

然而，當 1989 狂飆突起，以及隨後的血腥屠城發生後，他終於忍無可忍，破門而出，公開亮相了。在六四事件後，他決絕地表示「不願在刺刀下做官」，因而第二次罹難，遭撤職查辦。不久，「蘇東波（東歐民主化，又稱蘇東劇變）」起，紅色大帝國蘇聯轟然解體，「社會主義陣營」全面崩潰，李慎之於此徹底拋棄了共產主義，達到對專制主義的大徹大悟，在思想和行動上告別了黨國體制，並終於在九十年代公開改宗自由主義。

李慎之的風格是「不鳴則已，一鳴驚人」。他在九十年代的改宗自由主義，其姿態之徹底決絕，已經超越了它的那些朋友同道，與他的多數黨內的社會民主派朋友不同，他扔掉了那些與馬克思主義仍然千絲萬縷聯繫的左翼羈絆，一步到位地立在了自由主義基地上。在1998 年春天，北京的大學和學術團體開始掀起一場有關民主的爭鳴，知識分子要求限制共產黨的許可權。在中國思想政治領域，活躍的氣氛悄然興起。知識界重新引進和介紹自由主義思潮，李慎之出來「破題」，他在《弘揚北大的自由主義傳統》指出：「世界經過工業化以來兩三百年的比較和選擇，中國尤其經過了一百多年來的人類史上規模最大的社會實驗，已經有足夠的理由證明，自由和自由主義是最好的、最具有普遍性的價值。發軔於北京大學的自由主義傳統在今天的復興，一定會把一個自由的中國帶入一個全球化的世界，而且為世界造福爭光！」這是他改宗轉向的自由主義宣言。

自此之後，他加強了同中國的自由派知識界的聯繫，特別樂於與年輕一輩的中年知識分子相互分享和辯難自由主義，以其學識、年齡與聲望，李慎之隱然成為北方自由派重鎮。1999 年，在親歷了江澤民這一代中共新貴好大喜功、極度誇飾、大肆揮霍於典型極權主義式的五十年慶典後，他憤而命筆，其名篇〈風雨蒼黃五十年〉遂流布天下。以歷次慶典目擊者和國家磨難目睹者的身份，「風燭殘年」的李慎之，毅然點燃了自己那支在中國的風雨中已經明滅搖曳了幾十年的燭光，厚積了其「一生的歡樂與痛苦、希望與失望」，噴薄而出，痛斥當道「掩蓋歷史，偽造歷史」；痛斥「中國人對自己折騰自己的錯誤不知後悔」，痛惜對難得的歷史機遇「視若無睹，輕輕放過」；而「進一步改革的條件不但已經成熟」，而且已經「爛熟」，政治改革的步子卻依舊不肯邁出。全文史論交融，辭意懇切，拳拳之心，躍然而出。

　　大作既發，天下景從，讚聲不絕，引發了海內外的廣泛共鳴。對仍留在中共黨內曾與他一起經歷了風風雨雨的同道，該文有一種振聾發聵的力量。對於已經棄絕中共的自由派，對於為民主中國奮鬥的各類異議人士，該文也有一種痛快淋漓清澈透明的鼓舞力量。其文刊出之時，李慎之已年屆 76，這是他晚年訣別中共的個人一紙「獨立宣言」，這是中國大地上引動萬千人聆聽的晚鳴的自由禱告鐘聲。這鐘聲，標誌著李慎之決然扔掉了一切歷史包袱，真正像一個獨立人一樣站起來，決志發出獨立之聲，在垂暮之年，生活在尊嚴之中，生活在真實之中。

　　作為一位其大半生與中國共產黨糾葛纏繞的知識分子，李慎之「剔

骨還父，剔肉還母」的曲折痛苦經歷，是中國一部分左翼知識人的典型縮影；而他的晚年皈依自由主義，則標誌了這類秉持良知的知識者的基本精神歸宿。

　　二十世紀的共產主義革命，雖然不乏局外人的深刻論定與批判，但是出自一生魂魄精血繫之的親身經歷者的反思批判，則另有一番獨特的深度和撼動人心的力量。在這個意義上，李慎之在自由主義復興史上，有其特殊的不可替代的歷史地位。

5.0.2 經濟學家的憲政理念——楊小凱

一、經濟學成就

　　一個創立學派並在世界前沿研究的經濟學家，一個少年時代就以一篇文章震動中華的吶喊者，一個繫獄十年的政治犯，一個積極推動中國憲政演化的思想者，一個在晚年皈依耶穌的虔誠基督徒，這五種身份，重合在一個人身上，其概率極小，幾乎等於零。倘若能它真的發生，則可能是一椿奇蹟。

楊小凱（1948 年 10 月 6 日－2004 年 7 月 7 日）

　　然而，它確實出現了。奇蹟創造者的名字是——楊小凱。

不幸的是，楊小凱先生已於2004年7月因患癌症去世，享年55歲，而當時正是他一生心智的巔峰時期。去世前，他是澳大利亞蒙納許大學（Monash University）經濟系講座教授，澳大利亞社會科學院院士，澳大利亞遞增報酬和經濟組織研究中心主任。他的論文見諸於《美國經濟評論》（AER）、《政治經濟學雜誌》（JPE）、《發展經濟學雜誌》（JDE）、《經濟行為與組織雜誌》（JEBO）等國際一流經濟學刊物，並出版了多種中英文專著，如《經濟學——新興古典與新古典框架》、《經濟發展與分工》、《分工和經濟組織：一個新興古典微觀經濟學分析框架》等。

　　在經濟學方面，楊小凱被認為是「首位衝擊西方主流經濟學的中國經濟學家」。他對有關分工中「超邊際經濟學」的研究使他獲得了矚目的成就和各國同行的推崇。他挑戰了新古典經濟學，開創出新興古典經濟學的嶄新學派，試圖「消弭微觀經濟學和宏觀經濟學，包納新古典經濟學」，從而成為一代經濟學宗師。

　　楊小凱創立的新興古典經濟學，具有很強的解釋力和包容力，奠基於對新古典經濟學的含括與批判，它對企業理論、產權理論、國際貿易理論、增長理論、貨幣理論、城市化理論和經濟週期理論等幾乎所有當代重要經濟領域都提供了全新的具有原創性的解釋。該理論的勃勃雄心在於：透過自己的架構，創立一個包容西方主流的新古典經濟學的經濟學派。

　　他的著作《經濟學——新興古典與新古典框架》被匿名審稿人評

為：「這是一項具有原創性和新穎性的研究，激動人心而又令人屏息以視。楊是世上少有的幾個有能力思考這類問題的人之一，也是世上僅有的幾個有能力解決這類問題的人之一……在整個經濟學面臨劇變的時代，他處於這個劇變的最活躍部分。」張五常在評價楊小凱的時候說，如果不是太晚到美國念書，楊小凱獲得一個諾貝爾經濟學獎大概不是太難。休克療法設計人、聯合國秘書長安南特別顧問傑佛瑞・薩克斯（Jeffrey David Sachs）在他為楊小凱所著《發展經濟學：超邊際與邊際分析》所作的序言裡（題為〈楊小凱的貢獻〉）表示：「作為序言的作者，作為楊小凱的同事和值得託付的朋友，是我的幸運。」而1986年諾貝爾經濟學獎得主、公共選擇學派創始人詹姆斯・布坎南（James Buchanan）則極口稱讚楊「可能是當今最好的經濟學家之一」。

這些經濟學研究的創獲，對於一位文革時的中學生而言，確實卓爾不凡。當時，年紀輕輕的楊小凱突遭橫逆，被判刑十年。但他在獄中並未自暴自棄，而是砥礪自學，完成了高中和大學英語及數理等課程。1978年4月，楊小凱出獄後，在湖南大學數學系旁聽了一年數學課，然後直接考上中國社會科學院數量經濟研究所的研究生。1982年，研究生剛畢業的他，到武漢大學給研究生教授數理經濟學和經濟控制論。在經濟學家茅於軾的推薦下，楊小凱迅速出版了有關數理經濟學和經濟控制論的三本專著。後來他被美國普林斯頓大學著名的華裔經濟學家鄒至莊選中，1985年赴美留學，在普林斯頓大學深造，僅僅用了三年時間，就獲得了經濟學博士學位。隨後，他到澳大利亞蒙納許大學任教，未及一年由講師升為高級講師，1992年被聘為教授，在蒙

納許大學經濟系，教師要評教授，則必須在本研究領域內排名世界前 5 名。從獲得博士學位到正教授，楊小凱只用了 4 年時間。

作為一個華人經濟學家，楊小凱對中國的改革極其關注，特別殫精竭慮於中國的產權改革。在楊小凱看來，從私有制被侵犯、被破壞、被消除，中國經濟就走上了一條貧弱的不歸路。

2002 年 4 月在北京，楊小凱做了題為〈後發劣勢〉的主題演講，挑戰在發展中國家裡一直人云亦云的「後發優勢」理論，激起了巨大的迴響，並導致了和北大中國經濟研究中心主任林毅夫的一場引人注目的論戰。

在楊小凱看來，發展中國家往往傾向於模仿發達國家的技術而抗拒模仿發達國家的制度；這種「路徑依賴」雖然可以使發展中國家獲得短期內經濟的快速增長，但同時也會強化制度模仿的惰性並從而給長期發展留下隱患，甚至使得長期發展變成不可能。

在與休克療法創始人薩克斯合作的一篇題為〈經濟改革與憲政轉軌〉的論文中，他提出警示：中國作為一個後發國家，儘管現在改革開放很成功，但發展前景並不清晰明朗。他甚至預言，儘管俄羅斯震盪療法後的短期社會效果相較於中國的漸進式轉軌而言好像是一個失敗，但由於俄羅斯進行了根本的憲政體制變革，其將來發展會超越中國。他的這項預言正在等待歷史的檢驗。

華人經濟學家張五常在悼念楊小凱時說：「他的學術生涯只有 20年，滿是火花的 20 年，小凱不枉此生。」

二、傳奇生涯

經濟學家楊小凱，他第一次在全國嶄露頭角，卻並非因為經濟學，而是因為他年輕時的一篇政論——〈中國向何處去〉。當時，正是中國文革的癲狂時期，16 歲的楊小凱當時是湖南長沙一中的學生，其父母當時是廳局級幹部，因此他也算是一個幹部子弟。楊小凱參加了屬於湖南省無聯的組織，然而，與一般捲入運動者不同的是，楊小凱喜歡並且善於從根本上思考問題，他對地區性的兩派是非並不感興趣，而是著眼於中國更深層次的政治與社會問題。於是，一篇署名楊曦光（楊小凱原名楊曦光，小凱為其乳名）的文章——〈中國向何處去〉，橫空出世，風行全國，震動京華。不脛而走的異端文章，使他遭受了十年的牢獄之災。

〈中國向何處去〉帶有南斯拉夫理論家吉拉斯（Milovan Djilas）的《新階級》的思想烙印，也混雜有馬克思早期思想以及馬關於巴黎公社的原則等因素。文章發表後，中共「黨內頭號理論家」兼克格勃（The Committee of State Security）頭子康生，在其講話中幾次點到了「一中的楊曦光」與楊寫的〈中國向何處去〉一文，說是「反革命的『戰馬悲鳴』」。康生還斷言說：「我有一個感覺，他的理論，絕不是中學生，甚至不是大學生寫的，他的背後有反革命黑手！」

因為這一「反革命言行」，楊小凱不僅自己身陷囹圄，同時也殃

及父母。不久後，他母親黯然離世，鑄成為了楊小凱一生難以釋懷的哀痛。文革結束，胡耀邦就他的冤案親自批示中央組織部：「**楊曦光的問題要由法院依法處理。**」1978 年 4 月，楊小凱出獄。後來於 1985 年赴美，到普林斯頓大學攻讀經濟學博士。

楊小凱在美國攻讀學位的 1986 至 1987 年間，中共發起反對「資產階級自由化」的政治運動，把有自由化傾向的方勵之、劉賓雁、王若望開除出黨，並把同情自由化的總書記胡耀邦撤職，此一倒行逆施，激起留美中國學生的廣泛不滿。普林斯頓大學與哥倫比亞大學的一群留學生給中共寫了一封公開信，抗議對所謂「資產階級自由化」的鎮壓。小凱是公開信的發起人之一。因此事，他與另外兩名發起人李少民、于大海並稱為「普林斯頓三劍客」。公開信發表後，很快竟有一千多留學生在信上簽名。這是海外民主運動史上中國留學生第一次公開抗議中共對知識分子的政治迫害。

十年牢獄經歷，楊小凱刻骨銘心，結果凝結成了一部奇書——《牛鬼蛇神錄》。他用白描的筆法，平靜的語調，呈現出的，卻是一幅幅令人髮指的政治迫害場景。其表述形式與殘酷內容之間，極具張力，奪人心魄。在繫獄者中，有普通百姓，有基督徒，也有極具獨立思想的人。其中一些人在暴力面前表現出了堅韌精神和博大胸懷。楊小凱在監獄生涯中雖然歷盡磨難，但從這些難友身上，也受益匪淺，並影響了他一生的精神追求和價值取向，以致他要在書末頗動感情地誓言：「**不管將來發生甚麼事情，我一定不能讓在這片土地上發生的種種動人心魄的故事消失在黑暗中，我要把我親眼見到的一段黑暗歷史告訴**

世人，因為我的靈魂永遠與這些被囚禁的精靈在一起。」

楊小凱早年的這些坎坷經歷，鑄成了他的特殊靈魂，註定了他不可能是一位「兩耳不聞窗外事」的書齋型學者，以至於作為經濟學講座教授、澳洲社會科學院士的他，雖然專業性的學術活動與著述極其繁忙，卻仍然十分焦慮和殷殷關切中國的命運，花大量時間到中國教書、演講、著書。個中頑強的內驅力，來自他那些魂魄縈繞的「被囚禁的精靈」的呼喊，來自那些死難冤魂用生命澆注出的自由渴求。

他抱定宗旨，矢志成為被迫害的冤魂在人間的遺囑執行人。

三、憲政思想先驅

楊小凱的思想歷程，某種意義上可視為「正－反－合」的三段式，即：以一個熱血青少年介入中國政治漩渦；其後淡出政治，潛心於經濟學；最後又在一個更為廣闊的基地上進入政治學的憲政研究。

凡是稍稍深入涉足近些年來中國經濟變遷的經濟學家，最後必定會遭遇到憲政這一根本課題。要保證經濟發展的長治久安的外部環境，離開了憲政下的法治是難以為繼的。被柴契爾夫人稱為「天生的資本主義者」的中國人，為何其傑出的企業家的才能長期被抑制？其源蓋出於經濟活動的制度環境上。這裡的關鍵在於限制政府對經濟活動的干預，在於釐清財產權利的歸屬並使產權獲得法律保障，在於存在一個獨立的司法體系。這些條件，只有憲政秩序才可提供，它是經濟長期穩定且公平增長的制度框架。

作為經濟學家，雖然楊小凱也同多數同行一樣，對經濟學中的方

法與技術問題努力推進並竭力創新，但他還具有一個突出的獨到的思維特徵即，他常常著眼於根本性的問題，基礎性的問題，並旁及其它廣泛領域，從而常有不同凡響的洞見和視野。而這，正是所謂大家風範，也是多數學院派教授以及官方的經濟學幕僚難於企及的。

　　應當注意，楊小凱在成年之後思考政治問題的基本框架和傾向，與當時寫〈中國向何處去〉的年輕時代已經很大不同了。當年楊曦光的意識形態底色，基本上是革命民主主義及民粹主義，也有馬克思主義的若干痕跡。他後來寫道：「我在文革時寫的〈中國向何處去〉中推崇巴黎公社式的民主，包括直接選舉官員、取消常備軍、取消高薪等等。而實現這種民主的手段卻是激進的革命手段——『推翻中國的新特權階級，砸爛舊的國家機器。』」然而他經過長期苦思力索，成年後，已認識到「革命民主主義與現代民主政治是完全不同，甚至是對立的東西」了。他的思想基地已然轉換到自由主義了。如果粗略地說，當年他關注的價值核心是社會平等和大眾民主的話，那麼，後來他的價值重心則變成個人自由，變成權力平衡了。換言之，如何實現憲政成為他政治思考的中心。

　　這一思想轉折與他對西方政治史、中國歷史以及對文革的長期思考有關，同時，也與他對經濟學的研究有關。

　　作為一個文革的親歷者，他認為，文革把「人民」的暴戾本性的一面顯示無遺。有鑑於此，中國社會心理才在文革後期有一種「油然而生的反革命情緒」。

實際上，前面所提及的楊小凱關於「後發劣勢」的觀點，就是以憲政理論為依託的，它是把憲政觀念引入現代化理論框架中的邏輯後果。這樣，就把一個表面是經濟發展的問題自然而然地導入了憲政制度的問題。此外，他所創立的、取代主流的邊際分析方法的超邊際分析這種新方法，使微觀經濟學從資源配置問題轉向經濟組織問題。他的這一基礎性的方法論思路，使他順理成章地把制度、國家組織與經濟增長和發展聯繫起來考慮，這樣，憲政問題和憲政經濟學就必然進入他的視野。他對於英國古典經濟理論資源的重新挖掘，以及他的實證意識，使他關注英國的市場經濟實踐史及其各種有關的關鍵性制度要素的變遷，這樣就自然呈現出英國市場經濟體制的英國式憲政制度之間的內在關聯。

　　因此，可以看出，楊小凱的憲政思想是有深厚的知識背景的。他通過長期思考，通過歷史比較研究和謹嚴的邏輯推理，指出：「經濟改革只是憲政改革的一部分，如果忽略或迴避經濟改革與憲政改革之間的關係，落後國家期望經濟改革得到的『後發優勢』最終將成為『後發劣勢』。」他在〈中國的經濟改革〉一文中更加明確地指出：「中國的市場導向改革最重要特徵是缺乏憲政秩序和法治。」

　　他的憲政主義思路，其焦點概念是——平衡。小凱曾在多個場合辨析民主與共和的不同之處。共和強調權力制衡，任何一極都不能壓倒另一極，這樣社會才有可能保持持久的穩定和發展。而自由主義與共和主義較接近，關心的是如何以權力制衡來保護少數，限制政府的權力，使人的自然權利不受侵犯。相反，一個國家的主流意識形態如

果只是單純講民主不講共和與自由主義，這個國家往往形成統治階級和被統治階級兩極，容易產生兩極震盪，往往在革命產生暴君，暴君導致革命之間迴圈。而主流意識形態既有共和主義又有民主主義的國家往往是政治結構的三角或多角鼎立，相對而言，國家比較安定。眾所周知，平衡的概念也是美國的建國之父麥迪遜所特別強調的。

在楊小凱看來，從災難深重的文革可能留下的的正面遺產來看，至少有兩點應該確立起來：一是反政治迫害；二是派別與結社的合法化。

關於憲政思想，應當說，楊小凱主要是從「英國光榮革命」歷史中吸取靈感的。他說：「文革中兩派形成的社會背景實質上與當年英國圓顱黨（Roundhead）、輝格黨（Whig）之間的衝突及法國山嶽派（La Montagne）與立憲派（Robespierre，又譯羅伯斯比爾派）的衝突非常相像」，「長期互相迫害的兩大派之間就出現誰也吃不掉誰的均衡局面。」他說：「他們的共存和制衡是整個制度創新的基礎。他不同意把一派說成絕對正確，另一派說成十惡不赦，這既非客觀，更影響共存與制衡。他認為民主是兩個魔鬼，不是一個聖人。」（參見《歷史的沉思與未來的選擇》）

基於這一觀點，楊小凱對文革中短暫出現的派別與結社賦予了高度重視。文革是中國派性最張揚的時期，在朝，有文革派與反文革派。在民間，則是造反派與保守派。雙方勢如水火。「保守派是那些文革前現體制下的既得利益者，而造反派是那些出身不好，被迫害和歧視的人。」兩派分別與不同取向的群眾組織相聯繫。

雖然，楊小凱也懂得，准許群眾成立組織是毛澤東向對手打出的一張民意牌，是機會主義行為。而「即使是造反派思想行為也從未跳出『毛』的怪圈」，無論在朝在野，「最後仲裁是毛」。而且，楊小凱也瞭解，文革中的兩派都是「一半是天使，一半是野獸」，「一旦得勢，惡劣無所不用其極，社會秩序完全崩潰」。

　　從這一角度回顧國共之爭，他說：「共產黨犯的最大錯誤，就是當年把國民黨消滅了，要是國民黨不被消滅，跟共產黨平等競爭，是對劉少奇、彭德懷他們最大保護，有國民黨，毛澤東怎麼會這樣無法無天，他的行為就比較規矩。彭德懷、劉少奇都不會死得這麼慘，包括林彪。」

　　楊小凱認為：「中國知識分子喜歡附和強權去歧視弱者，這個傳統應對一九四九年一邊倒局面負責。」楊小凱指出：「政治改革走憲政之路才是當權者、知識分子自保之路。將來一天任何權利都沒有了，下場難免悲慘。」有鑑於此，他希望國共兩黨「內戰中戰勝者和戰敗方都重新在選戰中公平地一爭勝負」。

　　他指出：「如果我能在電視中向人民大聲疾呼，那我會說：民主的當務之急，一是設立人身保護法案，取消反革命罪，禁止任何政治迫害；二是推動修憲運動，取消四個基本堅持，實現政教分離，取消馬列主義、毛澤東思想作為國教的地位，保證真正的信仰自由。」

　　楊小凱憲政思想的另外一個來源，就是人權觀念，特別集中於反

對政治迫害。他談到文革時說：「當時整個中國成了喪失人權、失去自由的大監獄。」而他對文革思考的核心，歸結到一點，就是：反對一切政治迫害。他相信：「否定任何政治迫害的合法性正是民主政治的第一必要條件。」

中共建政的頭十七年，每次政治運動，均以 5% 的比率（有時有的地方超額，因為有一意孤行的領導，必有百般逢迎的下屬）生產著「負面」的政治群體（或簡稱「敵」）。平日還零零碎碎產生各類「分子」──「負面」政治群體。土地改革運動（四十年代末起五十年代初結束）後的地主分子、富農分子；1951 年鎮壓反革命（鎮反）、1955 年的肅清反革命（肅反）後的反革命（包括歷史反革命）分子；1957 年「反右」運動的右派分子；到了 1964 年左右的「四清」運動，中國形成了「地、富、反、壞、右」這個完整的稱謂（簡稱黑五類）外帶裡通外國的（美蔣或蘇修）特務。胡風、彭德懷的萬言書之後又添增「胡風分子」、「右傾機會主義分子」；文革又命名了「小鄧拓」、「走資派」、「反動學術權威」⋯⋯名目繁多。每個「分子」背後，株連三至五個直系親屬，其總人數當超過一億。（參見謝泳《出身與成份對中國社會的影響》，山西文學 2004 年版）。

楊小凱說：「用迫害政敵的情緒毒害全民族，這種情緒正是專制制度的基礎。」「幾十年迫害政敵（包括他們自己內部不同意見者）都是以迫害國民黨人的合法性為基礎。」「中共對內戰挫敗方進行全面政治迫害既不是對鞏固憲政秩序必要的，更不是合法的。」「否定任何政治迫害的合法性正是民主政治的第一必要條件。」

楊小凱主張：「通過人身保護法或人權法案，使四十年來受過政治迫害的一切人都可以通過法律的途徑伸張正義，保護自己的權利……要包括所有土改、鎮反、清查『五・一六』等一切運動中的人權問題。對實施政治迫害的人，應該像紐倫堡法庭（Nuremberg Trials）一樣，追究個人的法律責任，這條法律應該對所有的人都一樣，不管是文革初期的紅衛兵，文革中期的造反派或一九五零年的土改幹部。」

　　這一主張，直接繼承了 1957 年羅隆基關於成立「平反委員會」的主張，並且在通過獨立的司法保障人權的思路上，又跨進了一步。

　　楊小凱有關憲政的文章或演講，包括〈歷史的沉思與未來的選擇〉、〈民國經濟史〉、〈土地私有制與憲政共和的關係〉、〈經濟改革與憲政轉軌〉、〈後發劣勢：共和與自由〉、〈基督教和憲政〉，均有犀利獨到的論證角度和歷史資料支撐。楊小凱的專業雖然不是政治學或法學，但他的一些見解，對侷限在過度狹隘的專業領域內思考憲政問題的法學、政治學專家來說，仍然具有一定的啟迪作用，並賦有方法論意義。

　　作為一個勤奮思索的學人，楊小凱政治思想有一個明顯的演化甚至轉變歷程。但他的思路演化史是有跡可尋的，邏輯線索清晰，是對歷史與現實苦思力索的結果，而並非自身在現實中因地位變遷和利益變化的副產品。即是說，是思想深化的結果，而非利益變化的結果。

四、靈魂歸宿：基督教

在中國大陸知識界，楊小凱的心路歷程具有相當典型的意義，甚至可以說它是走在最前沿的思想演變者，且是引領風氣的一代典範。他是中國那代深思者中富有代表性的一幀縮影。

作為青年時代的激進革命民主主義者，作為一位卓越的經濟學家，作為自由主義憲政制度的理論推手，楊小凱個人的靈魂生命，在其色彩斑斕一生的最後幾年，皈依了基督教。他曾撰寫長文〈憲政與基督教〉，袒露自己最後走上這條神聖之途的精神歷程。

基督教與現代主流的經濟與政治秩序的某種聯繫是明顯的。它奠立了一個超越性的人格——上帝，奠立了一個超越性的世界——天國，從此，彼岸與此岸的巨大落差，對人間的俗世社會產生了極大的昇華引領作用。它將芸芸眾生的每個人賦予了同樣的權利，無論貴賤，不分高低，從而導引出了不可侵犯的人權觀念。同時，眾生被一視同仁地置於上帝之下，在「上帝面前人人平等」的信條下，衍生出了「法律面前人人平等」的原則。極大了提供了現代憲政民主制度的法治精神基地。它對人類罪性的認定，彰顯了對任何權力實施限制與平衡的必要性，特別是對人類生活影響巨大的政治權力，為防止因其不受制約而必然導致的罪惡和禍害，必須實施權力的分割分立，必須精心安排其運作規則，防阻權力壟斷致罪，使之相互制衡，避免巨大禍害。顯然，基督教，特別是它的新教，是現代憲政得以發生的一個重要精神資源。

有鑑於此，我們不難理解，何以現代世界的憲政民主制度是起源於基督教文化國家了。

與此有關的先賢論著不在少數。不過，對中國知識界多數人而言，耳熟能詳的恐怕還是馬克斯·韋伯（Max Weber）的名著《新教倫理與資本主義精神》。但深究其實，此書並沒有真正回答上述問題。韋伯談的是資本主義與基督教新教的正面相關關係，並非論證基督教與民主憲政之間的必要條件關係。

當然，在當代，正如楊小凱也注意到的，哈佛的安德烈·施萊費爾（Andrei Shleifer）教授等人對經濟表現和意識形態的回歸分析，表明有些宗教對經濟起著阻礙作用。而有些宗教，如基督新教，對經濟發展，對社會和平——聖經昭示的永久和平和公正秩序——起著促進作用。而經濟史家諾斯（Douglass Cecil North）則認為意識形態、宗教決定了一個國家的政治秩序、道德準則，決定了可以接受和不可以接受的行為。所有這些研究，幾乎無例外地說明了基督教（特別是新教）對現代經濟秩序和政治秩序的正面作用，是楊小凱特別關注的歷史與現實。而這，也正是他晚年逐步走向基督教的重要動因。

楊小凱在〈憲政與基督教〉中論述了他自己走向基督教的心路歷程。第一階段，他是從經濟學、社會科學的角度觀察，發現基督教在經濟發展史的巨大作用；同時，也發現西方的自由憲政與基督教間存在某種關聯。他說：「基督教為什麼要比其它文明成功得多，其中就有一個所有宗教都有的功能，叫做第三者功能。」他從社會心理學和

知識論上論證何以基督教有益於自由憲政、有益於西方資本主義的成功。基督教信仰使社會實現了「愛」與「秩序」，這是文明得以建立和維繫的前提。第二階段，他逐步擺脫了上述功利主義，注意到了科學與信仰分屬各自不同的領域，懂得了科學並非萬能，它對價值、對道德是緘默的，於是開始克服對科學理性的迷信，但尚未進入信仰上帝的精神狀態；第三階段因生命狀態體驗到某種危機感，產生精神飛躍，昇華到了基督教的根本──信。

憲政民主制度與基督教的正面相關的聯繫，現在恐怕已經難於否定了。但是，我們是否能進一步推論，是否能倒過來說，只有在基督教文化內部才能建立憲政民主呢？這是一個引發眾多爭議的話題。

這一話題，在很大程度上可以溯源於近代以來一些非基督教文化國家爭取民主憲政的歷史進程。有人認為，基督教與憲政民主存在著某種強因果關係，甚至認為是充分必要條件。因而，類似於中國這樣的非基督教國家，如欲建立自由憲政制度，當以轉向基督教為前提。

然而，上述論斷過於簡化了文化與政治制度間的關係，也忽視了若干基本事實。人類生活的歷史與現實，都沒有證明基督教與憲政民主之間的對應具有唯一性和排他性。簡言之，它們並沒有否決在非基督教國家中，有建立民主憲政的可能性。

其實，無需陷入很深的理論思辯，只需看看當代世界的經驗現實，並不難回答上述問題。

當今世界的民主憲政國家，有些並非基督教國家，譬如日本、印度。而在歷史上，不信奉基督教的羅馬共和國，也是一個憲政國家（雖然並非民主國家）。自由憲政與基督教之間，並不存在排他性的因果關係。

　　雖然，相對而言，比較其他文明，基督教文明無疑更適於憲政民主的生長。然而，在當今各種文明接觸和交流日益頻繁深入的全球化時代，無論從經驗上還是理論上，都沒有根據說憲政民主全然拒絕生長在其他文明的土壤中。

　　就儒家文明而言，雖然，眾所周知，儒家的三綱等嚴格規定的等級秩序；它的世俗實用特徵從而欠缺超越性，或用國內學者說法，缺乏超驗之維，因而，精神權力對世俗權力的制約及其弱小，較難於確立法律至上的法治精神。它的一元化權力金字塔，而非歐洲歷史上長期存在的世俗政權和神聖教權的二元對峙；它的「人皆可為聖賢」的性善論，缺乏基督教對人的罪性的洞見，因而難以出現權力分離和制衡的結構，顯然都是實現憲政民主的障礙。但是，儒學中也不乏一些正面資源，主要是其民本主義（譬如民貴君輕，譬如仁政、王道，孟子的有恆產者有恆心，以及儒家主張政府只管政治，不管制經濟的傳統，以科舉為軸心的文官考試傳統）經過「創造性轉化」的歷史過程，它不是不可以同民主憲政制度接榫的。

　　事實上，中國早期接受西方民主文化的都是儒家人士。比如清末的王韜，幫助翻譯了幾大部中國經典後，到歐洲演講，回來後介紹西

方的民主,如西方的政治、英國的監獄、英國的法庭和民主制度等等。作為一位儒家學者,他認為歐洲的民主發展已超過了中國的三代。以後的薛福成、錢穆等學者,都是在中國最早瞭解和介紹西方民主的儒家人士。往前追溯,明末時期的黃宗羲寫出了《言君篇》、《言臣篇》,對君主專制進行了猛烈的抨擊,在清朝末年發生極大影響,那是一種比較接近民主精神的政治觀點。戊戌變法前後,無論是革命派,還是維新派,其基本背景都是儒家觀點。當時的中國知識分子接受了許多西方觀念,五四時期更是進了一大步。許多知識分子不斷介紹和提倡西方的自由民主思想,而當時真正瞭解中國傳統文化、並且有很高修養的知識分子,也是積極接受西方民主觀念的人。當時雖然有強烈的反儒聲浪,但正如林毓生等研究者所指出的,他們用以反儒的思考方式仍然不離儒家的大傳統。這裡就涉及儒學與自由主義的銜接的問題,因此,近年來在華人知識分子中出現有關「儒家自由主義」的討論,其來有自,並非空穴來風。

此外,從經驗世界看,世界上的儒家文化圈中,已經出現了這樣的華人社會:臺灣、香港、新加坡;以及非華人社會,日本、南韓。它們相互之間各各不同,但都大體上都有或輕或重的儒家文化的長期影響,在這些社會中,憲政體制與儒家文化之間,有著相當複雜的互動關係。但必須客觀承認,目前,這些社會大體上都具有了憲政體制,而儒家文化作為該社會的精神傳承之一,也得到了保存,獲得了合法存在的權利。這就表明,儒教與憲政並不存在不可調和的根本衝突。事實上,憲政民主作為一種現代的制度安排,可與人類文明中長期形成的絕大多數古典宗教或世俗文化相容。

在廣義的儒家文化圈中，已經步入憲政民主軌道的社會有日本、南韓和臺灣。其中，就基督教在這些社會中傳布的程度（主要指基督徒所占總人口比例）而言，應當說日本仍然大體上保存和延續了自己的宗教和文化。而亞洲受儒教影響最深的南韓，自韓戰結束後，基督教迅速發展，信徒數量持續多年呈爆炸性的增長，時至今日，韓國基督教信徒約 1800 萬人，在總人口中所占的比例達到 39%，加上天主教則已突破 50%。韓國已繼菲律賓和東帝汶之後成為亞洲第三個以基督信仰為主導的國家，已經可稱為一個新興的基督教國家了。臺灣則某種意義上處於日本與南韓之間。

　　在中國大陸，基督教傳布的整體情況如何呢？如果看看遠志明先生所拍的電視片《十字架在中國》，當會有一個感性的概貌，人們不難發現那片土地上勃勃的信仰生機。目前，中國基督教徒已有上億，占人口總數的 10% 左右，而且相當大大部分的中國知識分子是基督徒或所謂的「文化基督徒」。從可以預見的歷史長程來看，筆者預估中國大陸的基督教信仰狀態會比較接近臺灣社會的目前狀態，即是說，很可能是處於日本與南韓之間。

　　楊小凱皈依基督教的心路歷程，在中國較年輕的一代自由知識分子中間獲得的迴響較大。他們之中，不少優秀人物不約而同地彙聚到這一條路上來了。然而，由於楊小凱對中國傳統文化特別是儒學有相當尊重，因此，也許他本人也未曾意識到，實際上他的精神想像，他的神聖之路，與儒家的「內聖外王」之道，異曲同工，隱然有一種「同構」的關係。他由對神的信為起點，向外推出合理的政治秩序——憲

政民主。這條路與儒家通過「成聖」的道德的修行而外化到合理的王道政治秩序,即所謂「修身-齊家-治國-平天下」是有某種相似性的。從楊小凱身上,也許我們能發現中國基督教在某種程度上的本土化,而該趨勢似乎是難以避免的。實際上,回溯歷史,印度的佛教進入中國經隋唐時代後逐步中國化,變成頗具特色的禪宗。這一文化交融、精神流變的歷史過程,大大豐富和擴展了中國文化的內涵,類似的歷史流程將有可能重新大行其道於未來中國。而楊小凱———一位探索者的心路歷程,也許正是這一歷史流程的端倪。

5.0.3 自由而幽默的文學魂——王曉波

二十世紀九十年代後期,以「陳寅恪熱」為契機,在中國學術界與思想界,自由主義浮出水面,並很快成為主導性傾向。這一精神氛圍,並不侷限於學院高牆之內,而是泛化到了整個知識界。在部分作家和文化人的自然流露的精神狀態裡,也能感受到其潛移默化的蹤跡。自那時至今,自由主義在相當程度上影響了當代中國的文化精神。

王曉波(1943 年 1 月 16 日 — 2020 年 7 月 30 日)

「王曉波現象」就是這種當代中國文化思潮的一個範例。

　　1997 年，作家兼學者王曉波遽然逝世，以此為契機，他的著作在知識界引起的反響，反映出了這種新的自由派的精神氛圍。王曉波其人 1980 年代曾在美國匹茲堡大學（University of Pittsburgh）學習，獲碩士學位後回國，曾任教於北京大學和中國人民大學，後來辭去了「鐵飯碗」，作了自由撰稿人。他寫了一些別人不敢寫也不會寫的東西，汪洋恣肆，我行我素，嬉笑怒罵，棄絕媚骨。他於 1997 年 4 月 11 日突然病逝於北京，成為中國文壇的一大損失。他的作品「時代三部曲」（《黃金時代》、《白銀時代》、《青銅時代》）首發式及作品研討會於 5 月 13 日（他的 45 歲生日）在北京中國現代文學館舉行，在知識界引發了大量話題。

　　王曉波文如其人，是自由和輕鬆的，不戴面具；充滿智慧，富於幽默感。

　　他的幽默，在一定程度上舒緩了共產中國社會中長期緊繃的發條。在人們會心一笑之際，留下了一塊沉思默想的領域。雖然，那一笑，往往雋永而苦澀，粘著幾許淚水。

　　在其妻李銀河心目中，王曉波是一位自由思想家。自由人文主義的立場貫穿在他的整個人格和思想之中。王曉波特別愛引證羅素。他與這位左翼自由主義哲學家，雖然相隔很大的時空距離，卻常常遙相呼應，氣味相投，多有共鳴。他特別崇尚寬容、理性和人的良知，痛

詆一切霸道的、不講理的、教條獨斷的東西。

　　王曉波放棄在中國體制內的穩定、刻板、被約束的生活方式，選擇了脫離單位的自由撰稿人身份。在當年，跨出這一步是需要相當勇氣的。這不僅意味著放棄穩定的經濟收入，同時也意味著放棄體制內的「話語權」，選擇成為一個沒有單位的獨立的「自由派」，選擇成為一個精神上的流浪漢。當年，他的選擇鮮少為人理解，被人敬而遠之，甚至側目以視，和者甚寡。而今天，這種生活方式在中國知識界已經逐步獲得認同，獲得傳播，廣有市場，這一點，倘王曉波在天之靈有知，作為先驅，當油然而生「吾道不孤」之欣慰感吧。

　　王曉波是一位緘默少言的人，同時也是一言既出，語驚四座的人。他解釋自己何以沉默時曾說：「至於沉默的理由，很是簡單。那就是信不過話語圈。從我短短的人生經歷來看，它是一座名聲狼藉的瘋人院。」在談到自己寫作緣由時，王曉波曾說：「在一個喧囂的話語圈下麵，始終有個沉默的大多數。既然精神原子彈一顆又一顆地炸著，哪裡有我們說話的份？但我輩現在開始說話，以前所說的一切和我們無關——總而言之，是個一刀兩斷的意思。千里之行始於足下，中國要有自由派，就從我輩開始。」

　　王曉波通過自己的寫作，實踐了自己的諾言，其著作洋溢著擋也擋不住自由主義文化精神。他對反智主義如是說：

　　「談到思維的樂趣，我就想到了父親的遭遇。父親是一位哲學教

授，在五、六十年代從事思維史的研究。在老年時，他告訴我一生的學術經歷，就如一部恐怖電影。每當他企圖立論時，總要在大一統的官方思想體系裡找自己的位置，就如一隻老母雞要在一個大搬家的宅院裡找地方孵蛋一樣。結果他雖然熱愛科學而且很努力，在一生中卻沒有得到思維的樂趣，只收穫了無數的恐慌。」

對一個自由派知識分子而言，沒有什麼比因思想頓悟而獲得精神享受更令人神往了。

王曉波內蘊一種強大的生命力和內在自由，雖然現實生活平庸無奈，但是精神生活卻時起波瀾，令其筆下的文字妙趣橫生，雋語連珠。它讓一貫拘謹嚴肅的中國讀者也有了肌肉鬆馳、幽默玩笑、解除思想捆綁的宣洩時候。也許這種幽默的人生態度、毫無禁忌的心靈自由是擺脫生存困境的一條出路。它增強了人們對現存困境的韌的承受力，使人「強忍著絕望活在世界上」。人生固然無奈，環境固然灰暗，枷鎖無處不在，但畢竟，我們還有心靈的自由，也不枉來人世瀟灑走了一回。

多元主義精神是王曉波從無倦意地謳歌的一個主題：

「假如一個人每天吃一樣的飯，幹一樣的活，再加上把八個樣板戲翻過來倒過去的看，看到聽了上句知道下句的程度，就值得我最大的同情。我最贊成羅素的一句話：『須知參差多態，乃是幸福的本源。』大多數的參差多態都是敏於思索者創造出來的。當然，我知道有些人

不贊成我們的意見。他們必然認為，單一機械，乃是幸福的本源。老子說，要讓大家「虛其心而實其腹」，我聽了就不是很喜歡：漢儒廢黜百家，獨尊儒術，在我看來是個很卑鄙的行為。

　　最大的痛苦莫過於總有人想要種種理由消滅幸福所需要的參差多態。」

　　他竭誠呼籲資訊的自由流通，嬉笑怒罵，討伐愚民主義：

　　「我們這個民族總是有很多的理由封鎖知識、箝制思想、灌輸善良，因此有許多才智之士在其一生中喪失了學習、交流、建樹的機會，沒有得到思想的樂趣就死掉了。」

　　「有必要對人類思維的器官（頭腦）進行『灌輸』的想法，正方興未艾。知識可以帶來幸福，但假如把它壓縮成藥丸子灌下去，就喪失了樂趣。」

　　「我上大學時，老師教誨我們說，搞現代史要牢記兩個原則，一是治史的原則，二是黨性的原則。這就是說，讓歷史事實按黨性的原則來發生。憑良心說，這節課我沒聽懂。在文史方面，我搞不清的東西很多。不過我也能體會到學者的苦心。」

　　這些思想雖然談不上新奇深刻，但對中國大陸而言，它們確實散發出了一種與眾不同的氣息，洋溢著灑脫飛揚坦誠獨立的風格，其中

有中國作家中十分罕見的自由度，蘊含富於洞察力的智慧，並以隨意的輕鬆方式出之，讀來令人飄飄欲仙，超越塵寰。

他的話題大多涉及文化狀態與知識分子命運，也就是中國文化的處境以及中國人的處境，這二者是息息相關的。而最能生動地表達此類處境的，並無例外，恰如各種文學所呈現的，莫過於通過的兩性關係的狀態來透視了。在王曉波的文學作品中，性的描寫飛揚跳脫，掃蕩禁忌，那是在非人的時代掙扎著活出人樣，雖然活得極艱難，卻也活得極瘋狂。即便如此，但他「性」得絕不骯髒噁心，即使破鞋掛在脖子上，王曉波寫的性，骨子裡仍然透出古典韻味。個中意涵，雖然少不了尷尬、苦澀與蹂躪，但也遮不住灑脫、癲狂、潔淨和淒美，它與後來的時髦作家的「身體寫作」是不可同日而語的。王是可以把潘金蓮寫成安娜‧卡列尼娜（Anna Karenina）的作家，而某些中國作家卻是把安娜寫成了潘金蓮。

王曉波小說所呈現的現代中國的人文際遇，從反面揭示了中國人生存方式的另類可能性與必要性；他的散文寫作，以帶淚的幽默為我們呈現了一個幽深莫測的當代淵藪，以及它消失前夕的諸形百態。

顯然，王曉波作品是有其獨特的文化意義的。在一定程度上，「王曉波現象」象徵了自由主義在中國人文知識界以及文學藝術界的精神復興。後人在閱讀其作品時，將會感受到王的作品中映射出來的中國的當代文化處境及其國人心靈的復興，體會到在這一特殊的歷史階段中國人復雜微妙的心理特徵和思想走向。

5.0.4 憲政自由殉道者──陳子明

陳子明（1952 年 1 月 8 日 － 2014 年 10 月 21 日）

若干年後，一旦中國轉進了自由的新航道，人們驀然回首，一位先驅赫然在目：陳子明。他奉獻上自己的全部生命與心血，在中國這艘航船上，鑴刻上了自己不可磨滅的印記。

陳子明勢將長存在現代中國的政治史上。

正如他的合作夥伴王軍濤所說：「我和子明做的事情，是全世界的反對運動，除了打遊擊和武裝革命沒幹過之外，我們全幹了。我們讀了學位，我們辦了學校，我們打了選戰，我打的是北大的選戰，他是中國科學院當選（代表）的。我們辦了刊物，我們辦了研究所，我們辦了民間智庫。就是你能想到的，我們全都做過。」

在中國，創造政治

所有上述陳子明們所做的事情，一言以蔽之，就是從沒有政治的

地方創造出政治來。在陳子明投身政治活動之初,中國社會,盡管政治口號震耳欲聾、鋪天蓋地,但嚴格說來,並不存在真正的「政治」。那裏存在的,只有統治。當年,中國政治對於國民是封鎖的,政治精英或黨政官員壟斷了政治活動空間,嚴格禁止其他人染指政治活動。政治領域對廣大的其他社會成員來說是封閉的。資訊封鎖,國民缺乏任何自主表達自己權利和利益的空間。他們每個人的位置和人生道路,他們的命運,早被統治當局規定好了。像一群龐大的無個性的藍螞蟻,各就各位,無魂無欲,無聲無息,隨波逐流。全國只存在唯一大腦,所有國民,只是服從其命令的螺絲釘和馴服工具。雖然「政治掛帥」被叫得價天響,它表明的,卻是政治僅僅被高高掛在「帥」府。而帥府之外的中國社會,政治闕如。

於是,陳子明,成了中國當代政治的一位創始人。

如何使真正的中國政治誕生?那是當年中國先知先覺仁人志士面臨的最大的挑戰。

作為開創者,陳子明們所做的,是在極端艱困危險的條件下,頑強地抗拒自身被溶化到黨-國體系內;竭盡全力在體系外撐起一個舞臺,發出不同的聲音,開闢一條新路,豎起自由的旗幟。雖然受到重重打壓,仍屢仆屢起,從無到有,並率先打出「中國政治反對派」的旗幟,發展出可見可聞可觸的公開的制衡性政治力量。

要言之,陳子明 劉曉波們是在當代中國社會中創造「政治」。 這

是一項偉大的歷史功勳。

馬克斯・韋伯曾指出：「就政治家而言，有三種性質是絕對重要的：熱情（Leidenschaft）、責任感（Verantwortungsgefuhl）、判斷力（Augenma-β）。」陳子明其人，非常典型地凸顯了職業政治家的這三項人格特徵。

就熱情而言，從 1975 年介入政治以後，四十年如一日，陳子明對中國民主轉型的不倦熱情，在彌留前的病榻上亦未曾稍減。

在當代中國，因基本正義感而一時衝動捲入某事件的「政治票友」，歷來不乏其人；但往往閃如流星，轉瞬即逝。但是像陳子明那樣，場場從不缺席，多朝元老，百折不撓；歷代中堅，堅韌不拔，負責到底，絕不因風雲轉換而在其政治生涯宣布「缺席權」。其責任感，卓然醒目，奪人眼球。陳子明從一開初就是依據責任倫理的準則而行動——作為一位中國 1949 年之後破土而出的第一代職業政治活動家，他清醒地意識到對自己行動的可預見的後果負有完整的責任。這在其同代人中罕有其匹。

他從不因為自己政治目標的純正高尚而不計得失，不顧後果。他會在行動前謹慎評估政治行為的後果，預見風險之大小，預估行動的代價，從而決定應否行動以及如何行動的方略。行動之後，絕不會自我豁免其應當承擔的巨大責任。

政治責任、政治過程、政治手段、政治代價，這些都是他念茲在

茲深以為重的東西。

　　他很早就直覺地意識到心志倫理（Gesinnungsethik）和責任倫理（Verantwortungsethik）的深邃對立。作為一個政治活動家，他絕不因為自己的目標是正當的，就把其後果交付命運、交付上蒼，如遵循心志倫理準則而行動者所做的那樣。他殫精竭慮要估算後果，要對自己行動的可預見後果負起全責。因此，責任倫理已成了子明政治行為的基本準則和渾然不覺的本能了。

　　此外，子明從來未曾有過中國文化中士大夫清流迴避政治的那種「潔癖」。眾所周知，在中國的文化傳統中，特別是在「清流」的士大夫傳統中，有一種視政治為「骯髒」的根深蒂固的觀念。實際上，以政治為志業，與其他職業場，如學術、商業、藝術……一樣，都有骯髒的人和事，也都有乾淨的人和事。職業並不是骯髒的構成要素。子明一開始就把這點想得很透徹，並且身體力行，坦蕩透明，以自己的行為方式來掃除霧霾，淨化中國的政治空間。
　　質言之，陳子明是紅色中國時代第一位自覺的反對派職業政治家。

如何創造政治？
　　在早歲的 1976 年四五運動中，在 1980 年高校競選運動和民刊運動中，在 1986 年學潮中，在 1989 年天安門運動中，在 1990 年代的體制外民主活動中，在二十一世紀初以「建設性的和負責任的政治反對派」的身份進行的自由主義理論闡釋活動中，他都出色地表現出一位政治家的熱情、責任感和判斷力。

作為一位在無政治的極權社會中催生現代政治的陳子明，與民主社會的政治家最大的不同點：在於其政治實踐中的高度創造性。

　　在當代民主社會，有一套成熟穩定的程式，進入政治過程是有章可循有路可達的；而在極權社會，民間政治的誕生則是從無到有，有志者必須在漫漫的黑暗中摸索，無中生有，風險極大，身陷囹圄乃至匱乏基本安全是是其生命的常態。其中的艱難困苦，酸甜苦辣，是正常社會的人難於想像的。

　　子明是在一個既不存在東歐和前蘇聯那樣的宗教傳統，又不存在兩蔣時期尚有私有產權及某種程度的民間社會的條件，而是在鐵桶一般的毛氏極權統治下，開始他最初的政治活動的。

　　那是一項隨時會賠上生命的高風險抉擇。

　　客觀地說，陳子明面對的挑戰要比前蘇聯、東歐和台灣的同道們嚴峻得多，困難得多。他需要在一條完全沒有路的荊棘叢林中開闢出一條路來。這就要求他具備兩方面的天賦：既是在一位前現代極權社會富理想主義色彩的精神先行者，又是一位現代社會極具現實主義色彩的職業政治家。

　　子明及其同仁以高度的創意、精妙的政治技巧和卓越的商業才能創造了一種新的組合模式，開展了一場無與倫比的推動憲政的實踐。在現代世界史上，堪比 1956 年匈牙利的裴多菲俱樂部，堪比 1970 年

代捷克斯洛伐克的七七憲章（Charta77）簽署群體，堪比 1980 年代波蘭的團結工會（Solidarno　）。它雖被坦克所摧毀，但卻載入了歷史。因此，就創造性而言，即使是與先期而行的各國政治異見者比較，子明也絕對是出類拔萃的。

　　考諸陳子明在 1976 年四五運動中破土而出，充任演講者與談判者「小平頭」的角色，考諸他在 1979 年創辦民刊《北京之春》的作用，考諸他在 1980 年高校競選時預先與各高校同道的周密謹慎部署以及之後他作為社科院研究生院候選人參與政治競選的成功實踐，考諸他 1981 年與姜洪創立「就業研究組」繼而在 1983 年發展成的「國情組」到「北京經濟研究所」，直至終於成立實質獨立的「北京社會經濟科學研究所」（其前身為「中國政治與行政科學研究所」以及其衍生兄弟機構、「北京社會與科技發展研究所」等）的漸進式創造性，考諸他 1989 年發起成立「首都各界愛國維憲聯席會」的力挽狂瀾之舉，考諸他出獄後參與發起的幾次重要的知識界簽名活動，考諸他與何家棟創辦的「改造與建設」網站……，不難看出，中國近四十年來的轉型及危難時期，自始至終，陳子明幾乎每場必至，運籌帷幄，贏得了「多朝元老」的聲譽，蜚聲海內外。

　　上述這一切形形色色的政治行動，人們發現都有一個共同性的核心困難：在一個全權主義控制的社會中，組織如何可能？確切地說，體制外的公開組織何以可能？

　　只有想像力和創造性的實踐智慧破土而出，才能打破禁局，在黑

幕下劃開口子。

而無論是國內或國外的先驅者的經驗，都很難幫助人們解決這一難題。

年齡較大的中國人都記得，在毛時代，秘密組織、地下組織幾乎都被強大的無孔不入的極權力量消滅了。那些組織者給一般民眾留下的印象，只是佈告欄裏人格侮辱式的漫畫般的勾勒宣判以及絕密檔案裏的永不見光的蛛絲馬跡。它們如暗夜中的流星墜落，基本上不具有傳承性和連續性。這是 1978 年之前無聲的中國民間組織的總體圖景。

其次，其他共產主義國家的奇蹟般獲得的突破及其公開經驗，譬如，波蘭的團結工會，捷克的七七憲章運動，以至更早的匈牙利的裴多菲俱樂部等等……。這種在極權社會中獲得的突破，產生的經驗，幾乎都是一次性的，不可複製的。一旦出現過波蘭團結工會這種形態，由於其對其他共產政權的警戒效應，在極其敏感的且針對性極強的今天防範措施下，其他共產國家就很難再產生團結工會了；一旦捷克產生了七七憲章，匈牙利出現過裴多菲俱樂部，再複製它們就相當困難了；即使複製出來，其產生的影響及其壽命都不可能與母本同日而語了。簡言之，這些都是在世界史上不可重複者，是一次性事件。

子明的創意是，從「不可能」中發現「可能」。

鑒於上述原因，要在共產國家的體制之外成立自己的組織，每一

次都必須創造，每一次都必須賦有在「不可能」空間中發現「可能」的想像力，每一次都必須具備「無中生有」的行動技巧。

「無中生有」這就是子明及其同仁所作的事。它需要非凡的想像力和卓越的歷史創造力。但他們竟然做成了。雖然歷經艱險曲折，雖然付出慘痛代價，畢竟，它們已經留在了中國現代史上。

我們回顧一下上世紀八十年代末期中國社會的基本狀況。

鄧小平在中國發動的改革開放，在某種意義上，實質上是極權國家政治權力收縮的過程，意識形態弱化的過程，也就是從國家與社會一體化的「黨－國」體制到國家與社會逐漸分離的過程。意即，政府向社會放權。政企分開：政府將經營權、決策權、人事權下放給企業，將大部分經濟權力下放給社會。其次是中央政府將部分權力下放給地方政府，在幹部管理、行政管理和社會管理方面，在政治決策和經濟決策方面，在稅收、財政和金融方面，改革開放後各級地方政府的權力大大增加。最後，政府對公民的管理逐漸放鬆，公民自由活動的空間有所增大。

這一放權過程產生了日益強大的內部張力，原有共產主義意識形態及其中共全權控制的社會結構已經難以承受這一沈重壓力了。於是，這一張力促使中國社會產生一系列經濟和政治環境的變化。

其中最重要的變化，是八十年代後中國的民間社會開始復活。

而民間社會的復活及其迅速膨脹，是以民間組織的出現爲主要標誌的。

　　不難理解的是，處於這種世界歷史上從未有過的從極權主義（Totalitarianism）向後極權主義（Post-Totalitarianism）進而再向威權主義（Authoritarianism）轉型的歷史階段，中國大陸民間組織的破土而出，是一個極其微妙的歷史過程。

　　上世紀八十年代在中國破土而出的各類組織，如我們大家所經歷過的或觀察到的，常常帶有原「黨國」體制的胎印，從而呈現出多元混雜、非驢非馬的過渡形態。並且各自生長的故事也異彩紛呈，少有雷同。倘若仔細辨析，可以發現，各種組織社團與體制的親疏、遠近是各各不同的。

　　如果我們把當年各社團組織對於黨－國體制的依附性與獨立性伸展爲一道光譜，體制在左側，非體制在右側。人們可以發現這是一條很長的光譜。也就是說，各種社團的形態千差萬別，多元紛呈。

　　這裡的所謂組織，不包括企業（私營、外資、合資、國營），是不以營利爲目標的「民辦非企業單位」，有點類似於國際上的所謂NGO（非政府組織）。基本上是指民間的服務性組織，它們較少或基本上不享有國家的經費資助，主要通過向社會提供有償性服務，或通過有關的國內外的基金會或民營企業支援而運轉．譬如，環保組織、家庭教會、商會、工會、農會、消費者協會、運輸戶協會、店主協會……

等等。八十年代後期人們關注的焦點是在文化系統、知識界內的一些創造性的組織與交往合作方式,如:研究所、編委會、雜誌、報紙、書院、中心、函授大學……等等。

在這些公開化組織中,陳子明主持的「北京社會經濟科學研究所」及其衍生物,何以脫穎而出?

檢測上述各社團組織對於體制的依附性與獨立性的長長光譜,不難發現,排列在光譜最右邊的,正是子明他們的社團。

因此,獨立性、民間性,這是子明他們團隊最顯眼也是最危險的招牌。

何以至此?答案就存在於其誕生發展過程的那些具體而有創意的故事之中。

其中的關鍵詞是:「掛靠」。一個頗具中國特色的詞。

何謂「掛靠」?何謂「掛靠單位」?

在當代中國,所謂「掛靠」,名義上,它是中國體制內單位的向外延伸,是在「黨-國」內難於自主生存的組織通過註冊為某一體制性單位的下屬機構的名義而獲得生存權。實際上,它卻正是對中國特色的「單位制」的一種弱化方式。

如所周知，在毛澤東時代，中國共產制度下的所謂「單位」（工廠、學校、機關等），並不像現代社會的公司、企業，它並非一種純粹的經濟組織、並非主要追求盈利的群體。它其實是中國國家政權體系的延伸。中國當時所有在職人員必定在某一單位控制之下，從他（她）的經濟、政治、道德訓導、到教育、文化，直至每一職工及其家屬的生、老、病、死，無所不包，無所不管。單位是代表國家機器監控個人及其家庭的細胞組織，是政權的執行機構之一。在毛時代，國家是唯一雇主，單位元是其分支機構。某人若被開除出單位，就意味著喪失生計，甚至餓死。因此，單位對個人具有極其強大的控制力。中共的政治監控體系在城鎮主要就表現為單位制這一龐大網路。在毛時代，中共絕對不能允許有其他組織與個人獨立、自外於單位制的天羅地網之外。

　　所謂「掛靠」，就是把一個原本不可能合法批准的組織或社團納入到一個正規單位之下，名義上是把另一個合法的、可靠性較大的國有企業認作是自己的上級單位。實質上，是一個非正統組織被蔭庇在一張紅色保護性大傘之下，做自己喜歡做的事。

　　社經所經由掛靠過程獲得的高度獨立性，如所周知，陳子明的夫人王之虹女士起了關鍵的作用（各種的曲折和甘苦請見王之虹文）。陳王伉儷，高度契合，作為夫妻，作為工作伴侶，在幾十年的風雨中，已經完全一體化了，堪稱中國知識群體中的絕配。

　　如此，所謂「公共空間（public sphere）」，所謂「民間社會（civil

society）」，就是這樣通過一個個具體的不起眼的掛靠過程，在一些非正統的社團之中及之間，逐步生長起來的。而八十年代的「掛靠單位」這一郊外草地，在靜悄悄之中，確實繁衍出了眾多奇花異草，成為當年社會中最富於生氣的因素。

補充！當時還有種種不同的掛靠方式。譬如筆者在華東理工大學創辦一所文化研究所，就處於該光譜的中間色彩段。它掛靠在該校，成為一所賦有相對自主性的機構，在研究人員招聘，研究課題的確立以及研究經費的使用上，我都具有自主權。不久，我們又創辦並主編上海《思想家》雜誌，並掛靠在研究所，這一掛靠關係就更加鬆散了。此外，還有當年掛靠在首都鋼鐵公司名下的關於法制方面的研究所，記得有張顯揚、張宗厚等學者參與等，也大體屬於光譜這一中間段……。總之，當時是八仙過海，各顯神通。

社經所：自主性的誕生

然而，環顧全國，比較各類的以掛靠為生的社團，林林總總，在我看來，陳子明王軍濤及其同仁所創建的社經所是走得最遠的，獨立性是最強的，管理是相當專業的，實際操作上也是最有效率的。其中原因恐怕有三：第一、財政獨立，第二、相對於八十年代中國知識界流行的時髦思潮，他們有意識地發掘和堅守並不趨新的自由主義主流，第三、奉獻和犧牲精神。

自己給自己當老闆，這是社經所團體生氣勃勃，自主自立的基本條件。他們實現了自我籌資、自由選題、自主發表，為具有獨立意識

的學者提供從資料、經費到報刊發表、出書的一條龍服務。建立了一個分工合作、資源分享、統一調配（例如以暢銷書的利潤補貼可能賠本的學術書），以強大經濟實力為後盾的綜合體，在系統各經營機構之上設立了北京社會經濟科學基金會。由於有了一定的財政保障，因此在從事各項學術、社會乃至政治活動時就顯得遊刃有餘，不受掣肘。

中國知識界對於自由主義重新召喚，雖然在上世紀九十年代中期才蔚成規模，但其實在八十年代已經初露端倪，而社經所團體則是重要陣地之一。九十年代海內外的自由派人物中，不少人或深或淺與社經所團體發生過聯繫。實質上這種聯繫在某種程度上也表明了六四事件與自由主義之間的精神關聯。

社經所團體是多年有心改造中國的一批理想主義者的組合。正如陳子華女士所說：「當局將社經所視為『三朝元老』也並不奇怪，因為社經所團體的成員幾乎參與了中國 1976、1989 年間各個階段及各種形式的民運活動和民間活動，包括四五運動、北京之春運動（民主牆和民刊運動）、高校競選運動、叢書熱、書院熱、研討會熱、民辦研究所熱、經濟和政治體制改革造勢、八十年代的歷次學潮以及八九民運……」這使它堅韌不拔，歷久彌新，屢仆屢起。

另外一個值得注意的努力是，社經所團體活動並不限於京城一隅，而是把自己的觸角伸向了全國各地。

社經所旗下設有中國行政函授大學和北方財貿金融函授學院兩所

民辦大學。在 1989 年學運前夕，他們把這個研究所變成北京社會與經濟研究基金會，同時籌備延安發展基金會，設有社會學部、經濟學部、政治學部和心理學部，並在延安、山東兗州和蛇口設有三個實驗基地，進行社會實踐和培訓。

當時，遠在上海的筆者，也應邀擔任了他們團體——社科所學術委員會委員，參加了幾次大型學術研討會和小型學術沙龍。

事實上，在上世紀八十年代後期的中國民間社會，社經所已經具有全國性的影響了。

簡言之，社經所團體的同仁創造的這種組合模式，用子明的話說，它是「以政治為靈魂、以文化為形態、以經營為後盾、有獨立意識和既定目標的自覺的民間團體。」這一獨立的民間研究所的組合模式倘能存活、發育起來，對於公共空間的出現，對於民間社會的生長，無疑是具有重要意義的。如果更進一步生長，在適當的社會氛圍下，它會演變成準政黨式的胚胎。

然而，命運之神驟然在一夜之間掐斷了這一勃勃朝氣的生命體。正當社經所團體的事業如日中天之時，1989 年「六‧四」凌晨的鐵甲轟鳴給它畫上了血色的句號。

囹圄研究院：思想家的誕生

六四之後，子明以秦城監獄為他的研究院，開始了他生命的第二樂章。

子明在獄中經多年博覽群書，沈思冥想，淬火精修，孜孜致力於寫作。最終結集為煌煌十二卷巨著，一舉而成為當代中國的一位接通地氣的獨特的思想家。

　　子明早在 1989 年之前，就著有《西方文官系統》、《職位分類與人事管理》、《現代政治學導論》。出獄之後，他愈加勤奮，又撰寫了《陳子明反思十年改革》、《陰陽界——陳子明王之虹書簡》、《四五運動：中國二十世紀的轉折點——三十年後的回憶與思考》，等；譯著有《波普》，並主編過《外國著名思想家譯叢》、《現代化與政治發展》叢書、《青年理論家文稿》輯刊等。

　　益顯精彩的是，在獄中及出獄後的十幾年，子明以王思睿、喻希來、吳紫辰、沈延生、華偉、于鳴超、丁超、何明虹、王子雍、陳大白、高健傑、洪民、董羅民、郭奈仁、余韌、之民等筆名，發表哲學、政治學、社會學、經濟學、心理學論文和譯文百餘篇。子明以此為機緣參與了中國的思想爭鋒。他對新左派、新毛派、民族主義、國家主義、威權主義等左右翼反憲政思潮展開學術論戰。在此後的十幾年中，就中國近現代史、中國當代民主運動史、文明與文化理論、憲政民主道路、國家治理模式等，他寫了幾百萬字。這些嘔心瀝血的論著，幾乎篇篇耐讀。其中，沒有玄妙空蹈脫離具體場景的冥思苦想，而是充盈了實踐家生命體驗的悟性和學問家廣採眾長的淵博。

　　我這裡要特別指出，作為一位有高度自我期許的成熟反對派，陳子明的這些著作，並不僅僅是對現實政治的負面的批判性論述，其更

大量的內容，是對改造中國的正面的建設性規劃。他自己前半生的豐富的組織和管理的經驗，揉合並參照了世界各國的民族國家建設路徑，提出了很多深思熟慮的國家大政方針的設想。翻檢他的篇章目錄，閱讀他的一篇篇論文，不少篇章，儼然似在野黨的競選政綱。

比如，他對「州政中國」的探索，就深具獨創性和某種可行性。他依據自己對中國行政區劃的長期研究和當代中國實際狀況的調研，提出以「州」為中國地方自治的單元。事實上綜合並修正了孫中山等政治家一直到學者吳國光等關於「縣政中國」的主張，吸取了其合理的設想，同時根據現代中國行政區劃管理結構沿革的實際，做了一些實際可行的調整，從而深具啟發性和建設性。

1976 年發生在北京的「四五運動」，是當代中國歷史的重要轉折點。而陳子明對該事件的長篇研究，可以斷言，是「四五運動」研究領域最具權威性的文本。這不僅是在於他正是那場運動的演講者「主犯——小平頭」，同時也是廣場民眾與當局談判的唯一代表，而且事後相近調查和訪問了雙方的在場者。因而，子明具有歷史觀察者與歷史當事人的雙重身份。更重要的是，在這兩重身份的不斷轉換與對話中，他獲得了一個特殊的、他人無法替代的角色，同時也使這一研究具有了唯一的不可替代的歷史地位。

對於在中國本土是否可以挖掘出民主的資源，子明做了相當深入的梳理，對有關的眾多思想理論他做了深入的研究和評估，得出了他自己的謹慎的結論，指出：「其一，在中國本土雖然不乏潛在的民主

資源，但畢竟沒有原發自生出根深葉茂的民主大樹，沒有形成源遠流長的民主傳統；其二，如果要向中國移植民主，通過傳統的『創造性轉化』，不難發現有助於民主發育成長的本土思想和制度的資源。然而，近來有些學者強調『本土資源』，並不是要幫助『民主在中國』的實現，而是要培育『中國特色』的『另類民主』。」（陳子明、何家棟《民主在中國的本土資源》）在學理上，這一結論有相當的根據；在實踐上，它也帶有某種引領性的功能。

子明的研究涉獵的範圍有很多，而且絕非淺嚐輒止。譬如，對自由民主主義、社會民主主義和民族民主主義的研究，對中國幾部憲草憲法的比較研究，對中國革命及其反對派的研究，都是兼具理論性與實踐性的品格並且富於深刻的洞見。所有這些，是子明的珍貴思想遺產，值得我們仔細梳理和探討的。

殉道者的精神遺產

陳子明的逝世，是中國重要的當代事件。作為一位創造者，他參與創造了當代中國的真正政治。作為一位組織者，他組建了社經所及其衍生組織等多個政治性和文化學術的獨立社團。作為一位思想者，他在牢獄中以及牢獄前後的十二卷著作，將在中國現代思想史上佔有重要地位。作為一位殉道者，他以受刑入獄而為中國現代最重大的事件1989年民主運動的道義辯護，彰顯了為民族承擔大苦難的崇高德性，從而昇華至中華道統的「立功、立言、立德」的不朽境界。他的離去，是中國憲政事業的損失，是中國自由思想界的損失，更是中國精神領域的損失。他的政治事功及其思想，已經進入了歷史中國，同時，必

將進入未來中國。在轉型後中國人生活方式的基本形態中,人們會發現先驅陳子明無所不在的蹤影。他將成為塑造未來中國制度形態的建國之父之一而身列廟堂。他的精神遺產,將輝耀悠遠綿長的中國文明。

5.0.5 自由中國代言人——劉曉波

　　劉曉波是當代中國極其活躍的政治、社會和文化批評家,人權活動家、《零八憲章》主要起草人之一、2010 年諾貝爾和平獎得主。

　　劉曉波是北京師範大學文藝學博士,曾擔任北京師範大學中文系講師、獨立中文筆會第二屆及第三屆會長、《民主中國》網刊主編。1989 年為聲援北京抗議的學生而發起並參與了「四君子絕食」,在六四的恐怖之夜與戒嚴軍人談判從而帶領絕食學生撤離天安門廣場,後被捕入獄。他畢生致力於宣傳政治改革及參與旨在終結中國共產黨的一黨專政的運動而多次被拘捕判刑。

　　劉曉波經與寫作,其作品的噴泉式高產,在當年的中國恐怕無人能出其右。雖然,1989 年之後,他

劉曉波(1955 年 12 月 28 日 — 2017 年 7 月 13 日)

的文章無法出現在中國大陸的公開出版物上，但他卻被公認為當代中國言論界一個方面的代表，是中國民間輿論的一個標竿。劉曉波作為「在本國『隱身』的熱門作家」，這一矛盾的詞語所彰顯的，是極權主義文化的黑色幽默。

一、劉曉波與自由主義

劉曉波著作與演講，有一個鮮明特點，就是對自由主義的持守。這是貫穿他後半生的一個基本思想脈絡，也是其鮮明特徵。但他的特色不在於書齋式地解說自由主義學理，而是集中焦點於討論中國的實際問題。在解剖這些問題時，他自然而然地亮出了自由主義這把不銹鋼解剖刀。基本上，這把刀，他使用起來遊刃有餘，同時在語言方式上，常常還帶有一些令人眼睛一亮的「劉曉波特色」，直接而醒目，從不晦澀拗口，故弄玄虛。譬如，如下的句式，就是典型的「劉曉波式」的——劈頭而來，醍醐灌頂：

「現代文明的凸出特徵，表現為政治權力的『天下為公』和財產權利的『天下為私』，而在中國卻完全相反：政治權力的『天下為私』和財產權利的『天下為公』。」

有人或許會挑剔其術語使用的精確性。但是，就直接抓住要害並令廣大讀者印象深刻這點而言，有時候，一句話勝過有些專業術語連篇的政治論文。

舉凡中國近年來內政外交的重大問題，舉凡中國社會近年的重要

變遷，幾乎都沒有逃出曉波的視野。人們注意到，每當中國發生一椿重要事件時，人們都能聽到曉波那熟悉的犀利的批判言辭，踏著互聯網的寬頻道路，凌空而來。

瞭解劉曉波經歷的人知道，此自由主義劉曉波已非彼劉曉波也。1989 年天安門事件後，從牢獄出來的劉曉波，與八十年代中葉的「黑馬」劉曉波，已經不可同日而語了。

劉曉波的思想歷程，有一個明顯的範式轉換點。粗略地說，在西方思想資源的側重點方面，是從德法式脈絡走向英美式脈絡；在思想傾向上，是從感性浪漫主義走向理性經驗主義；在學術取向上，是從審美判斷走向倫理判斷；在對超驗性的思考上，是從尼采（Friedrich Wilhelm Nietzsche）走向基督；在為人為文的姿態上，則是從狂傲走向謙卑。

其轉捩點，大致上應當是當代中國歷史的分水嶺：1989。

記得 1988 年在筆者主編的《思想家》（上海）創刊號上，就刊載了劉曉波的文章〈論理性精神〉。因此追溯以往，我與劉曉波，可算已相交多年。以後，雖生命軌跡各自東西，然文字緣份已相當久遠。

坦誠地說，對於八十年代中葉的帶有某種薩特（J.P. Sartre）、尼采（（F.W. Nietzsche）印記的劉曉波，我個人雖然欣賞其叛逆性、坦率無畏的真性情，但對他推崇的有幾位大師及其思想，卻不敢恭維；

同時也感覺當年他思想中菁蕪並存，比較龐雜，時有內在衝突。我個人雖然由衷肯定他在當時中國的先鋒作用和衝擊力，但又難於接受其行事及語言的誇張方式。然而，令人訝異的是，1988 年後，特別是六四事變後跨出監獄的曉波，猶如經歷了太白金星八卦爐的冶煉，居然如浴火鳳凰，翩然重生。從外在風格到內在思想，他似乎都變了一個人；變得內斂謙和，平抑堅韌，並在思想上走向了被人視為「溫吞水」的英美自由主義。從此之後，處變不驚，隨遇而安，一路寫來，得心應手，思路清晰，言辭從容了。其前後反差之大，令人不能不歎為觀止，不能不說是個奇蹟──尚不知是否上帝創造的奇蹟。

劉曉波的轉捩，其飛躍性斷裂性大於其連續性傳承性。但平情而論，在兩個「劉曉波」之間，連續性仍然是客觀存在的。劉曉波自八十年代至其辭世，其未變者在於，雖然外在表現風格已然不同，然究其底色，仍然是性情中人；而另一未變者則是，他自始至終兼有沉思性和行動性，從來都不是純然書齋中人。

所謂相容沉思性和行動性，是指曉波對自己的清楚定位──民間的代言人。在當代中國，人們慣用一對範疇「體制外」與「體制內」來做社會分析。這一劃分，同劉曉波的範疇「民間」與「官方」頗為近似。因此，大體也可以說，他的自我定位是體制外的代言人。他及他的朋友們的努力，在某種程度上，是在中國擠開一條縫隙，擠出一片民間天地，擠出一個公民社會，擠出一方體制外的政治空間。

二、劉曉波與民間社會

劉曉波分析中國問題，有一個基本方式：民間與官方的兩分法；有一個基本視角：從民間流變的角度考察中國走向。以致劉曉波把他的一部主要文集命名為《未來的自由中國在民間》。

　　作為一種分析模式，這樣的方式與視角，在討論其它不少國家的問題時，或許失之疏闊，但對於討論當代中國的情勢，筆者以為是切題的。

　　原因在於，對多數現代國家而言，「民間與官方」在學術上的嚴格界定不是一件容易的事，因為存在一些交叉重疊的灰色地帶，分界線並不十分清楚；同時，二者之間的流動性也很大。但是，中國不同。當代中國與其他國家相比，民間與官方的分野是遠為清晰和固定的，二者之間的張力也是相當顯豁的。雖然，近些年來，經濟精英和知識精英群體社會地位的上升使上述劃分面臨了一些複雜性，但大的格局並沒有根本改變。從基本面看，民間與官方的分析工具仍然是對中國有效的。而 2013 年之後，中國政治的驚人倒退，使民間與官方的分野故態復萌，政治中國的秩序與國際主流自由主義秩序的鴻溝也日益擴大，因此，劉曉波使用的分析工具也就更為有效了。

　　當年，二十一世紀初葉，有國內學者如康曉光等人提出的所謂「行政吸納政治」的治理模式問題。他們極力推崇 1975 年以前港英治理香港的一種「行之有效的管治模式」——行政吸納政治，並用它來比照解釋推薦並形塑當今中國大陸，為中國的政治現實鋪墊一層「合理化」的學術地基。這一說法，源於康曉光借用金耀基教授對英治香港的研

究：「『行政吸納政治』是指一個過程，在這個過程中，政府把社會中菁英或菁英集團所代表的政治力量，吸收進行政決策結構，因而獲致某一層次的『菁英整合』……」（金耀基《中國政治與文化》，牛津大學出版社，1997年，第27－28頁）。這樣，一些利益群體、壓力集團的代表或懷有社會、政治訴求的人士，最終被吸納到各個諮詢、決策架構中去，委以重任，成了體制內的一員，壓力也就自然而然的大大減輕以至消弭於無形了。

但是，當年英人管治下的香港社會，雖然沒有民主，但卻擁有法治與自由，擁有成熟的市場規則和文官系統。就連康曉光自己也承認：「香港有法治、高效率的廉潔的文官系統、高度的社會自由（言論自由、出版自由、新聞自由、結社自由、遊行示威自由、建黨自由）、高水準的社會福利（全民公費醫療、面向低收入階層的政府住房計畫和各種援助方案）。」（〈九十年代中國大陸政治穩定性研究〉，《二十一世紀》（香港）2002年8月號）

此外，正如金耀基所指出的：「香港行政還有一個極為特殊的制度設計：即幾乎所有的政府部門，都設有諮詢性的機構，……這些委員會的目的是使各個行政單位能廣泛地經常地接觸社會各界的人士及他們的意見，以使政府的決定盡可能地符合公眾的意願和利益。……香港行政這個諮詢性的制度設計，使政府對社會的意向有更敏銳的反應，因而常能化解許多潛在的衝突，同時，也使政府不至孤傲地脫離社會，形成一個閉鎖的集團。」（《中國政治與文化》，第37頁）。所有這些，都顯然不同於當時的中國。

對中國社會，就連康曉光自己也不得不如此描述：「政治菁英或黨政官員壟斷了政治活動空間，嚴格禁止其他人染指政治活動。政治領域對其他社會集團來說是封閉的。確切地說，這是一個沒有政治的社會。」（〈九十年代中國大陸政治穩定性研究〉）。試觀察比較上述香港的諸種自由、法治、文官制度、諮詢制度、社會福利，有哪一條目前中國大陸具備？當年的香港，由於大批精英被吸納入行政體系內，由於不存在普選制度，由於沒有因選舉而成長成熟的政治精英，因而在行政體系之外的政治人物，其政治影響力的確是相當有限。然而，在高度自由的保障下，這個社會畢竟還是存在政治的。

　　但是，在現實中國的統治結構下，如果「行政吸納政治」成功，則其後果，必定是在中國社會徹底消滅政治，必定是是菁英的一體化，必定是經濟菁英和知識菁英向權力菁英的歸順化，馴服化，奴才化。最後，政治就只成了權力菁英內部的宮廷內鬥。就政治形態這一側面而言，其退化程度與毛時代有何區別？

　　（事實上，當中共於 2019 年撕毀中英聯合聲明，強行在香港實施《國安法》，使「一國兩制」蕩然無存，中共已經成功地毀滅了香港這個舉世著名的世界金融中心，這已是後話了。）

　　因此，對中國而言，緊要的問題，不是用行政去吸納政治。恰恰相反，在中國，當行政（黨政系統）已經不能吸納各派政治利益集團之時，真正的現代政治才由此開始。

劉曉波等人所做的事情，歸結到一點，就是在極端艱困危險的條件下，頑強地抗拒吸納，抗拒被溶化到行政體系內，竭盡全力在體系外撐起一個舞臺，發出不同的聲音，豎起自由的旗幟，從而從個案性的維權邁向制度性的維權。雖然受到重重打壓，雖然其影響還較微弱，但制衡的力量就是由此萌芽的。

　　簡言之，與陳子明一樣，劉曉波正是在當代中國民間社會創造「政治」。

　　十多年前，有幾位國內左翼學者，搜盡枯腸地發揮「制度創新的想像力」，殫精竭慮地進行政治設計的「智力遊戲」，提出了種種對中國歷史的「新」看法，特別是對中國未來出路的創造性獻策。諸如，「行政吸納政治」、「儒教中國」、「賦歸公羊學儒家政治」、「工團主義」、「孔夫子－毛澤東－鄧小平的連續性的『通三統』」（注意，不是斷裂，而是連續，且註銷了中華民國）、「市場社會主義」……五彩斑斕，令人眼花繚亂，確實是富於智力和想像力的傑作。

　　但是，在他們上述的「看法」、「想像」和「遊戲」中，卻有兩項禁忌是絕對不碰的：一是迴避當今世界久經考驗的主流——憲政民主制度；二是迴避任何削弱共產黨壟斷政治權力的方案。這是他們政治學研究創新的「兩項基本原則」，是絕對的禁臠。他們的才智，縱橫馳騁，天花亂墜，只不過飛翔在精巧玲瓏的「政治鳥籠」中。那鳥籠，正是他們親手用自己的「兩項基本原則」的鐵索包紮起來的。

或許，這些學者覺得國際主流社會（也包括儒家文化圈的民主國家）的制度形態太平凡，太常識，未達到想像力和智力的高水準。至於何以把智力和想像力看作評價制度設計的標準，他們沒有說，外人也頗費猜測，恐怕是有些難言之隱。

　　其實，真理往往是簡單的，伸手可觸。「放下即實地。」它需要的是誠實，是勇氣，是小孩說出皇帝沒穿衣服那種赤子之心。依據常識，在我看來，劉曉波及其朋友們，他們據以出發的，是一些雖不複雜高深但卻堅固如鐵的事實。他們所看重的，是「人同此心，心同此理」。比較起「制度創新」的朋友們，他們的思與行，要老實得多，良善得多，也自信得多。簡言之，劉曉波他們是「生活在真實中」。這就使他們擁有了難以摧毀的力量。

　　歷史表明，倘若為政者撇開常識，撇開屢屢成功的制度體系，醉心於智力遊戲，躍躍欲試去搞種種政治試驗，歷來是大災難的先兆。須知，政治的對象不是無生命的試驗品，而是千千萬萬與政治家及學者一樣的活生生的人，你的試驗所牽涉的，是千千萬萬人的生命、財產、自由和安全，能不慎乎？

三、劉曉波與《零八憲章》

　　《零八憲章》是為了紀念 1948 年 12 月 10 日《世界人權宣言》發表 60 周年，受捷克斯洛伐克反體制運動的象徵性文件《七七憲章》啟發，由張祖樺負責起草、劉曉波等人修改並由 303 位各界人士於 2008 年 12 月 9 日首批簽署的一份宣言。簽署者除發起人劉曉波以外，尚有

一些中國異見人士與維權人士，包括鮑彤、丁子霖、劉軍寧、戴晴、于浩成、浦志強、張祖樺、茅于軾、冉雲飛等。內容除了提出促進中國（大陸）民主化進程、改善人權狀況外，還提出建立中華聯邦共和國來解決兩岸問題及各民族問題。原定於 2008 年 12 月 10 日簽署《世界人權宣言》60 周年這一天舉行論壇，並發表中國《零八憲章》。

但在 2008 年 12 月 8 日，劉曉波被警方拘留，而數小時前零八憲章在網上剛剛發布。2009 年 6 月 23 日，他被再次拘留，隨後他又被警方以「涉嫌煽動顛覆國家政權」的罪名逮捕。2009 年 12 月 25 日，北京第一中級法院以「煽動顛覆國家政權罪」判處劉曉波有期徒刑 11 年，剝奪政治權利 2 年。

直至 2011 年 6 月為止，在《零八憲章》上簽名的有一萬三千多人，後來網站遭致遮罩。事實上，在中國內外，掀起了一場風起雲湧的《零八憲章》運動。

2010 年 10 月 8 日，劉曉波因為「為中國基本人權所進行的長期、非暴力的鬥爭」獲得了諾貝爾和平獎。德國、挪威、法國等國的政府均對此表示祝賀，並要求中國政府立即釋放他。

這是對曉波多年來堅韌抗爭和無畏奉獻的褒獎。這是 1989 年天安門吶喊的回聲。這是中國向文明人類再進發的集結號。
劉曉波由此而成為第一位獲得該獎的中華人民共和國公民，也是繼納粹德國的卡爾．馮．奧西茨基（Carl von Ossietzky）（1935 年）

之後，第二位在服刑期間獲得諾貝爾獎的人。劉曉波也是諾貝爾獎歷史上唯一一位從獲獎至辭世未能恢復完全人身自由的諾貝爾獎得主。

從此，中國的劉曉波，與德國的卡爾‧馮‧奧西茨基（1935 年諾貝爾和平獎得主）、西藏的達賴喇嘛尊者、南非的曼德拉（Nelson Rolihlahla Mandela）和圖圖主教（Desmond Mpilo Tutu）、捷克的哈維爾（Václav Havel）、前蘇聯的索忍尼辛（Aleksandr Isaiyevich Solzhenitsyn）、薩哈洛夫（Andrei Sakharov）、鮑里斯‧巴斯特納克（Boris Pasternak）……諸位前賢一起，在這片背負厚重文明和深重災難的神州大地之上，卓然而立。

劉曉波是因《零八憲章》而身陷囹圄的。共產中國何以如此恐懼《零八憲章》？

《零八憲章》的焦點，是普世性。

憲章，凝結了我們的基本認同。它表明，中國人並非異類，並非自外於文明人類的特色族群。我們同國際社會其他國家的人一樣，同樣應享有人的尊嚴，享有言論、信仰、免於恐懼、免於匱乏的基本自由，同樣應分享現代文明的核心價值和基本人權。

中國人也是人，不是特殊物種。我們首先是人，是地球公民，然後才是中國人。把中國人排除於憲政民主之外，是對國人的侮辱，是對我們每個人權利的冒犯。在基本權利面前，不存在自外於普遍人性的所謂「中國特色」、「中國國情」。

《零八憲章》，就是確立我們這一普遍性身份的現代宣言。

　　所謂中國特色的「三個代表」、「發展觀」、「中國夢」，未經我們同意，無權代表我們。《零八憲章》，經由我們自願簽署，才是代表我們價值認同的文明符號。它承載了現代文明真正的「重疊的共識」。

　　《零八憲章》，是中國軟實力的基本典範。

　　我們可以在此斷言，就是把幾百所孔子學院加在一起，它們的軟實力，也不敵薄薄的一紙《零八憲章》。這並非說憲章有多麼高明，原因無他，僅僅由於它奠基於現代的基本常識上，它訴諸「人同此心，心同此理」，這就賦予它不可摧毀的道義力量及合法性。

　　《零八憲章》，是中國公民社會的粘合劑。

　　李慎之先生曾判斷，中國人邁進憲政民主的條件，在今天，「已經爛熟」。《零八憲章》正是在此背景下，應運而生。它把大家所擁有的「爛熟」的精神條件和訴求，凝結在五千言中。而這五千言，又將進一步發揮精神整合的功能，在構建中國公民社會的進程中，創造歷史。

　　《零八憲章》，是公民維權的基準法典。

今天，人們日益體會到了，我們的權利，是高度相關的；倘若他人受難我們不伸出援手，那麼，明日我們受難，也將孤立無援。我們將被切割開來，各個擊破，普遍受害。因此，人溺我溺，守望相助，日漸成為共識。這份萬人簽署的重疊共識，劃定了我們權利的範圍，是公民權利的守護者，是政治合法性的基準標竿，是一次公開地系統地界定我們政治身份的當代宣言，是中國加入現代文明世界的身份證。

四、劉曉波的獻祭

筆者曾在劉曉波獲獎後說，真正的桂冠，都是由荊棘編織而成。獄中劉曉波頭上的諾貝爾和平獎，正是一頂「自由荊冠」。在為自由跋涉的荊棘長途上，這一桂冠所承載的痛苦、血淚和責任，甚至蓋過了它耀眼奪目的光芒。

2017 年 6 月，牢獄中的劉曉波因確診肝癌晚期而獲准保外就醫，其後於瀋陽的中國醫科大學附屬第一醫院在與外界隔離的狀態下接受治療。7 月 13 日 17 時 35 分，醫院宣布劉曉波病情惡化並因多重器官衰竭，經搶救無效病逝，終年 61 歲。他的遺體在北京時間 2017 年 7 月 15 日約 6 時 30 分火化，當天中午海葬。

眾目睽睽，全世界都看到了，從 2017 年 6 月 26 日到 7 月 13 日，在中國，出現了一幅驚心動魄的畫面：一位殉道者赴死的全球直播呈現。

有賴於當局蠻橫而精心的嚴密掌控，我們的朋友、國家的囚徒——劉曉波，在眾目睽睽之下，一步復一步，一日復一日，脫骨剔肉，

形銷骨立，在心力交悴的愛妻攙扶下，活生生地走向了犧牲的祭壇。全世界的目睹者，親歷這一人間悲劇在光天化日下出演，無助無奈，無力回天；揪心揪肺，肝膽欲裂。

曉波就這樣去了！他已翩然升天，與天安門上空未曾瞑目的亡靈，相聚相會了。

人們曾說，中國 1989 年的六四大屠殺悲劇，尚未產生象徵性的殉道者；如今，劉曉波的巨大悲劇降臨了。他以他天安門血腥之夜談判撤離的生命拯救者的身份，他以他被暴政謀害而死的巨大悲劇性分量，他以他從容邁向祭壇犧牲的沉甸甸的道義形象，無可爭辯地被鑄成了這一天安門殉道者的象徵符號。

我過去曾寫過：「**真正的桂冠，都是由荊棘編織而成。劉曉波頭頂的諾貝爾和平獎，正是一頂『自由荊冠』。**」如今，這一預言竟然兌現，那無邊無際的荊棘毒藤，最後竟編織成了死亡的荊冠。曉波在全世界聚焦之下十八天的受難歷程，是一首無與倫比的樂章，是他一生中最為輝煌的臨終受難曲。它已經壘成了一座不朽的十字架。如此，劉曉波為自由跋涉的荊棘路徑波瀾壯闊的一生，終於功德圓滿，走到了它的終點。

實質上，1989 年以來中國人的苦難，1949 年以來中國人的苦難，戲劇性地濃縮在劉曉波這十八天的臨終磨難中，曉波最後時日的掙扎，是中國人苦難的縮影。這一幕悲愴的歷史舞臺劇，凝聚了當代中國人

的多少歌哭生死！

劉曉波去了。他知行合一、因反抗暴政、天安門血腥之夜談判撤離廣場、組建獨立中文筆會而立功；他犀利批判極權體制並參與起草《零八憲章》而立言；他捨生取義，從容入獄，慷慨赴死而立德。如此，他已經臻於立功立言立德的三不朽境界。

作為自由中國的當代象徵，作為公民社會的代言人，作為自由中國的殉難者，作為民主中國的第一位公民，劉曉波，已經進入了中國的乃至世界的《賢人堂》。

劉曉波去了。但是「那坐在黑暗裡的百姓看見了大光；坐在死蔭之地的人有光發現照著他們。」

2017 年 7 月 13 日，不僅是劉曉波的忌日，也是當代中國人的受難日。劉曉波代中國而受難。

而受難日之後，復活的日子也就不遠了。

國家圖書館出版品預行編目 (CIP) 資料

自由中國譜系 / 陳奎德著 . -- 初版 . -- [臺北市]：
匠心文化創意行銷有限公司 , 2022.06
面；　公分
ISBN 978-626-95075-7-3(平裝)

1.CST: 自由主義 2.CST: 政治 3.CST: 中國
570.112　　　　　　　　　　111008864

對話中國文庫　7
渠成文化
作者 陳奎德
圖書策畫匠心文創

發行人　　陳錦德
出版總監　柯延婷
專案主編　王丹
專案企劃　謝政均
美術設計　顏柯夫
內頁設計　顏柯夫
編輯校對　蔡青容

E-mail cxwc0801@gmail.com
網址 https://www.facebook.com/CXWC0801
出版日期 2022 年 8 月初版一刷
總代理旭昇圖書有限公司
地址新北市中和區中山路二段 352 號 2 樓電話 02-2245-1480(代表號)
印製安隆印刷
定價新臺幣 350 元

SBN　978-626-95075-7-3

【企製好書匠心獨具 · 暢銷創富水到渠成】